파이썬으로
실무에 바로 적용하는 머신 러닝

파이썬으로
실무에 바로 적용하는 머신 러닝

강봉주 지음

ι!ι
에이콘

| 지은이 소개 |

강봉주(bonjour.kang@gmail.com)

1984년 서울대 계산통계학과에 입학해 학사를 취득하고 동 대학원 통계학과에서 석사 및 박사 학위를 취득했다. 1993년, 국내 SAS에서 첫 직장 생활을 했으며 이때부터 데이터 분석 관련 컨설팅 작업을 수행했다. 1995년 유니컨설팅 회사를 창립해, 주로 제조 분야에서 데이터 분석 컨설팅 및 관련 통계 패키지를 개발했다. 1997년 유니보스를 창립해 금융 분야 데이터 분석 컨설팅 및 CRM 관련 패키지를 개발했으며, 2004년에 ㈜배닌을 창립해 오픈소스 기반의 머신 러닝 및 딥러닝 프로젝트를 수행하고 있다.

| 지은이의 말 |

이 책은 3년 동안 SAS사의 머신 러닝 강의를 하면서 준비했던 자료를 기반으로 작성했다. 물론 1993년부터 25년간 이어진 데이터 분석에 대한 경험은 하나의 밑바탕이 됐다.

강의를 하면서 과연 "기본 지식" 즉, "개요와 간단한 예제"만을 알고 실무에 잘 적용할 수 있을지 궁금점이 생겼다.

실제 프로젝트를 해보면 잘 정의된 데이터와 잘 알려진 예제와 같은 분석이 프로젝트 담당자에게 주어지지 않는다. 모든 것이 낯설고 어떻게 적용할지 막막함 그 자체다. 어느 것 하나 제대로 적용하기 어렵다. 실무 담당자에게 닥친 현실이다.

데이터 과학자들이 알아야 할 지식은 너무나도 많다. 가령 데이터를 가져오기 위한 데이터베이스 접속과 SQL부터 데이터 탐색을 위한 각종 데이터 처리 기술, 마지막으로 간단한 통계량 추출부터 모델 적합을 위한 데이터 구성 기술 등 알아야 할 지식이 무수히 많아 엄두가 나지 않는 경우가 많다. 여기에 더하여 적용할 툴에 대한 지식까지 필요하다. 이를테면 SAS, 파이썬, R 등을 알아야 한다.

이와 같이 시작하기 전에 알아야 하는 것이 많아, 실무에서 머신 러닝을 적용하기 쉽지 않은 배경에서 이 책을 쓰게 됐다. 나는 가급적 한 권의 책으로 현재까지 잘 알려진 모든 분석 기법을 분석 툴과 함께 전달하고자 했다.

누누이 강조하지만, 무조건 하나의 완결된 프로젝트를 특정 툴을 사용해 처음부터 끝까지 해봐야 한다. 그래야 스스로가 무엇이 부족한지를 절실히 깨달을 수 있다.

이 책은 파이썬과 파이참^{PyCharm}을 통해 자기 완결적으로 처음부터 끝까지 하나의 분석 결과를 얻어낼 수 있도록 했다. 다시 말해, 어떤 부분을 읽다가 다른 책에서 필요한 내용을 찾아 이해한 후, 다시 진행하던 곳으로 오는 것이 아니라, 이 책 안에서 대부분 모든 것을 찾을 수 있도록 했다.

그동안 개요만 계속 공부해서 실무에 적용하기 힘들다고 생각하거나, 알고리즘 본래 수식적 의미를 알고자 한걸음 더 나아가기 원하는 독자에게는 이 책이 충실한 가이드가 될 것이라고 믿는다.

개발자에게는 머신 러닝이 무엇인지, 코드상으로 어떻게 구현되는지 답을 줄 것이며, 실무 담당자에게는 분석 주제에 따른 데이터가 어떻게 정리되고 구현되는지 실마리를 안겨줄 것이다.

"왜 파이썬인가?"라는 질문은 우문이라고 생각한다. 나는 SAS, 파이썬, R 각각 프로젝트를 경험했다. 문제는 툴이 아니다. 문제는 "분석의 목적이 무엇인가", "이용 가능한 데이터인가", "올바른 분석 기법을 적용했는가", "실제 분석의 가치를 생성하기 위한 분석 결과가 실무에 적용 가능한가" 등 전 과정을 고려해 이에 맞는 툴이 선정돼야 한다. 최근에는 상용 툴인 SAS도 오픈소스 진영의 툴을 통합하고 있다. 툴 간의 상호 교환과 통합은 자연스러운 흐름이다. 이런 의미에서 이 책은 현 시점의 흐름을 파이썬 언어를 통해 구현했을 뿐인 것이다. 따라서 똑같은 분석 기법이나 흐름은 R로 구현 가능하며, 심지어 SAS로는 더욱 쉽고 시각적으로 구현할 수가 있는 것이다.

이 책은 머신 러닝을 이해하고 활용하는 독자라면 반드시 알아야 할 파이썬 패키지를 수록했다. 이 가운데 기본이 되는 패키지는 넘파이^{NumPy}, 판다스^{Pandas}, 맷플롯립^{Matplotlib}이다. 이를 잘 아는 독자라면 해당 장은 읽지 않아도 무방하다. 머신 러닝 분석 기법과 관련해서는 기본 패키지로 사이킷런$^{scikit-learn}$과 케라스^{Keras}를 선정했다. 이는 반드시 숙지하고 가야 할 장이다. 각 분석 기법마다 독특한 패키지가 있을 수 있다. 가령 연관 분석에서는 mlxtend 패키지를 사용했다. 패키지는 현재까지 필자가 보기에 가장 안정적이고 많이 이용하는 것으로 선정했다.

모든 독자가 반드시 읽어야 하는 장은 모델 평가와 선택(11장) 그리고 선형회귀에 의한 머신 러닝 구조에 대한 이해(12장)이다.

나머지 모든 분석 기법은 독립적으로 읽어도 무방하다.

끝으로 이 책에 사용된 모든 코드를 면밀히 검토해준 주식회사 배닌 최원석 차장에게 감사드린다. 나의 가족 진영, 한솔, 두솔에게도 고마움을 전한다.

이 책은 크게 두 부분으로 구성돼 있다. 하나는 머신 러닝 언어인 파이썬 언어 및 주요 패키지에 대한 설명과 각각의 알고리즘에 관한 내용이다.

파이썬 언어와 머신 러닝 기본 패키지인 사이킷런^{scikit-learn}, 케라스^{Keras}에 대한 이해가 있다면 바로 10장부터 시작해도 무방하다.

파이썬 언어와 패키지에서는 꼭 필요하다고 생각하는 언어의 기본 구조, 넘파이^{NumPy}, 판다스^{Pandas}, 맷플롯립^{matplotlib}, 사이킷런, 케라스를 수록했다. 또한 각 패키지의 설명은 꼭 필요한 클래스와 메소드 위주로 설명했다. 물론 이후의 머신 러닝 알고리즘의 예제에서는 해당 장에서 다루지 않는 다른 클래스와 메소드를 사용하기도 하지만 전반적으로 이해를 돕도록 하는 것에 초점을 뒀다.

10장과 11장, 12장은 머신 러닝 이해를 위한 개요라 할 수 있어 꼭 숙지했으면 하며 이후 다른 장은 개별적으로 필요할 때 살펴봐도 무방하다.

머신 러닝 알고리즘 중에서 가장 많이 활용되는 로지스틱회귀, 결정 나무, 나무 기반의 앙상블 모델인 랜덤 포레스트와 그래디언트 부스팅, 서포트 벡터 머신, 다층 신경망, 합성곱 신경망, 재귀 신경망을 수록했으며 비지도 학습 모델인 특이값 분해, 주성분 분석, 연관 분석 및 군집 분석을 수록했다.

각 머신 러닝 알고리즘에서는 핵심이 되는 알고리즘 구조를 수식과 함께 다루며 이를 구현한 예제도 수록했다. 알고리즘 내용에서 너무 많은 사전 지식이 필요한 경우에는 일정 부분을 하나의 사실로 인정하고 그 이후의 내용을 다룬다. 예를 들어 "특이값 분해"에서 임의의 행렬은 무조건 UDV^T로 분해되는데, 분해되는 과정부터 이를 설명하기에는 수학적인 내용의 깊이도 깊고 사전 지식이 필요하다. 이런 이유에서 "분해가 된다는 것"을 하나의 사실로 인정하고 이후의 내용을 진행하겠다.

신경망 기법에서는 가급적 핵심이 되는 역전파$^{back\ propagation}$ 또는 후진 패스 과정을 간단하나마 예제와 수식으로 설명했다.

가급적 이 한 권으로 머신 러닝의 전반적인 구조와 구현을 설명하고자 노력했다. 이 의도가 제대로 잘 전달됐으면 한다.

고객 지원

이 책에 사용된 예제 코드는 에이콘출판사 도서정보 페이지 http://www.acornpub.co.kr/book/understanding-ml에서 다운로드할 수 있으며, 정오표 또한 찾아볼 수 있다. 문의할 점이 있다면 지은이의 이메일이나 에이콘출판사 편집 팀(edit@acornpub.co.kr)으로 연락해주길 바란다.

차례

17   그래디언트 부스팅   235

21 재귀 신경망 331

22 특이값 분해 351

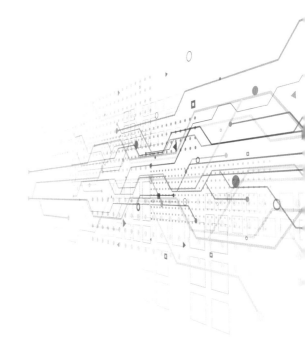

01
머신 러닝 개요

1.1 머신 러닝의 정의

머신 러닝에 대한 정의는 다음과 같이 다양하다.

위키피디아

머신 러닝은 전산 과학의 한 분야로써 전산 시스템으로 하여금 명시적인 프로그래밍을 하지 않고 데이터로부터 학습할 수 있는 능력을 부여하는 것이다.

SAS

머신 러닝은 인공지능의 한 분야로써 인간의 간섭이 거의 없이 결정을 하고, 유형을 확인하고 데이터부터 학습할 수 있는 시스템을 자동으로 생성하는 것이다.

An Introduction to Statistical Learning [ISL]

통계 학습은 복잡한 데이터를 이해하고 모델링하는 툴의 집합이다. 통계 학습은 통계학 분야에서 최근 개발됐으며 전산과학 특히 머신 러닝과 혼합 또는 병행해 개발됐다. 통계 학습은 라쏘, 희귀 회귀, 분류 및 회귀 나무 그리고 부스팅과 서포트 벡터 머신 등을 포함한다.

그러나 모든 정의를 관통하는 핵심 키워드는 데이터로부터 학습을 한다는 것이다. 즉, 한마디로 요약하자면 머신 러닝은 학습의 과학이다.

1.2 머신 러닝의 응용 분야

머신 러닝의 응용 분야는 특별히 제한이 없다. 그중 대표적인 몇 가지 사례를 살펴보기로 하자.

1.2.1 가상 개인 비서

애플의 시리Siri, 구글 어시스턴트Google Assistant, 아마존의 알렉사Alexa, 마이크로소프트의 코타나Cortana 그리고 삼성의 빅스비Bixby 등의 가상 개인 비서virtual personal assistant 애플리케이션의 예다. 일종의 챗봇chatbot이라고도 한다. 특히 최근에는 음성 사용자 인터페이스가 많이 강화됐다.

가상 개인 비서 애플리케이션에는 자연어 처리NLP, Natural Language Processing 즉, 음성 또는 텍스트로 입력된 데이터를 처리해 실행 가능한 명령어로 전환하는 기법과 같은 머신 러닝 알고리즘이 사용됐다.

그림 1.1 가상 개인 비서(예: 구글 어시스턴트)

시리는 다음와 같은 일련의 과정(음성 ▶ 데이터화 ▶ 음소별로 분해 및 인식 ▶ 최적의 해당 검색 ▶ …)을 거쳐서 서비스하고 있다.

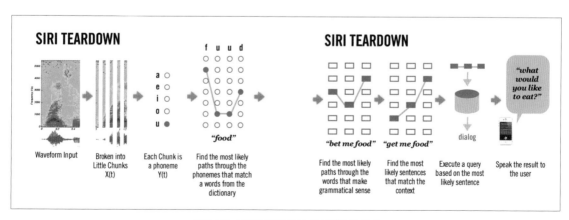

그림 1.2 시리의 음성 인식 시스템(출처: IGS)

1.2.2 구글 맵

구글은 2017년 구글 맵스^{Google Maps}에 머신 러닝을 도입했다. 구글은 스트리트 뷰 촬영 자동차로 전 세계를 찍은 8백억 장 이상의 사진을 갖고 있다. 이때 거리 이름이나 주택 번호가 찍히는데 그에 대한 인식을 높이고자 심층 신경망을 도입했다. 일반적으로 잘 정의된 이미지 즉, 잘 스캔된 이미지에 대한 인식은 많이 높일 수 있지만 자연 환경에서의 이미지 인식은 높지 않다.

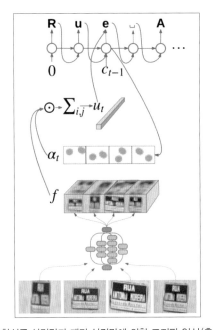

그림 1.3 합성곱 신경망과 재귀 신경망에 의한 표지판 인식(출처: ABSVI)

그림은 이를 해결하기 위해 2개의 심층 신경망을 연결하는 구조를 구성했다.

이를 통해 프랑스 도로명 표시 데이터^{FSNS, Freach Street Name Signs}에 대해 84.2%의 정확도를 달성했다.

1.2.3 상품 추천

상업적으로 머신 러닝이 가장 많이 활용되는 분야 가운데 하나가 상품 추천^{product} ^{recommendation}이다. 고객의 과거 또는 현재의 행동, 이력 등을 종합적으로 분석하고 현재 고객이 클릭하는 주 관심 상품에 대한 이해를 합해 가장 살 것 같은 상품을 추천하는 것이다.

다음 그림은 현대카드사의 데이터 기반 해외 패션 사이트 검색 앱에서 "내게맞는" 추천 서비스의 예다. 여기서는 고객이 단지 앱 고객인지 아니면 현대카드 고객인지에 따라 추천하는 알고리즘을 구분해 제공하고 있다.

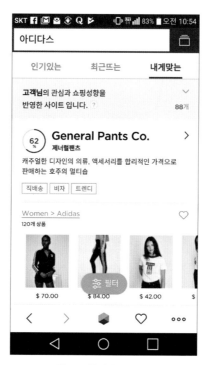

그림 1.4 현대카드 PICO 앱

1.3 머신 러닝의 기술적 단계

머신 러닝에 대해 가트너 그룹의 과장 곡선 주기HYPE CYCLE는 다음과 같다. 이 곡선
은 가트너 그룹에서 창안한 곡선으로 하나의 기술이 생성에서부터 시작해 전 산업에
만연되기까지의 일종의 생애주기 곡선이라고 할 수 있다.

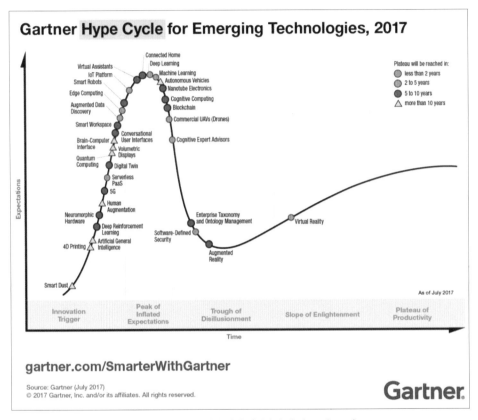

그림 1.5 가트너 하이퍼 사이클(이머징 테크놀로지, 2017)

이 곡선에 의하면, 머신 러닝 기술은 2017년 기준 최대의 기대치를 갖고 있는 매우
각광받는 기술이라고 할 수 있다. 그러나 많은 조명을 받고 있지만, 성공 사례가 그
리 흡족한 수준이 아니어서 향후 실망의 단계를 거쳐야 하는 숙명을 안고 있다. 즉,
많은 성공 사례를 통해 성장해야만 하는 기술이다.

1.4 머신 러닝 알고리즘

머신 러닝 알고리즘이라고 분류되는 것은 굉장히 많다. 그러나 다음의 10대 알고리즘은 매우 범용적이므로 이를 이해하고 익히는 것만으로도 머신 러닝을 충분히 이해한다고 할 수 있다.

물론 딥러닝 영역에서는 좀 더 특정한 문제에 특화된 알고리즘과 아키텍처가 있을 수 있으나, 대부분의 독자가 이해하기에는 많은 수학적 알고리즘 등이 포함돼 있어 더 많은 노력이 필요하다. 이 책에서는 가장 범용적인 10대 알고리즘을 중심으로 진행한다.

www.kdnuggets.com	www.analyticsvidhya.com	machinelearningmastery.com	bigdata-madesimple.com	www.simplilearn.com
1. 결정 나무	1. 선형회귀	1. 그래디언트 부스팅	1. 결정 나무	1. 선형회귀
2. 나이브 베이즈 분류	2. 로지스틱회귀	2. 선형회귀	2. 랜덤 포레스트	2. 로지스틱회귀
3. 선형회귀	3. 결정 나무	3. 로지스틱회귀	3. 로지스틱회귀	3. 결정 나무
4. 로지스틱회귀	4. 서포트 벡터 머신	4. 선형 판별 분석	4. 서포트 벡터 머신	4. 서포트 벡터 머신
5. 서포트 벡터 머신	5. 나이브 베이즈 분류	5. 분류 및 결정 나무	5. 나이브 베이즈 분류	5. 나이브 베이즈 분류
6. 앙상블 기법	6. K 최근접이웃	6. 나이브 베이즈 분류	6. K 최근접이웃	6. K 최근접이웃
7. 군집 알고리즘	7. K-평균 군집	7. K 최근접이웃	7. K-평균 군집	7. K-평균 군집
8. 주성분 분석	8. 랜덤 포레스트	8. 벡터 양자화	8. Adaboost	8. 랜덤 포레스트
9. 특이값 분해	9. 서포트 벡터 머신	9. 서포트 벡터 머신	9. 신경망	9. 차원 축소 기법
10. 독립 성분 분석	10. 그래디언트 부스팅	10. 부스팅 결정 나무와 랜덤 포레스트	10. 마코브	10. 그래디언트 부스팅

표를 보면 사이트마다 약간의 차이는 있지만 회귀(선형회귀, 로지스틱회귀), 결정 나무(분류 및 회귀 나무), 나이브 베이즈, 서포트 벡터 머신, K 최근접이웃, K-평균 군집, 랜덤 포레스트, 그래디언트 부스팅, 특이값 분해, 주성분 분석 등이 10대 알고리즘이라고 할 수 있다.

쓰는 사람에 따라 지도 학습 또는 비지도 학습 등으로 분류해 대표적인 몇 개의 알고리즘을 선별하기도 한다.

머신 러닝 알고리즘들은 똑같은 이름으로 표현되지만 그 안에는 좀 더 세분화돼 구분할 수 있다. 가령 예를 들어 결정 나무^{Decision Tree} 알고리즘 안에는 CART, ID3, C4.5 등 다양한 알고리즘 등으로 세분화할 수 있다.

1.5 머신 러닝 알고리즘의 범위

이 책에서는 머신 러닝 10대 알고리즘 중에 선형회귀, 로지스틱회귀, 결정 나무, 신경망, 서포트 벡터 머신, 그래디언트 부스팅, 랜덤 포레스트, 특이값 분해, 주성분 분석을 다루고, 대표적인 데이터 탐색 기법 중의 하나인 연관 분석 그리고 신경망의 기본인 다층 신경망과 심층 신경망 기법인 합성곱 신경망 그리고 재귀 신경망을 다루고자 한다.

1.6 머신 러닝 알고리즘의 구현

머신 러닝 알고리즘을 구체적으로 적용하기 위해서는 알고리즘 그 자체에 대한 이해 외에도 추가적으로 이해하고 습득해야 할 지식이 필요하다. 그중 대표적인 것이 구현을 위한 컴퓨터 언어다.

머신 러닝 언어로 오픈소스 기반의 R, 파이썬 등이 있으며 상업용 패키지인 SAS 등이 있다.

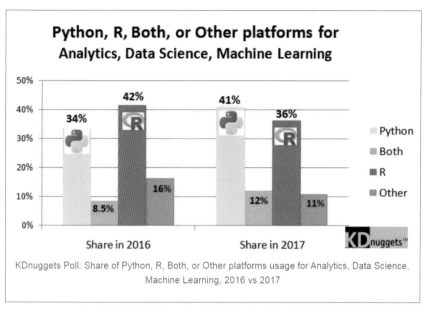

그림 1.6 R과 파이썬 플랫폼 점유율

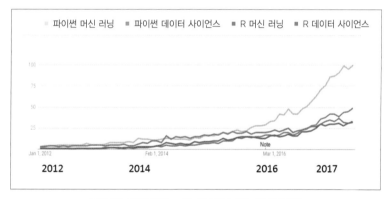

그림 1.7 구글 트렌드 결과(2012년 1월~2017년 8월)

그림에서 보듯이 파이썬 기반의 데이터 사이언스 및 머신 러닝이 점차적으로 대세로 자리 잡고 있음을 알 수 있다.

언어적인 측면을 보더라도 다음 그림과 같이 타 언어에 비해 성장률이 매우 높음을 알 수 있다.

파이썬이 점유율과 성장률이 가장 높으므로, 이 책에서는 머신 러닝 구현 언어이
자 플랫폼으로써 파이썬을 사용해 구현한다.

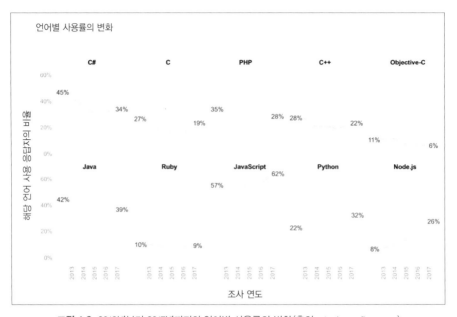

그림 1.8 2013년부터 2017년까지의 언어별 사용률의 변화(출처: stackoverflow.com)

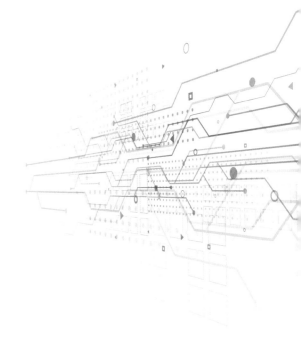

02

파이썬 설치

2.1 개요

오픈소스 파이썬을 이용하기 위해서는 설치를 해야 한다. 다양한 설치법 중에 가장
쉽고 간단한 방법을 소개한다. 특히 윈도우 운영체제에 국한해 설치하는 법을 소개
한다.

2.2 아나콘다를 이용한 파이썬 설치

아나콘다^{Anaconda} 배포판을 설치하면 파이썬 언어 외에도 머신 러닝을 위한 필수 패
키지(일종의 라이브러리)도 같이 설치된다. 가령 넘파이, 맷플롯립, 판다스, 사이파이
^{SciPy}, 사이킷런 등이 자동 설치된다.

2.2.1 아나콘다 내려받기

1) 텐서플로가 파이썬 3.6 버전까지만 지원하므로 아나콘다 5.2.0 버전을 사용한다.

2) https://repo.anaconda.com/archive/에 접속한다.

3) 그림과 같이 Anaconda3-5.2.0-Windows-x86_64.exe의 Download를 클릭한다.

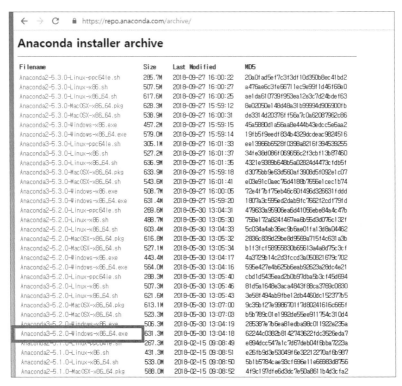

그림 2.1 아나콘다 내려받기 초기 화면

2.2.2 아나콘다 설치

4) Anaconda3-5.2.0-Windows-x86_64.exe 파일이 PC에 생성되며 이를 실행해 설치한다. 생성되는 자세한 절차는 다음과 같이 순차적으로 진행한다.

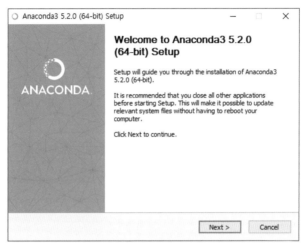

그림 2.2 아나콘다 설치 과정 1

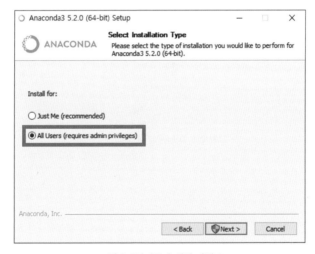

그림 2.3아나콘다 설치 과정 2

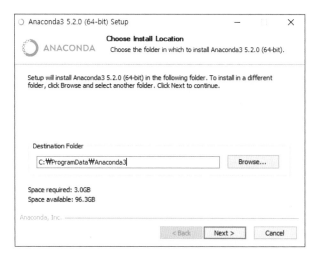

그림 2.4 아나콘다 설치 과정 3

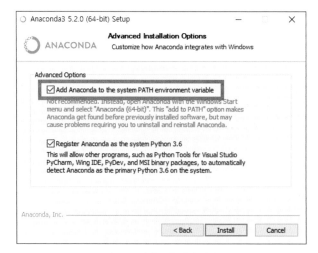

그림 2.5 아나콘다 설치 과정 4

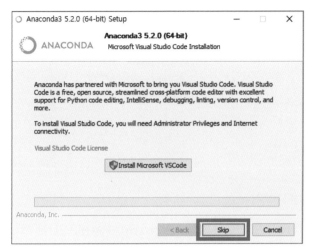

그림 2.6 아나콘다 설치 과정 5

5) 그림과 같이 도스 창을 실행한 후 파이썬 버전을 확인한다.

그림 2.7 파이썬 버전 확인

2.3 파이참 내려받기 및 설치

파이참^{PyCharm}은 통합 개발 환경^{IDE}을 제공해주는 툴이다. 즉, 파이썬 프로그램을 해석하고 실행해 그 결과를 알려주는 툴이다. 통합 개발 환경을 제공하는 툴은 파이참 이외에도 비주얼 스튜디오 코드$^{Visual Studio Code}$, 주피터 노트북$^{Jupyter Notebook}$ 등이 있다.

2.3.1 파이참 내려받기

1) https://www.jetbrains.com/pycharm/download/에 접속한다.
2) Community의 DOWNLOAD를 클릭한다.

그림 2.8 파이참 내려받기

3) pycharm-community-2018.3.exe 파일이 생성됐는지 확인한다.

2.3.2 파이참 설치

1) 내려받은 파일 pycharm-community-2018.3.exe를 실행, 설치한다.

그림 2.9 파이참 설치 과정 예시 1

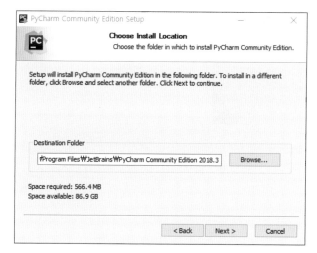

그림 2.10 파이참 설치 과정 예시 2

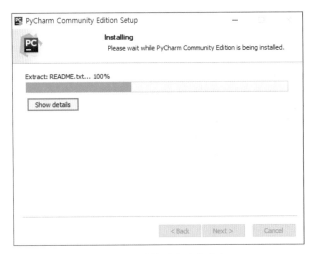

그림 2.11 파이참 설치 과정 예시 3

그림 2.12 파이참 설치 과정 예시 4

2) 그림과 같이 파이참을 실행해 제대로 설치됐는지 확인한다.

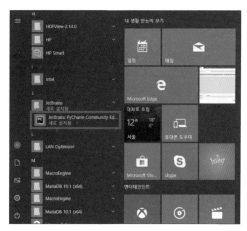

그림 2.13 파이참 실행 과정

그림 2.14 파이참 실행 후 결과 확인

2.4 텐서플로 설치

텐서플로^{TensorFlow}는 구글에서 개발한 머신 러닝을 위한 오픈소스 패키지다. 이 패키지를 설치하는 이유는 CPU 기반 이외에도 GPU^{Graphic Processing Unit} 기반으로 클래스 또는 함수를 실행할 수 있고 커뮤니티가 매우 활성화돼 있어 참고 자료가 풍부하기 때문이다.

1) 그림과 같이 관리자 권한으로 명령 프롬프트를 실행한다.

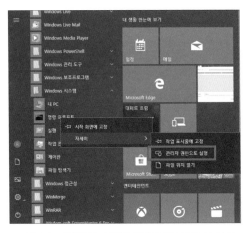

그림 2.15 텐서플로 설치를 위한 명령 프롬프트 실행

2) CPU 버전을 설치하는 경우 conda install tensorflow를 입력 후 실행한다.
3) Proceed 확인에 y를 입력한다.

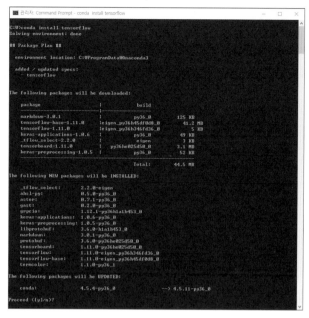

그림 2.16

4) 설치된 결과를 확인한다.

그림 2.17 텐서플로 설치 결과 확인

2.5 케라스 설치

케라스[Keras]는 텐서플로, 마이크로소프트의 CNTK[Cognitive Toolkit], 테아노[Theano] 등의 기저 패키지 위에서 수행되는 파이썬 언어로 구현된 신경망 라이브러리다.

심층 신경망 수행을 위해 빠른 구현을 할 수 있게 해주고 사용자 친화적이며, 모듈화돼 있고 확장성이 있다.

1) 관리자 권한으로 명령 프롬프트를 실행한다.
2) 명령 프롬프트창에서 conda install keras를 입력 후 실행한다.
3) Proceed 확인에 y를 입력한다.
4) 설치된 결과를 확인한다.

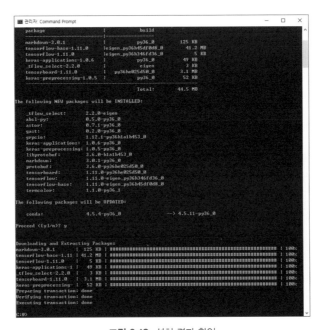

그림 2.18 설치 결과 확인

2.6 추가 패키지 설치 및 환경변수 설정

결정 나무 그림을 출력하기 위해서는 pydot 패키지가 설치돼 있어야 한다. 이를 설치하기 위해서는 다음과 같이 명령 프롬프트창에서 입력을 하고 실행한다.

1) conda install python-graphviz
2) conda install pydot

환경변수의 PATH에 C:\ProgramData\Anaconda3\Library\bin\graphviz를 추가한다.

그림 2.19 환경변수 설정

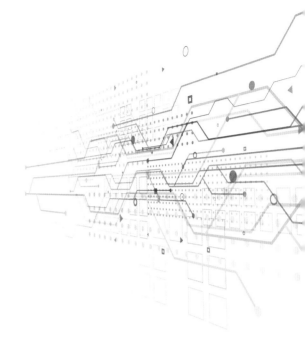

03

파이참 개요

3.1 개요

파이참^{PyCharm}은 체코의 젯브레인^{JetBrains}사에서 만든 파이썬 언어 전용 통합 개발 환경^{IDE}이다.

파이참은 코드 분석, 단위 테스트 및 버전 관리 기능 등을 제공한다. 이 책에서는 파이참의 많은 기능을 설명하기보다는 머신 러닝 코드를 만들고 수행하고 결과를 확인할 수 있을 정도로 설명하고자 한다.

3.2 프로젝트 생성

파이참에서 하나의 파이썬 파일을 생성하기 위해 거쳐야 될 관문은 프로젝트다. 모든 것을 프로젝트 단위로 처리하는 것이 많으므로 하나의 파이썬 파일은 하나의 프로젝트에 속해 있어야 좋다. 제일 처음 파이참 파일을 기동하면,

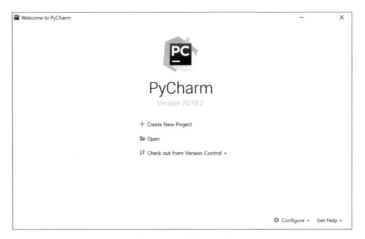

그림 3.1 파이참 초기 화면

그림과 같은 화면이 표시된다. 화면에서 'Create New Project'를 클릭하면 프로젝트 생성 화면으로 이동하게 된다.

또는 일반적으로 파이참 본 화면에 가서 File › New Proejct...를 클릭하면 다음과 같은 화면이 나타난다.

그림 3.2 프로젝트 신규 생성 초기 화면

강조돼 있는 부분에 생성하고자 하는 프로젝트명을 명시하고 하단 'Project Interpreter...' 부분을 클릭하면 사용한 번역기 버전을 선택하게 된다. 파이참에서는 각 프로젝트별로 사용할 번역기의 버전을 달리해 적용할 수 있다.

프로젝트명을 명시할 때 일종의 디렉터리 이름으로 사용할 것이기 때문에 특수 문자 등은 사용할 수 없다.

그림 3.3 프로젝트 생성 입력 예시

기존의 프로젝트 파일이 있는 경우에는 다음 그림과 같이 현재 윈도우에 프로젝트를 중복 표시할지 여부를 확인하게 된다. 그림과 같이 정의하고 OK를 클릭한다.

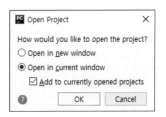

그림 3.4 프로젝트 생성 후 추가 여부 확인

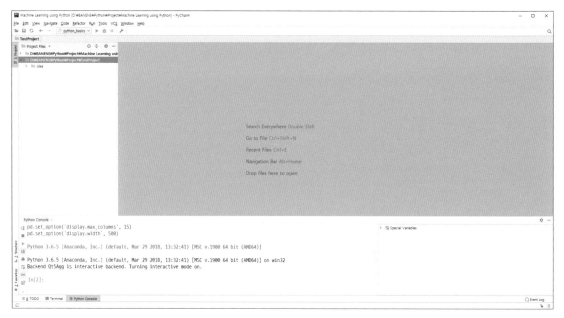

그림 3.5 프로젝트 초기 생성 후 전체 화면

프로젝트를 생성하게 되면, 해당 프로젝트명으로 디렉터리가 생성되고, 서브 디렉터리에 '.idea'가 생성돼 있음을 확인할 수 있다. 이 디렉터리 이외에는 자동으로 생성되는 디렉터리가 없다.

해당 프로젝트명에 소스 파일을 생성하고자 한다면 바로 생성해도 되지만 'Source' 디렉터리를 구성해 관리하는 것이 좋다.

해당 프로젝트를 클릭 후 마우스 오른쪽을 클릭한다.

그림 3.6 프로젝트 팝업

New › Directory를 클릭해 다음 그림과 같이 생성한다.

그림 3.7 디렉터리 생성

기존 생성된 프로젝트를 불러오는 경우에는 File › Open을 클릭한다.

그림 3.8 프로젝트 불러오기

위의 그림에서 불러오고자 하는 프로젝트를 생성하면 된다. 그림에서 보면 프로젝트인 경우에는 디렉터리 이미지가 다르게 표현돼 있음을 알 수 있다.

3.3 전체 화면 구성

전체 화면은 다음과 같이 구성됐다.

그림 3.9 파이참 전체 화면

① 프로젝트 보기project view

② 편집기editor

③ 탐색 바navigation bar

④ 왼쪽 여백left gutter

⑤ 오른쪽 여백right gutter

⑥ 툴 윈도우tool window

⑦ 상태 바status bar

여기서 왼쪽 여백은 디버깅 시 사용된다. 오른쪽 여백은 해당 코드가 문제가 있을 때 (오류가 발생하거나 파이썬 코딩 규칙PEP-8, Python Enhancement Proposal에 어긋날 때) 색깔로 표시되며 해당 색깔에 마우스를 가져가면 어떤 경고와 오류 사항인지 보여준다.

3.4 개발 환경 맞춤

개발 환경을 맞춤^{customization}한다는 것은 사용자만의 스타일로 변경하는 것을 의미한다. 나타나는 모습^{appearance}, 편집기 기능, 코드 스타일, 키맵 등을 변하는 것을 의미한다.

이를 위해 File › Settings를 클릭한다.

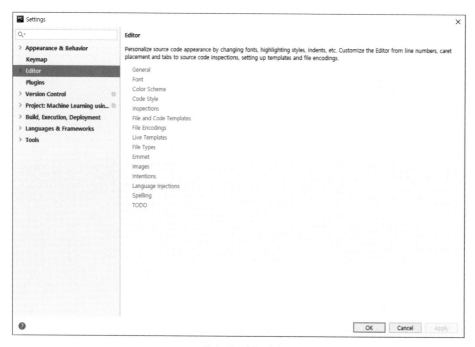

그림 3.10 맞춤 세팅

이 가운데 간단하게 편집기의 폰트와 키맵을 정하는 것만 해보기로 한다.

네이버에서 개발자 전용으로 만든 폰트가 D2coding 폰트다. 이를 그림과 같이 폰트로 설정했다.

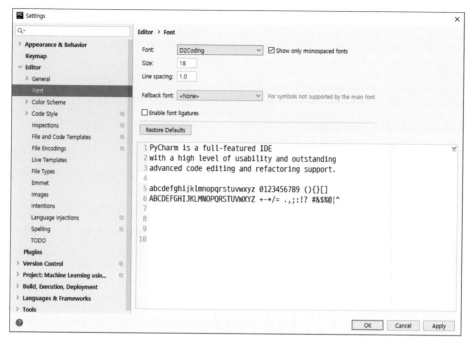

그림 3.11 폰트 설정

키맵은 단축키를 설정하는 화면이다. 세팅 화면도 Ctrl+Alt+S를 누르면 불러올 수 있다.

이 가운데 특히 유용한 것 한 개만 정하도록 하자.

편집기에서 한 줄만 실행하거나 블록을 설정해 해당 블록만 실행하고자 하는 경우 키를 정의해보자.

Settings › keymap › Other › Execute selection in console을 클릭 후 Add Keyboard Shortcut을 선택한 다음 그림과 같이 정의한다.

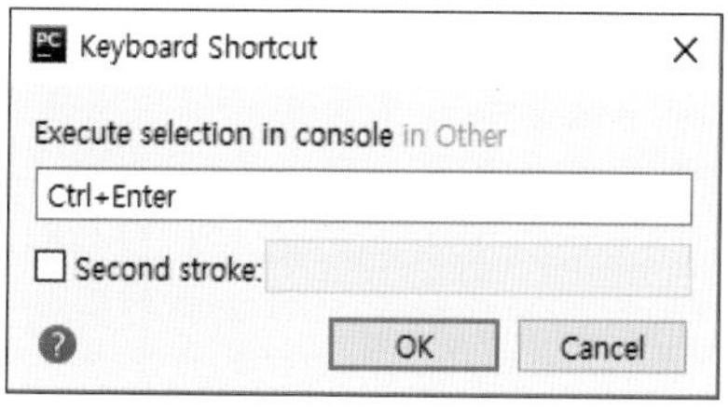

그림 3.12 키보드 단축키 입력

여기서 Ctrl+Enter를 키보드의 글자로 입력하는 것이 아니라 Ctrl+Enter를 누름으로써 입력된다. 이와 같이 정의되면 편집기의 특정 영역만 선택해서 실행할 수 있게 된다.

단축키는 생산성 향상을 위한 중요한 수단이므로 몇 가지 유용한 것은 외워서 적용할 필요가 있다. 자주 쓰는 단축키는 Help › Keymap Reference를 참조한다.

3.5 코드 작성 도우미 기능

코드를 작성하는 데 파이참은 오류 없이 작성할 수 있도록 많은 도움을 준다. 대표적인 것 몇 가지만 살펴보자.

코드 완성 기능은 그림과 같이 일부 문자만 입력한 경우에 유사한 키워드를 보여주는 것이다. 이때 Enter 키를 누르면 자동으로 입력이 된다.

그림 3.13 코드 완성 기능

또 하나의 주요한 기능은 의도 행동^{intention actions}이다. 이 기능은 개발자가 어떠한 의도로 코드를 생성했는지 우선 살펴본다.

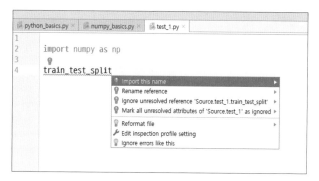

그림 3.14 의도 행동

그림과 같이 어떤 의도인지 모르지만 코드에 빨간색으로 밑줄이 보이고 왼쪽에는 전구가 보인다. 이때 왼쪽 전구를 누르거나 Alt+Enter를 입력하면 그림과 같이 팝업 메뉴가 뜨고 선택할 수 있게 된다. 선택을 하게 되면 추가로 정확히 어떠한 부분을 원하는지 질문한 후 선택한 결과에 대한 행동을 취하게 된다.

그림 3.15 의도 행동 추가 선택 사항

선택 후 코드 편집기에는 다음과 같은 내용이 삽입돼 있다.

```
from sklearn.model_selection import train_test_split
```

즉, 개발자의 의도는 데이터를 훈련 데이터와 평가 데이터로 구분하고 싶었고 얼핏 이런 모듈이 있음을 알고 입력했던 것이며, 이를 파이참이 인지한 것이다.

3.6 파이썬 파일 생성

프로젝트가 구성되고 난 뒤 해당 프로젝트에 속한 파이썬 파일을 생성해보자.

File > New를 클릭 후 팝업 화면에서 Python File을 선택하거나 단축키인 Alt+ Insert를 이용해 Python File을 클릭하면 다음과 같은 화면이 나타난다.

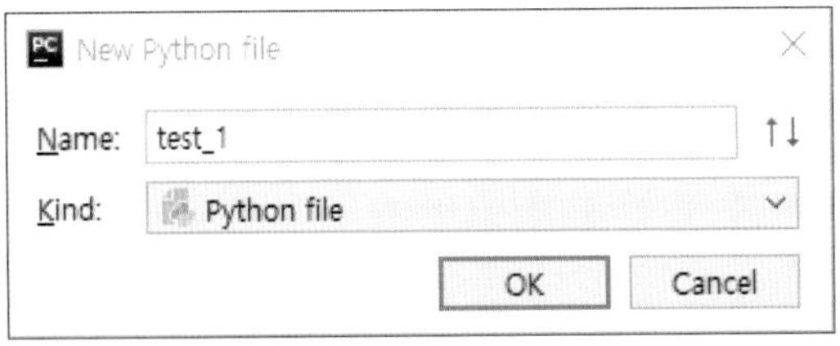

그림 3.16 파일 생성

그림과 같이 입력하면 편집기에 해당 파일명으로 코드를 작성할 수 있게 된다. 다음 과 같은 함수를 작성하고 실행해보자.

```
def inv(x):
    return 1 / x

print(inv(10))
# 0.1

print(inv(0))
#   File "C:\ProgramData\Anaconda3\lib\site-packages\IPython\core\
interactiveshell.py", line 2963, in run_code
#     exec(code_obj, self.user_global_ns, self.user_ns)
#   File "<ipython-input-42-991b5aeeb3f8>", line 1, in <module>
#     print(inv(0))
#   File "<ipython-input-39-221e83c253f6>", line 2, in inv
#     return 1 / x
# ZeroDivisionError: division by zero
```

블록 단위로 설정한 후 Ctrl+Enter를 누르면 실행된다.

이 함수는 주어진 값에 대한 역수 값을 주는 함수인데 당연히 0을 입력하게 되면

0으로 나누게 돼 오류가 발생하게 된다.

이때 이를 해결하려면 조건문을 주어서 만약 0을 입력하게 되면 다른 메시지를 주어야 할 것이다. 파이참은 이런한 문제 발생 시 둘러싸기surround with 기능이 있다.

문제가 있는 줄의 함수에 가서 Code › Surround With...를 클릭하거나, Ctrl+Alt+T를 누르면 다음과 같은 화면이 나타난다.

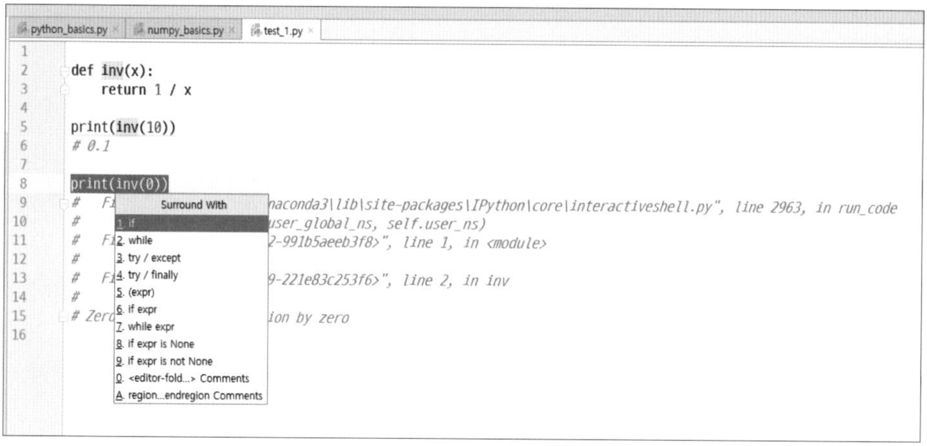

그림 3.17 코드 둘러싸기

여기서 if를 선택하게 되면,

```
if True:
    print(inv(0))
```

해당 함수를 둘러싸게 되고 True 조건에 커서가 가게 된다. 이때 참 조건을 수정한다.

```
x = 0
if x != 0:
    print(inv(x))
else:
```

```
    print('0 이외의 값만 가능!')
# 0 이외의 값만 가능!
```

3.7 탐색

파이참에는 탐색^{Navigate}라는 주 메뉴가 있다. 그만큼 코드 탐색 부분에 많은 기능이 있다.

일반적으로 하나의 파일에서 특정 문장이나 단어 탐색 시 Ctrl+F를 사용한다. 그러나 특정 단어를 특정 프로젝트의 전체에서 탐색하고자 하는 경우에는 Ctrl+Shit+F를 사용한다.

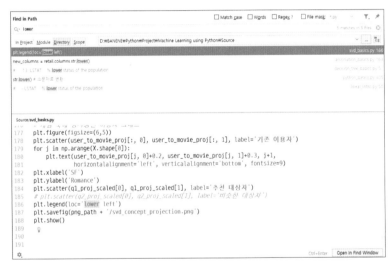

그림 3.18 전체 탐색

전체 탐색은 프로젝트^{In Project}, 모듈^{Module}, 디렉터리^{Directory} 및 전체 영역^{Scope} 내에서 찾을 수 있다.

클래스를 찾고자 하는 경우에는 Navigate ﹥ Class 또는 Ctrl+N, 파일 찾기는 Navigate ﹥ File 또는 Ctrl+Shift+N을 누른다.

또 하나의 유용한 탐색 기능은 다음과 같은 프로그램이 있는 경우에 특정한 함수 또는 메소드가 어떻게 정의됐는지 확인하는 것이다.

```
import numpy as np

np.sqrt(4)
```

그런데 넘파이의 제곱근 함수가 궁금하다고 한다면, 커서를 **sqrt** 함수에 가져간 후 Navigate › Declaration을 클릭하거나 단축키로 Ctrl+B를 누르거나 Ctrl 키를 누른 후 마우스를 클릭하면, 그림과 같이 실제 구현된 umath.py로 자동으로 이동해 함수가 어떻게 정의됐는지 파악할 수 있다.

그림 3.19 Ctrl+B 탐색

3.8 디버깅

디버깅은 프로그램의 오류가 발생한 경우 이를 찾고 해결하는 절차다. 파이참은 다양한 형태의 디버깅 환경 구성을 지원하고 있다. 이를 확인하기 위해서는 Run › Edit Configurations를 통해 확인할 수 있다.

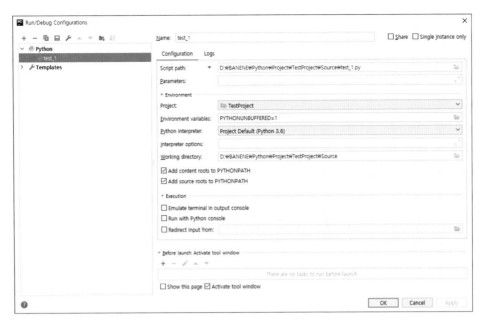

그림 3.20 디버깅 환경 구성

그림에서 + 버튼을 눌러 새로운 환경을 구성할 수 있고 저장 그림을 이용해 저장할 수 있다. 디버깅 환경에서는 파이썬 해석기도 또한 필요한 경우에 다양한 버전으로 저장하고 관리할 수 있다.

실제 디버깅 과정을 살펴보자.

먼저 중단점^{breakpoint}을 설정해야 한다. 중단점은 프로그램을 의도적으로 잠시 멈추게 하는 장소를 의미한다. 편집기에서 중단점을 설정하고자 하는 영역의 왼쪽 여백을 클릭하기만 하면 중단점이 설정된다.

중단점을 설정하고 난 후 실행해보자. 디버깅 실행은 편집기에서 마우스 오른쪽을 클릭 후 Debug '스크립트명'을 선택하거나, 주 메뉴에서 Run › Debug '스크립트명'을 선택한다. 단축키는 Shift+F9이다.

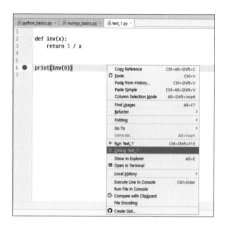

그림 3.21 디버깅 실행

실행하고 나면 다음 그림과 같이 화면이 나타난다.

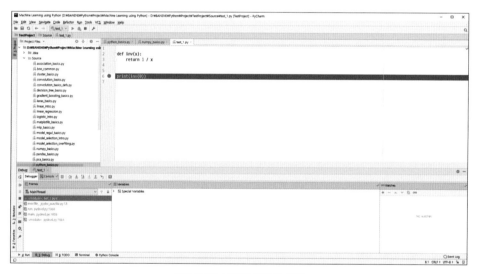

그림 3.22 디버깅 실행 후 화면

화면은 Frames, Variables, Watches로 구성돼 있고, 디버그 윈도우의 단계화
stepping 툴바가 있다.

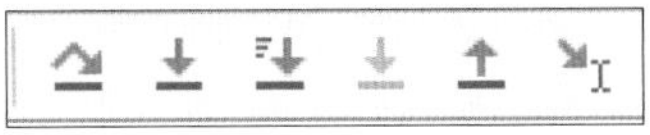

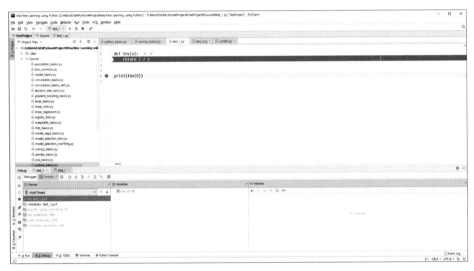

그림 3.23 단계화 툴바

단계화는 단계 세부 실행^{stepping into}, 단계 일괄 실행^{stepping over} 등이 있다. 단계 세부 실행은 해당 줄의 함수 단위까지 하나하나 단계별로 실행되는 것을 의미하며 단계 일괄 실행은 해당 줄을 한 번에 전부 실행하는 것을 말한다.

단축키로 단계 세부 실행은 F7, 단계 일괄 실행은 F8을 사용한다.

그림 3.24 디버깅 단계 세부 실행

위 그림은 단계 세부 실행(F7)을 실행한 다음의 화면이다. 세부 실행이므로 먼저 inv 함수를 제일 먼저 실행한다. 계속 세부 실행을 하고자 하는 경우는 **세부 실행** 키를 누르고 일괄 실행으로 바꾸고자 한다면 **일괄 실행** 키를 누른다.

이때 디버깅은 목표가 달성되면 디버그 윈도우의 왼쪽 빨간 사각형을 클릭해 종료한다.

3.9 버전 관리

버전 관리는 하나의 프로그램에 대한 이력 관리다. 누가 어디를 어떻게 수정했는지 일목요연하게 보여준다. 잘 알려진 버전 관리 사이트는 https://GitHub.com이다.

파이참은 GitHub뿐만 아니라 잘 알려진 버전 관리 시스템과도 연동이 가능하다. 연동하는 과정은 단순하지 않으니, 일단 본인 PC 내 즉, 로컬에서 어떻게 버전 관리를 하는지 간단히 알아보자.

주 메뉴에서 VCS ❯ Local History ❯ Show History를 클릭한다.

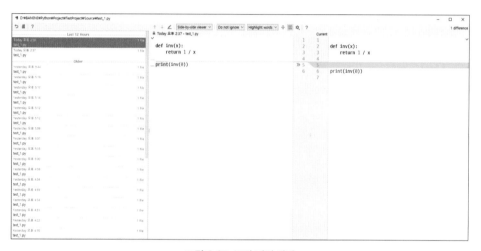

그림 3.25 로컬 버전 관리

그림은 하나의 프로그램의 생성에서부터 현재까지 모든 이력을 보여준다. 해당 버전을 클릭하면 이전과 이후가 어떻게 변경이 돼 있는지 보여준다.

3.10 재구성

코드 재구성refactoring은 하나의 프로그램을 이해하기도 쉽고 유지 보수도 잘 되도록 정돈하는 작업이다. 프로그램이 갖고 있는 본질적인 속성(입력과 출력 등)을 변경하는 것을 의미하지는 않는다.

파이참은 이러한 재구성을 위한 기능을 갖고 있으며, 주 메뉴인 Refactor에 의해 지원하고 있다.

재구성의 대표적인 예인 이름 바꾸기^{rename}를 해보자.

프로젝트 윈도우나 편집기 윈도우에서 이름을 바꾸고자 하는 곳(파일명, 함수명 또는 변수명 등)에 커서를 위치시킨 후 마우스 오른쪽 버튼을 클릭해 Refactor › Rename 또는 주 메뉴인 Refactor › Rename을 하거나 단축키인 Shift+F6를 이용한다.

다음과 같은 프로그램에서 inv(x) 함수에 커서를 위치한 후 Shift+F6를 클릭한다.

```python
def inv(x):
    return 1 / x

print(inv(0))
```

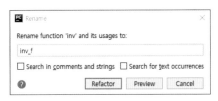

그림 3.26 재구성의 이름 바꾸기

그림은 inv 함수를 inv_f로 변경하고자 하는 화면이다. 프로그램에서는 해당 함수와 함수가 사용되는 곳이 각각 한 개가 있다. 물론 이것은 하나의 프로그램에서만 적용되지만 프로그램 곳곳에서 이 함수가 사용됐다면 이름 하나 바꾸는 것이 단순하지는 않다.

이때 Preview를 선택하면 사용된 모든 곳이 나타나게 된다.

그림 3.27 재구성 사전 보기

내용을 확인 후 재구성 버튼을 클릭하면 모든 곳에서 이름 바꾸기가 실행된다.

3.11 단축키 찾기

단축키를 찾고자 하는 경우 또는 특별한 행동을 취할 때 어떠한 메뉴를 선택할지 잘
모른다면 Ctrl+Shift+A를 누른다.

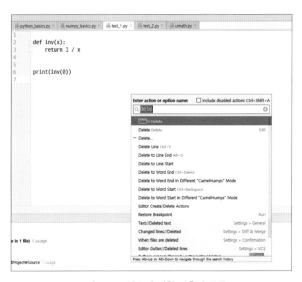

그림 3.28 행동에 대한 단축키 목록

그림에서 delete에 대한 다양한 행동이 있고 이에 대한 단축키가 있는 경우와 없
는 경우가 있다. 단축키가 없는 경우에는 Alt+Enter를 누른 후 단축키를 추가로 정의
할 수 있다.

04

파이썬 언어에 대한 이해

4.1 개요

파이썬 언어의 기본은 데이터형^{type}, 컨테이너, 형변환, 변숫값 할당, 인덱싱, 문, 조건문, 반복문, 조건 반복문, 함수 정의 등을 이해하는 것이다.

4.2 데이터형

파이썬 언어의 기본적인 데이터형은 int, float, bool, str, bytes이다.

각각의 예를 살펴보자.

```
x = 100
print(type(x))

x = 0.0
print(type(x))
```

```
x = True
print(type(x))

x = 'hello!\nWelcome to ML world'
print(x)
print(type(x))

x = b'bong'
print(type(x))
```

위의 코드를 각각 입력하여 그 결과를 확인해보면 어떤 데이터형인지 확인할 수 있다. 기본 데이터형은 값을 변경할 수가 없다. 즉, immutable이다.

여기서 \n은 인용 부호 내에서의 줄바꿈을 나타내는 특수 문자를 표시한 것이다.

기본 데이터형을 하나의 요소로 하여 만들어지는 데이터형을 컨테이너형이라고 한다.

컨테이너형은 list, tuple, dict, set이 있다.

```
# list
x = [1,2,3]
print(type(x))

x = ["a",2.3,3, b"bong"]
print(type(x))
print(type(x[0]))
print(type(x[1]))
print(type(x[2]))
print(type(x[3]))

x=["bong"]
print(type(x))
print(type(x[0]))

# tuple
x = (1,2,3)
print(type(x))
```

```
x = 1,2,3
print(type(x))

x = "a",1.1,2
print(type(x))
print(type(x[0]))

x = "bong",
print(type(x))

# dict
x = {"key1": 100, "key2": 200}
print(type(x))

x = dict(key1=100, key2=200)
print(type(x))

# set
x = {"key1", "key2"}
print(type(x))

x = {1, 2, 3, 3}
print(x)
print(type(x))
```

str, bytes 데이터형은 기본 데이터형도 되지만, 컨테이너 데이터형도 된다. 즉 각 구성 요소를 각각 가져올 수 있기 때문이다.

컨테이너형 중 tuple, str, bytes는 값을 변경할 수가 없다.

4.3 식별자의 표기

변수명, 함수명, 모듈명, 클래스명 등의 이름은 영문자로 시작하고 이후 숫자나 영문자를 사용해 조합한다. 단, 악센트(')와 같은 부호는 안 되며 예약된 키워드도 안 된다. 대/소문자는 구별한다. 한글도 사용 가능하나 가급적 사용하지 않는다.

4.4 값의 할당

변수에 값을 할당한다는 것은 변수명과 값을 하나로 묶는 것을 의미한다. 할당의 규칙은 변수명=값으로 정의한다. 우변의 표현식이 유효한지 평가한 후 유효하면 값을 할당한다.

```
x = 1 + 1.2
x = y = 0 # 같은 값 할당
x, y = 1, 0.9 # 각각 해당 값 할당
x, y = y, x # 값 바꾸기

x = 0
x += 2 # x = x + 2
x -= 3 # x = x - 3
x = None
print(type(x))

del x # x 변수 제거
```

4.5 형변환

데이터형 즉, 데이터 클래스의 형을 보기 위한 함수는 type( )이다. 이때 하나의 데이터형에서 다른 데이터형으로 변환하는 것을 형변환이라고 한다. 이때 사용하는 함수는 int( ), float( ), bool( ), str( ), chr( ), bytes( ), list( ), dict( ), set( ) 등이 있다.

```
print(type("100"))
print(type(int("100"))) # str -> int
print(int("ff", 16)) # str -> int
print(int(2.1)) # float -> int
print(float(0)) # int -> float
print(round(13.2)) # float -> int
```

```python
# 다양한 bool 형변환
print(type(bool(None))) # NoneType -> bool
print(bool(0))
print(bool(1))
print(bool(False))
print(bool(True))
print(bool(""))

print(type(str(100))) # int -> str
print(type(str(100.0))) # float -> str

print(type(chr(97))) # int -> str
print(type(ord('\n'))) # str -> int

print(type(bytes([97,98,99,100]))) # list -> bytes

print(type(list("abc"))) # str -> list
print(type(dict([(1, "abc"), (2, "cde")]))) # list -> dict

print(type(set("abcde"))) # str -> set
x = "-".join(['bong', 'ju', 'kang']) # list -> str
print(type(x))

x.split("-") # str -> list
```

이러한 형변환의 예는 이미지 데이터가 바이트로 저장된 경우 이를 숫자로 환원해 머신 러닝 알고리즘을 실행하는 경우다. 이때 ord( ) 함수는 바이트로 저장된 하나의 문자를 int 숫자로 변환하는 함수다.

4.6 열 컨테이너 인덱싱

컨테이너형에서 내부에 하나의 열^{sequence}을 포함하는 경우는 str, list, tuple이다. 즉, 인덱스를 이용해 요소의 값에 접근할 수 있다.

$$x = [2, 4, 6, 8, 10]$$

양수 인덱스: $x[0] = 2$, $x[1] = 4$, ..., $x[4] = 10$

음수 인덱스: $x[-5] = 2$, $x[-4] = 4$, ..., $x[-1] = 10$

인덱스는 0부터 시작하며, 음수 인덱스는 -1부터 시작한다.

슬라이싱^{slicing}은 주어진 열을 조각내는 것을 말한다. 조각내기 위해 시작과 끝 그리고 스텝이 정의돼야 한다. 슬라이싱 부호로는 ':'을 사용한다.

[시작 슬라이스: 끝 슬라이스: 스텝]으로 정의한다. 스텝은 명시하지 않으면 1이고, 시작 슬라이스를 명시하지 않으면 처음부터 시작하며 끝 슬라이스를 명시하지 않으면 마지막까지를 의미한다. 끝 슬라이스의 명시된 값은 해당 값을 포함하지 않은 작은 값으로 정의한다. 슬라이싱은 원래의 열을 조각내는 것이므로 결과도 또한 원래의 데이터 열의 형과 같게 된다.

```python
# 인덱싱
x = [2, 4, 6, 8, 10]

len(x) # 5
x[0] # 2
x[4] # 10
x[5] # IndexError: list index out of range
x[-1] # 10
x[-len(x)] # 2

# 슬라이싱
x = [2, 4, 6, 8, 10]
x[1:2] # [4]
x[::] # [2, 4, 6, 8, 10]
x[:] # [2, 4, 6, 8, 10]
x[:3] # [2, 4, 6]
x[:-1] # [2, 4, 6, 8]
x[1:3] # [4, 6]
x[::2] # [2, 6, 10]
x[::-2] # [10, 6, 2]
del x[:2] # [6, 8, 10]
```

4.7 논리 연산자

논리 연산자는 두 개의 값을 비교해 참과 거짓으로 그 결과를 나타낸다. and, or, not은 각각의 bool값을 파악해 bool값으로 결과를 나타낸다.

또한 논리 연산자와 연계하여 사용하는 값을 비교하는 비교 연산자는 〈, 〉, 〈=, 〉=, ==, !=이 있다.

```
0 > 1 # False
0 == 0 # True

(0 > 1) and (0 > 1) # false
(0 > 1) & (0 > 1) # false, and=&
(0 > 1) or (0 == 0) # True
(0 > 1) | (0 == 0) # True or=|

not (0 > 1) # True
```

4.8 문 구성

파이썬문은 한 줄에 하나의 문statement을 구성하며, 끝을 의미하는 어떠한 표식도 하지 않는다. 여러 개의 문을 구성하고자 한다면 종속 관계가 있는 경우에는 띄어쓰기로 그 관계를 표현한다.

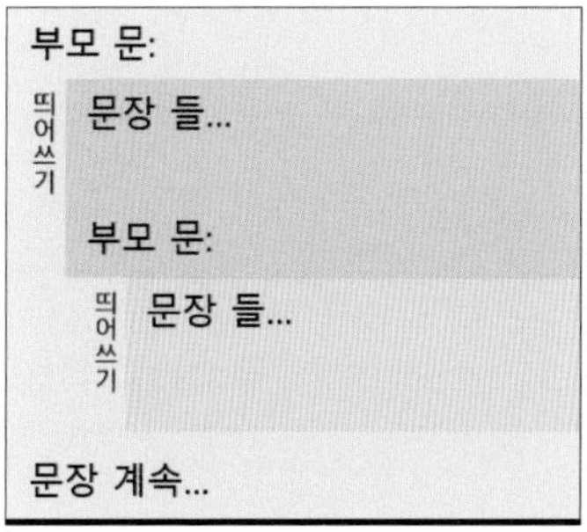

그림 4.1 문의 구성 구조

띄어쓰기는 한 칸만 해도 되지만, 일반적으로 4개의 공백을 비운다.

```python
if (0 == 0):
    print((0 == 0))
    if not (0 > 1):
        print (not (0 > 1))
print((0 > 1) and (0 > 1))
# 결과: True, True, False
```

4.9 모듈 가져오기

파이썬에는 모듈들의 집합이라고 할 수 있는 패키지와 모듈이 있다. 각 모듈은 하나의 파일 또는 모듈 이름의 디렉터리의 __init__.py와 동일하다. 이러한 모듈 내부에는 클래스와 함수가 정의돼 있고, 이러한 클래스와 함수를 이용해 파이썬 프로그래밍을 한다.

모듈을 가져오기 위해서는 import라는 키워드를 사용한다. 모듈 내 특별한 클래스만을 가져오기 위해서는 from 키워드를 사용한다.

이때 해당 파일들은 파이썬 경로path에 모두 존재해야 한다. 이를 확인하기 위해 sys.path로 확인한다.

import numpy as np문은 sys.path에 나타나는 모든 경로에서 numpy.py가 존재하거나, numpy라는 디렉터리가 존재하는 것을 의미한다. 만약 디렉터리인 경우에는 해당 디렉터리의 __init__.py가 그 역할을 대신한다. 이 문은 numpy 모듈을 가져오는 것이며, 별명으로 np를 사용하는 것을 의미한다.

```python
import numpy as np # numpy의 별명으로 np를 사용
import matplotlib.pyplot as plt # 파이썬 경로의 matplotlib 디렉터리 밑의 pyplot 파일을 지칭
np.sin(np.pi/2)
dfx = np.linspace(0, np.pi)
dfy = np.sin(dfx)
plt.plot(dfx, dfy)
```

4.10 조건문

파이썬의 조건문^{conditional statement}은 다음과 같은 형식이다.

if 논리 조건:

문장 블럭

조건이 만족하지 않은 경우 계속 분기하기 위해서는 elif, elif, ..., else를 사용한다.

if 논리 조건:

문장 블럭

elif 논리 조건:

문장 블럭

else:

문장 블럭

```
income=100
if income < 100:
    grade = "low"
elif income < 200:
    grade = "middle"
else:
    grade = "high"
print(grade)
```

4.11 수학 함수

수학 연산자는 +, -, *, /, //, %, **, @이 있다. 여기서 //는 나눈 결과가 그 숫자를 넘지 않는 정수이며, @는 행렬 곱을 의미한다.

```
import numpy as np

3 // 2 # 1
-3 // -2 # 1
3 // -2 # -2

# 행렬 곱: @
x = np.matrix([[1,2], [3,4]])
y = np.matrix([[0,1], [1,0]])
print(x @ y)
#  [[2 1]
#   [4 3]]
np.matmul(x, y) # 행렬 곱
np.multiply(x, y) # 원소별 곱(elementwise product)

# 수학 함수
np.sin(np.pi/2) # 1.0
np.sqrt(100) # 10.0
np.log(np.e) # e에 대한 자연 로그
np.log([1, np.e, np.e**2, 0]) # [  0.,   1.,   2., -inf]
np.ceil(9.9) # 10.0
np.floor(9.9) # 9.0
```

4.12 조건 반복문

조건 반복문conditional loop statement은 특정 조건을 만족하는 경우에만 반복을 허용하는 문이다. 키워드는 while, for가 있다. 형식은 다음과 같다.

while 논리 조건:

　　문 블록

for 변수 in 열:

　　문 블록

```python
value = 0
index = 1
while index <= 10:
    value += index**2
    index += 1
print("value=", value, ",", "index=", index)
# value= 385 , index= 11
# index값이 11이면 while 반복문을 탈출한다. 따라서 합은 index=10까지만의 합임


str = "bong ju kang"
index = 0
for value in str:
    if value == 'g':
        index += 1
print("value=", value, "has found", index, "occurences")
# value= g has found 2 occurences


# range 함수를 이용한 for
str = "bong ju kang"
range(len(str)) # 12
str[len(str)] # IndexError: string index out of range
str[len(str)-1] # 'g'
[index for index in range(len(str))] # [0, 1, 2, 3, 4, 5, 6, 7, 8, 9, 10, 11]


index = 0
for index in range(len(str)):
    value = str[index]
    if index > 10:
        print("value\'s index > 10 is", value) # value's index > 10 is g
print('exit index = ', index) # exit index =  11


# enumerate 함수를 이용한 값과 위치 찾아오기
[a for a, b in enumerate(str)] # [0, 1, 2, 3, 4, 5, 6, 7, 8, 9, 10, 11]
[b for a, b in enumerate(str)] # ['b', 'o', 'n', 'g', ' ', 'j', 'u', ' ', 'k',
'a', 'n', 'g']
```

4.13 컨테이너형 일반 연산

컨테이너 데이터형은 내부에 기본 데이터형을 포함하는 경우를 말한다. 즉, 내부에 열을 갖고 있는 데이터형을 의미한다. 이런 경우에는 일반적으로 적용되는 연산인 일반 연산^{generic operation}이 있다.

대표적인 연산은 len, min, max, sum, sorted, enumerate, zip, all, any 등이 있다. 특수한 경우로 값 in 등이 있다.

```
str = "bong ju kang"
value = "123456789"

len(str) # 12
len(value) # 9
min(value) # '1'
max(value) # '9'
max(str) # 'u'
sorted(str) # [' ', ' ', 'a', 'b', 'g', 'g', 'j', 'k', 'n', 'n', 'o', 'u']
x = 'b'
x in str # True
[{a:b} for a, b in enumerate(str)] # 위치(index)와 값(value)을 반환하는 반복자(iterator)
# [{0: 'b'},
#  {1: 'o'},
#  {2: 'n'},
#  {3: 'g'},
#  {4: ' '},
#  {5: 'j'},
#  {6: 'u'},
#  {7: ' '},
#  {8: 'k'},
#  {9: 'a'},
#  {10: 'n'},
#  {11: 'g'}]
[val for val in zip(('a', 'b', 'c'), ('c', 'b', 'd', 'e'))] # 같은 위치에 있는 값을 반
환하는 반복자
[val for val in zip(str, value)]
# [('b', '1'),
#  ('o', '2'),
#  ('n', '3'),
```

```
#   ('g', '4'),
#   (' ', '5'),
#   ('j', '6'),
#   ('u', '7'),
#   (' ', '8'),
#   ('k', '9')]

[val for val in reversed(value)] # ['9', '8', '7', '6', '5', '4', '3', '2', '1']
2*value # 반복
str + "," + value # 연결
value.index('8') # 위치 찾기
str.count('g') # 빈도 구하기
```

4.14 리스트 연산

리스트는 컨테이너형의 데이터이며 값은 다른 데이터형의 값을 가질 수 있다. 이러한 리스트에 대해 내부 값을 수정, 추가, 제거 등을 연산 즉, 함수로 처리할 수 있다.

관련 함수는 append, extend, insert, remove, pop, sort, reverse 등이 있다.

```
str = "bong ju kang"
value = list(str) # str -> list 형변환
value.append(', banene') # 해당 값을 하나의 요소로 추가
# ['b', 'o', 'n', 'g', ' ', 'j', 'u', ' ', 'k', 'a', 'n', 'g', ', banene']
value.remove(', banene') # 해당 값을 제거
# ['b', 'o', 'n', 'g', ' ', 'j', 'u', ' ', 'k', 'a', 'n', 'g']
value.extend(', banene') # 해당 열을 추가
# ['b', 'o', 'n', 'g', ' ', 'j', 'u', ' ', 'k', 'a', 'n', 'g', ',', ' ', 'b',
'a', 'n', 'e', 'n', 'e']
value.pop( ) # 마지막 값을 제거
value.pop(0) # 해당 위치의 값을 제거
value.sort( ) # 오름차순으로 정렬
value.reverse( ) # 역으로 정렬
```

4.15 딕셔너리 연산

딕셔너리도 리스트와 마찬가지로 값의 조회, 수정, 제거 등을 할 수 있는 메소드가 있다. 이와 같은 메소드 또는 함수 중에는 get, update, del, pop, popitem 등이 있다.

```python
dic = {'lang':80, 'math':90, 'his':75} # 딕셔너리 생성
dic['lang'] # 키를 이용한 딕셔너리 값 조회
dic.get("lang") # get 메소드를 이용한 값 조회
dic['math'] = 100 # 키를 이용한 값 수정
dic.update({'math':100}) # update 메소드를 이용한 값 수정
dic.update(dict(math=90)) # dict 함수와 update 메소드를 이용한 값 수정
del dic['lang'] # 해당 키 제거 (값 포함)
dic.clear() # 딕셔너리 초기화

dic = {'lang':80, 'math':90, 'his':75} # 딕셔너리 생성
dic.keys() # 키 보기
# dict_keys(['lang', 'math', 'his'])
dic.values() # 키 순서대로 값을 보기
# dict_values([80, 90, 75])
dic.items() # 키와 값
# dict_items([('lang', 80), ('math', 90), ('his', 75)])
last_item = dic.popitem() # 마지막 항목을 제거 (키와 값을 동시에 제거)
print(last_item) # ('his', 75)
```

4.16 집합 연산

집합^{set} 연산은 합집합(|), 교집합(&), 차집합(-) 등의 연산자를 이용해 할 수 있으며, 집합 간의 포함 관계는 <, <=, ==, >, >=를 이용해 확인할 수 있다.

또한 메소드를 이용해 집합의 값을 추가, 수정, 복제, 삭제 등을 할 수 있다.

```python
s1 = {'a', 'b', 'c'}
s2 = {'b', 'c', 'd', 'e'}
s_union = s1 | s2 # 합집합
```

```python
s_intersect = s1 & s2 # 교집합
s_difference = s1 - s2 # 차집합

s1 < s2 # False
s1 == s2 # False
s1 < {'a', 'b', 'c', 'd'} # True

s1.add('f') # 항목 추가
s1.update({'k'}) # 원래 있던 집합에 해당 집합을 추가
s1.remove('k') # 항목 제거
new_s = s1.copy() # 집합 복사
```

4.17 함수 정의

함수는 다음과 같은 형식으로 정의한다.

　　def 함수명(유명인자1, ..., 유명인자n):

　　　　"""함수에 대한 설명"""

　　　　문 블록

　　　　return 반환값

함수가 정의되고 난 후 함수를 호출하는 방법은 변수=함수명() 형식으로 처리한다.

```python
import numpy as np

def bnn_add(x,y):
    """
    이 함수는 피연산자를 받아서 덧셈을 처리해준다.
    :param x: 덧셈이 가능한 값
    :param y: 덧셈이 가능한 값
    :return: 덧셈 후 결괏값을 반환
    """
    return x + y
```

```
print(bnn_add(1.0, 3)) # 4.0
retvalue = bnn_add(np.array([1,9]), np.array([2.0, 3]))
print(retvalue) # [ 3. 12.]


def vclass(x):
    if x in ['Hybrid','SUV','Sedan','Wagon']:
        return 'Family Vehicle'
    else:
        return 'Truck or Sports Vehicle'
print(vclass('Hyundai')) # Truck or Sports Vehicle
```

4.18 문자열 연산

문자열^{string}에 대한 연산은 공백 제거, 지정 문자의 출현 횟수 구하기, 조회, 대소문자 변환, 분리 및 결합 등이며, 이를 메소드^{method}로 제공한다. 대표적으로 strip, count, index, is…, upper, lower, split, join 등이 있다.

```
str='\n    bong ju kang'
print(str)
str.strip() # 문자열의 앞과 뒤의 화이트 스페이스(white space) 제거, 'bong ju kang'
# 화이트 스페이스의 종류
# chr(9) # 수평 탭(tab), '\t'
# chr(10) # 라인 피드(line feed), '\n'
# chr(11) # 수직 탭, '\x0b'
# chr(12) # 폼 피드(form feed), '\x0c'
# chr(13) # 캐리지 리턴(carriage return), '\r'
# chr(32) # 공백(space), ' '

str = 'bong ju kang'
str.index('ka') # 부분 문자열의 시작하는 위치값을 반환, 8

str.upper() # 대문자로 변환 'BONG JU KANG'
str.lower() # 소문자로 변환
'bong Ju'.swapcase() # 반대로 변환, 'BONG jU'
'bong ju'.capitalize() # 첫 문자만 대문자로 변환, 'Bong ju'
```

```
str.isalnum() # 숫자와 문자로만 구성돼 있는 문자열인지 확인, False
str.title() # 제목 형식으로 변환, 'Bong Ju Kang'

'bong ju'.split(' ') # 공백으로 분리, ['bong', 'ju']
'-'.join('bong') # bong을 반복하여 '-' 문자와 연결, 'b-o-n-g'
'-'.join(['bong', 'ju', 'kang']) # 'bong-ju-kang'
```

4.19 포맷 구성하기

포맷을 구성한다는 것은 아무 데이터형이나 지정된 특별한 형식으로 문자열을 만들어 주는 것을 말한다. 형식은 다음과 같다.

포맷 지시문.format(포맷할 값)

여기서 포맷 지시문format directives은 다음과 같은 형식이다.

"{selection: formatting!conversion}"

이며, formatting은 또한 다음과 같은 형식을 갖추고 있다.

채울 문자, 정렬 방식(⟨, ⟩, ^, =), 부호(+, -, 공백), 최소 길이, 소수점 이하 길이, 포맷 형식(b, c, d, o, x, X, e, E, f, F, g, G, s 등)이다.

conversion은 s(읽을 수 있는 문자 형식), r(문자 그대로 형식)이 있다.

```
"${:.2f}".format(12345) # '$12345.00'
"${0:.2f}".format(12345) # '$12345.00'
"{:,.1f}원".format(12345.77) # '12,345.8원'
"{1:>20s}".format(12345, 'bong ju kang') # '        bong ju kang'
"{1:^20s}".format(12345, 'bong ju kang') # '    bong ju kang    '
```

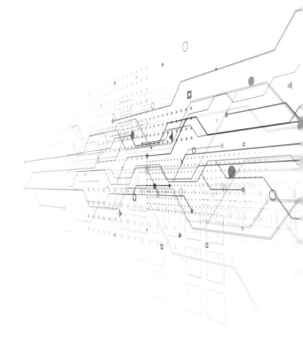

05

패키지 이해

5.1 개요

넘파이^{NumPy}는 파이썬 언어의 하나의 라이브러리이며 주로 다차원 배열이나 행렬과
수학 함수를 지원하고 있다.

넘파이의 가장 중요한 개념은 다차원 배열이며 이를 중심으로 설명한다.

우선 넘파이를 사용하기 위해서는,

```
import numpy as np
```

를 통해 넘파이를 호출해야 한다. 이때 np는 일종의 별명이므로 다양한 이름으로 사
용해도 되지만, 일반적으로 np를 많이 사용한다.

5.2 배열 생성

배열의 생성은 np.array( ) 함수를 사용해 생성하며, 배열이 갖고 있는 다양한 속성들은 메소드인 dtype, ndim, shape 등을 통해 확인할 수 있다.

```
# 리스트를 통해 1차원 배열의 생성
a = np.array([1, 2, 3, 4])
# print(a)를 하는 역할을 ctrl+enter 키로 값을 확인

a # ctrl+enter 키를 통해 값을 확인
# array([1, 2, 3, 4])

type(a) # 넘파이 n차원 배열 데이터형
# numpy.ndarray

a.ndim # 하나의 메소드로써 차원의 크기를 확인
# 1

np.ndim(a) # 하나의 함수로써 차원의 크기를 확인
# 1

a.shape # 메소드 호출을 통한 배열의 크기를 확인
# (4, ) # 튜플 형식으로 배열의 크기를 반환함

np.shape(a) # 함수 호출로도 가능

a.dtype # 각 요소의 데이터형
# dtype('int32')
```

여기서 함수 또는 메소드 호출을 통해 속성값을 확인할 수 있다. 프로그래밍 취향에 따라 자기에게 편한 방식으로 선택하면 된다.

넘파이 배열을 보면 하나의 배열에서는 하나의 기본 데이터형이 자리 잡고 있다. 즉, 복수의 데이터형을 갖는 배열을 가질 수가 없다.

넘파이 크기를 볼 수 있는 shape 메소드인 경우에 1차원인 경우 (4,)와 같이 반환되는데, 이는 넘파이 배열이 행^{row} 우선임을 알 수 있다.

5.3 배열 연산

배열의 연산은 배열과 배열의 어떤 연산이 가능하고 어떻게 실행되는지 정의한 것이다. 넘파이 배열의 연산은 각각 대응하는 요소별 연산이 실행되는 점이 가장 큰 특징이다. 따라서 넘파이 수학 함수들도 모두 각 요소별로 적용된다.

```
a = np.array([1,2,3,4])
b = np.array([10,20,30,40])

# 리스트인 경우에 + 연산의 의미
[1,2,3,4] + [10,20,30,40]
# [1, 2, 3, 4, 10, 20, 30, 40]

a + b # 요소별 덧셈
# array([11, 22, 33, 44])

a - b # 요소별 뺄셈
# array([ -9, -18, -27, -36])

a * b # 요소별 곱하기
# array([ 10,  40,  90, 160])

a ** b # 요소별 제곱승
# array([          1,     1048576, -1010140999,           0], dtype=int32)

a**2 # 2가 앞의 배열과 요소별 제곱승할 수 있도록 자동으로 배열의 크기가 확장됨(브로드캐스팅)

np.pi
# 3.141592653589793

np.sin(a*np.pi)
# array([ 1.2246468e-16, -2.4492936e-16,  3.6739404e-16, -4.8985872e-16])

np.sqrt(a)
# array([1.        , 1.41421356, 1.73205081, 2.        ])
```

5.4 배열 요소 값 정하기

하나의 배열을 구성하는 요소^{element}에 대한 값의 수정은 해당 위치의 값을 수정하는 것이다. 배열 요소의 위치는 리스트와 동일하게 0부터 시작한다.

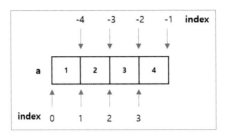

그림 5.1 넘파이 배열의 인덱스 값

그림에서 a[0]=1, ..., a[3]=4가 된다. 배열의 값을 수정하고자 한다면 할당문 형식으로 값을 수정하면 된다.

```
a = np.array([1,2,3,4])

a[0] # 요소 값 조회하기
# 1

a[0] = 9 # 요소 값 수정하기
a
# array([9, 2, 3, 4])

a[1] = 0.9 # 요소 값에 다른 데이터형으로 값을 주는 경우
a
# array([9, 0, 3, 4])
# 원래 데이터형으로 전환하여 수정됨
a.dtype
# dtype('int32')

a.fill(-10) # 모든 값을 하나의 값을 수정하기
a
# array([-10, -10, -10, -10])
```

5.5 다차원 배열

넘파이 다차원 배열은 차원의 수가 많다는 것을 의미한다. 하나의 차원 즉, 행만 있는 차원이 아닌 것을 의미한다.

2차원 배열은 행과 열이 있는 배열이다. 즉, 하나의 행의 요소가 또 하나의 배열임을 의미하는 것이다.

```
a = np.array([ [1, 2, 3, 4], [5, , 6, 7, 8] ])
```

인 경우에 그림과 같이 구성되는 것을 의미한다.

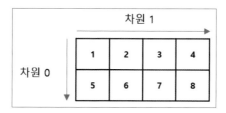

그림 5.2 넘파이 다차원 배열

다차원 배열이므로 하나의 값을 조회하고자 한다면, a[i, j]와 같은 방식으로 한다. 여기서 i는 차원 0에 대한 인덱스, j는 차원 1에 대한 인덱스를 의미한다.

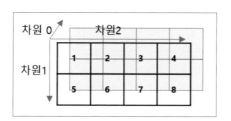

그림 5.3 넘파이 3차원 배열

그림은 3차원인 경우 각각의 차원이 어떻게 구성되는지 보여준다.

3차원인 경우에는 a[i, j, k] 방식으로 접근할 수 있다.

```
a = np.array([[1, 2, 3, 4], [5, 6, 7, 8]])
a
# array([[1, 2, 3, 4],
#        [5, 6, 7, 8]])

a.shape # 다차원 배열의 구성 확인
# (2, 4)

a.ndim
# 2

a[0,0]
# 1
a[-1, -1] # 다차원 배열의 마지막 값 조회
# 8

a[0,0] = 100 # 다차원 배열의 값 수정
a
# array([[100,   2,   3,   4],
#        [  5,   6,   7,   8]])

a[-1] # 행 우선이므로 행의 마지막 값 조회
# array([5, 6, 7, 8])
```

5.6 배열 슬라이싱

배열 조각내기 즉 슬라이싱slicing은 조각을 내서 전체 배열의 부분 영역의 값을 가져오는 것을 말한다. 슬라이싱의 일반적인 구조는

```
배열명[lower:upper:step, ..., lower:upper:step ]
```

으로 구성된다. 즉, 슬라이싱은 각 차원별로 적용이 가능하다. 예를 들어,

```
a[:, 1:3]
```

이라고 하면 축 0인 경우는 모든 영역이, 축 1인 경우는 1부터 시작해 2까지 값을 가져오는 것을 의미한다. 값을 생략하는 경우는 제일 작은 인덱스 값, 제일 큰 인덱스 값, step =1이 할당된다.

```
a = np.arange(1, 10) # 1부터 9까지 수를 생성
a
# array([1, 2, 3, 4, 5, 6, 7, 8, 9])

a[0:3] # 인덱스 값이 0부터 2까지
# array([1, 2, 3])

a[1:-1] # 인덱스 값이 1부터 -1-1=-2까지
# array([2, 3, 4, 5, 6, 7, 8])

a[:] # 생략하는 경우
# array([1, 2, 3, 4, 5, 6, 7, 8, 9])

a[::]
# array([1, 2, 3, 4, 5, 6, 7, 8, 9])

a[::2] # 처음부터 시작해 +2만큼 인덱스 증가시켜 마지막까지
# array([1, 3, 5, 7, 9])

b = np.arange(1,17).reshape(4,4) # 다차원 배열 구성 (4x4)
b
# array([[ 1,  2,  3,  4],
#        [ 5,  6,  7,  8],
#        [ 9, 10, 11, 12],
#        [13, 14, 15, 16]])

b[:, 2] # 열의 인덱스가 2인 조각
# array([3, 7, 11, 15])

b[1::2, ::2] # 행의 인덱스가 1부터 시작해 2만큼 증가, 이러한 조건하에 열의 인덱스는 +2만큼 증가
# array([[ 5,  7],
#        [13, 15]])
```

참고로 하나의 조각은 원래 배열을 참조한다. 즉, 새로 생성된 슬라이스 값을 변경하면, 원래 배열의 값도 변경된다. 즉 복사되지 않는다는 것을 의미한다.

```python
b = np.arange(1,17).reshape(4,4) # 다차원 배열 구성 (4x4)
b
# array([[ 1,  2,  3,  4],
#        [ 5,  6,  7,  8],
#        [ 9, 10, 11, 12],
#        [13, 14, 15, 16]])
x = b[:, 0] # 하나의 조각
x
# array([ 1,  5,  9, 13])

x[0] = 100 # 조각의 요소 값 변경
x
# array([100,   5,   9,  13])
b # 원래 배열의 값도 변경됨!
# array([[100,   2,   3,   4],
#        [  5,   6,   7,   8],
#        [  9,  10,  11,  12],
#        [ 13,  14,  15,  16]])
```

5.7 팬시 인덱싱

팬시 인덱싱fancy indexing은 인덱스에 대한 배열을 넘겨주는 것을 의미한다. 배열은 인덱스 배열이거나, 인덱스 위치를 표현하는 불린boolean 형식의 배열이다. 팬시 인덱싱을 함으로써 한 번에 여러 요소 값을 처리하는 것이 가능하다. 팬시 인덱싱을 하는 경우에는 원래 배열을 복사해 처리하므로 값을 변경해도 원래 배열의 값이 변경되지 않는다.

```python
a = np.arange(0,100, 10)
a
# array([ 0, 10, 20, 30, 40, 50, 60, 70, 80, 90])
```

```
a[np.array([0, 1, 3])] # 인덱스 값을 배열로 전달
a[[0, 1, 3]] # 인덱스 값을 리스트로 전달해도 됨
# array([ 0, 10, 30])

x = a[[0, 1, 3]]
x[0] =100 # 팬시 인덱싱한 결과의 값을 수정
x
# array([100,  10,  30])
a # 팬시 인덱싱한 결과는 원래 배열에 영향을 주지 않음(복사하여 처리)
# array([ 0, 10, 20, 30, 40, 50, 60, 70, 80, 90])

bool_mask = np.array([0, 0, 0, 1, 1, 1, 0, 0, 0, 0], dtype=bool)
bool_mask
# array([False, False, False,  True,  True,  True, False, False, False,
#        False])

a[bool_mask] # 불 배열에 의한 팬시 인덱싱
# array([30, 40, 50])

b = np.arange(1, 26).reshape(5,5)
b
# array([[ 1,  2,  3,  4,  5],
#        [ 6,  7,  8,  9, 10],
#        [11, 12, 13, 14, 15],
#        [16, 17, 18, 19, 20],
#        [21, 22, 23, 24, 25]])

b[0:2, [1, 3]] # 조각내기와 팬시 인덱싱의 결합
# array([[2, 4],
#        [7, 9]])

b[[0,1], [2,1]] # (행, 열) 인덱스 값이 각각 (0, 2), (1, 1)인 값을 반환
# array([3, 7])

# 팬시 인덱싱에서 b[:, 1]과 b[:, [1]]의 차이
b[:, 1] # 행 벡터를 반환
# array([ 2,  7, 12, 17, 22])

b[:, [1]] # 행렬을 반환
# array([[ 2],
```

```
#        [ 7],
#        [12],
#        [17],
#        [22]])
```

5.8 배열 생성자

넘파이는 배열을 생성하는 다양한 함수가 있다. 대표적으로 array, arange, linspace, zeros, ones, identity, empty 등이 있으며 분포에 따른 난수를 발생하는 난수 함수가 있다.

```
a = np.array([1.0, 2, 3, 100]) # 하나라도 실수가 있는 경우
a
# array([  1.,   2.,   3., 100.])
a.dtype
# dtype('float64') # 전체 기본 데이터형은 실수

a = np.array([1.0, 2, 3, 100], dtype=np.int32) # 데이터 기본형을 선언하는 경우
a.dtype
# dtype('int32') # 선언된 형으로 정리됨

np.arange(0, 10, 2) # start, stop, step 형식으로 구성됨. 단 stop보다 작은 값까지만 유효함
# array([0, 2, 4, 6, 8])

np.arange(1.5, 2.7, 0.3) # 정수가 아닌 경우에는 stop보다 작은 값이 아닌 경우가 있음
# array([1.5, 1.8, 2.1, 2.4, 2.7])

np.arange(10) # 하나의 값만 있는 경우는 stop값으로 인식
# array([0, 1, 2, 3, 4, 5, 6, 7, 8, 9])

np.zeros((3,)) # 튜플 형식으로 크기를 입력
# array([0., 0., 0.])

np.ones((3,4))
# array([[1., 1., 1., 1.],
```

```
#        [1., 1., 1., 1.],
#        [1., 1., 1., 1.]])

np.linspace(0, 1, 10) # start, stop, n이며, 시작부터 끝까지 n개로 균등하게 나누는 값을 반환
# array([0.        , 0.11111111, 0.22222222, 0.33333333, 0.44444444,
#        0.55555556, 0.66666667, 0.77777778, 0.88888889, 1.        ])

np.random.RandomState(1234).normal(100, 1, 5) # 평균 100, 표준편차 1인 정규분포에서  난수
5개 발생
# array([100.47143516,  98.80902431, 101.43270697,  99.6873481 ,
#         99.27941127])
```

5.9 배열의 추가(행 또는 열)

주어진 배열에 추가하거나 또는 배열을 결합해 하나의 배열을 생성하는 방법을 알아
보자. 배열을 추가하는 방법은 행과 열로 추가하는 방법이 있다. 이때 사용하는 함수
가 r_, c_이다.

```
# 배열의 생성
a = np.arange(10)
b = np.random.RandomState(123).normal(size=10)

# 기존 배열에 새로운 배열 추가: 행 추가
np.r_[a, b]
# array([ 0.        ,  1.        ,  2.        ,  3.        ,  4.        ,
#         5.        ,  6.        ,  7.        ,  8.        ,  9.        ,
#        -1.0856306 ,  0.99734545,  0.2829785 , -1.50629471, -0.57860025,
#         1.65143654, -2.42667924, -0.42891263,  1.26593626, -0.8667404 ])

# 기존 배열에 새로운 배열 추가: 열 추가
np.c_[a, b]
# array([[ 0.        , -1.0856306 ],
#        [ 1.        ,  0.99734545],
#        [ 2.        ,  0.2829785 ],
#        [ 3.        , -1.50629471],
#        [ 4.        , -0.57860025],
```

```
#          [ 5.         ,  1.65143654],
#          [ 6.         , -2.42667924],
#          [ 7.         , -0.42891263],
#          [ 8.         ,  1.26593626],
#          [ 9.         , -0.8667404 ]])
```

5.10 배열의 축과 계산

넘파이 다차원 배열의 축은 생성되는 순서, 즉 참조되는 순서에 의해 결정되며 축은
0부터 시작된다.

이러한 축 개념을 이용하면 다차원 배열에 대해 다양한 방향으로 요약 또는 함수
계산 등을 할 수 있다.

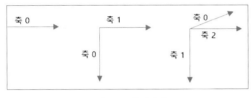

그림 5.4 배열의 축

가령 2차원 배열 3×4인 a에 대해

```
np.sum(a, axis=0)
```

이것은 축 0을 따라서 합을 구하는 것이기 때문에 해당 축은 사라지고 (4,0)인 즉,
열별로 합이 나오게 된다. 만약 행별로 합을 구하고자 한다면,

```
np.sum(a, axis=1)
```

라고 하면 된다.

```python
a = np.arange(1, 11).reshape((2, 5))
a
# array([[ 1,  2,  3,  4,  5],
#        [ 6,  7,  8,  9, 10]])

a.sum() # 축을 명시하지 않으면, 전체의 합
# 55

a.sum(axis=0) # 축 0을 따라서 합을 구함. 모든 열별로 합이 나옴
# array([ 7,  9, 11, 13, 15])

a.sum(axis=1) # 축 1을 따라서 합을 구함. 모든 행별로 합이 나옴
# array([15, 40])

a.mean(axis=0) # 열별 평균
# array([3.5, 4.5, 5.5, 6.5, 7.5])

a.std(axis=0) # 열별 표준편차
# array([2.5, 2.5, 2.5, 2.5, 2.5])
```

5.11 배열의 방송

배열의 방송broadcasting은 두 개의 배열 모양이 맞지 않음에도 작은 모양의 배열이 큰 배열의 모양에 맞추기 위해 동시에 해당 배열이 필요한 곳곳에 던져지는 즉, 캐스팅casting하는 것을 의미한다. 마치 하나의 내용이 곳곳에 방송되는 것과 같은 의미다. 이때 작은 모양의 배열이 복사 없이 진행되므로 자원 효율적이다.

예를 들어보자.

4×3 크기의 배열이 있다고 한다면, 1×3, 4×1 방송이 가능하다. 그러나 2×3은 방송이 불가능하다. 큰 행렬을 중첩해 덮을 수 있기 때문이다.

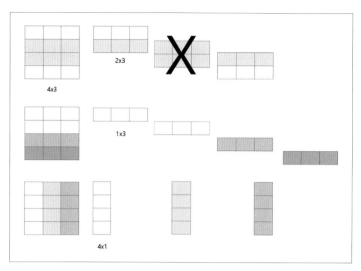

그림 5.5 배열 방송 구조

그림에서 2×3인 경우에는 1칸씩 움직여서 서로 겹치지 않게 덮을 수가 없다.

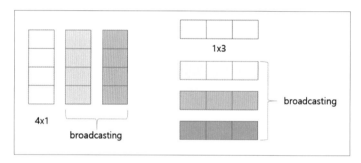

그림 5.6 배열 방송의 예

위 그림은 4×1 배열과 1×3 배열이 어떻게 방송하는지에 대한 예다.

```
a = np.ones((2,4))
b = np.ones((4,))

a + b # 모양이 다름에도 방송이 돼 처리가 됨
# array([[2., 2., 2., 2.],
#        [2., 2., 2., 2.]])
```

```python
# a + b를 구하기 위한 방송을 하지 않고 처리하는 경우
# 추가로 bbb를 생성하여 처리
bb = b.reshape((1,4))
bb
# array([[1., 1., 1., 1.]])
bbb = bb.repeat(2, axis=0)
bbb
# array([[1., 1., 1., 1.],
#        [1., 1., 1., 1.]])
a + bbb
# array([[2., 2., 2., 2.],
#        [2., 2., 2., 2.]])


a = np.arange(12). reshape((4, 3))
b = np.arange(6).reshape((2,3))
a + b
# ValueError: operands could not be broadcast together with shapes (4,3) (2,3)


b = np.arange(4).reshape((4,1))
a + b
# array([[ 0,  1,  2],
#        [ 4,  5,  6],
#        [ 8,  9, 10],
#        [12, 13, 14]])


b = np.arange(3).reshape((3,))
a + b
# array([[ 0,  2,  4],
#        [ 3,  5,  7],
#        [ 6,  8, 10],
#        [ 9, 11, 13]])


a = np.arange(4).reshape((4,1))
b = np.arange(3).reshape((3,))
a + b
# array([[0, 1, 2],
#        [1, 2, 3],
#        [2, 3, 4],
#        [3, 4, 5]])
```

06

판다스 패키지 이해

6.1 개요

판다스^{Pandas}는 미시경제학에서 사용하는 "panel data"에서 나온 말이며 주로 데이터 처리와 분석에 사용되는 파이썬 라이브러리다.

판다스는 Series와 DataFrame이라는 데이터 객체를 갖고 있으며, 다양한 데이터 포맷을 갖는 데이터에 접근할 수 있으며, 모양을 바꾸거나 피벗팅, 데이터 결합이나 연결 등의 기능을 갖고 있다.

6.2 데이터 구조

판다스의 데이터프레임 객체를 통해 모든 데이터를 처리하고 있다. 즉, 판다스로 데이터를 처리하고자 한다면, 반드시 데이터프레임 객체로 변환이 돼야 한다. 시리즈는 데이터프레임의 1차원 버전이다.

데이터프레임은 행 레이블과 열 레이블, 데이터로 구성돼 있는 2차원 구조다.

```python
# 데이터프레임 생성: 딕셔너리 사용
df = pd.DataFrame({'x': np.random.choice(['a', 'b', 'c'], size=10),
                   'y': np.random.randn(10),
                   'z': np.random.uniform(size=10)})

df # 생성된 데이터 구조
#    x         y         z
# 0  a  0.119330  0.852338
# 1  c -1.548951  0.172606
# 2  c  1.095493  0.904218
# 3  a -0.729121  0.117180
# 4  c -1.950831  0.185651
# 5  a -0.095028  0.190626
# 6  b -1.436222  0.962624
# 7  c  0.522623  0.629979
# 8  b -1.360020  0.998643
# 9  a -1.566866  0.600820

df.index # 행 레이블
# RangeIndex(start=0, stop=10, step=1)

df.columns # 열 레이블
# Index(['x', 'y', 'z'], dtype='object')

df = pd.DataFrame({'x': np.random.choice(['a', 'b', 'c'], size=10),
                   'y': np.random.randn(10),
                   'z': np.random.uniform(size=10)}, index = np.arange(1,11))
df.index
# Int64Index([1, 2, 3, 4, 5, 6, 7, 8, 9, 10], dtype='int64')

# 데이터프레임 생성: 리스트 이용
df2 = pd.DataFrame([[1, 2, 3],
                    [4, 5, 6]], columns=['x', 'y', 'z'])
df2.columns
# Index(['x', 'y', 'z'], dtype='object')

# 데이터 프레임 생성: 외부 파일 또는 데이터베이스
file = './data/Credit.csv'
```

```
file
# './data/Credit.csv'

df = pd.read_csv(file)
df.head()
#      Income   Limit   Rating   Cards   ...   Student   Married   Ethnicity   Balance
# 0    14.891   3606     283       2     ...      No       Yes     Caucasian     333
# 1   106.025   6645     483       3     ...      Yes      Yes       Asian       903
# 2   104.593   7075     514       4     ...      No       No        Asian       580
# 3   148.924   9504     681       3     ...      No       No        Asian       964
# 4    55.882   4897     357       2     ...      No       Yes     Caucasian     331

df.columns
# Index(['Income', 'Limit', 'Rating', 'Cards', 'Age', 'Education', 'Gender',
#        'Student', 'Married', 'Ethnicity', 'Balance'],
#       dtype='object')
```

행 레이블과 열 레이블을 각각 index, columns 메소드로 확인할 수 있다. 또한 데이터프레임 생성 시 index와 columns를 설정할 수 있다.

외부 파일이나 데이터베이스에서 데이터프레임을 생성하고자 할 땐 read_csv, read_excel, read_html, read_json, read_hdf, read_sql 등의 함수를 이용한다.

6.3 부분 데이터 구성

데이터프레임의 인덱스는 행과 열에 각각 레이블이 있는 인덱스가 설정돼 있다. 이를 이용해 원하는 위치의 데이터를 조회할 수 있고 데이터의 부분집합을 만들어 낼 수 있다.

리스트나 넘파이가 갖고 있는 인덱싱 및 슬라이싱 기능, 딕셔너리가 갖고 있는 레이블에 의한 인덱싱 등이 지원된다.

칼럼 인덱스로 조회하는 경우에는 __getitem__ 메소드를 사용하는데, 이는

```
df[['column_index_1', ..., 'column_index_n']]
```

과 동일하다.

행과 열에 대한 레이블 기반으로 검색하는 경우에는 loc 메소드를, 위치 기반으로 검색하는 경우에는 iloc 메소드를 사용한다.

데이터의 열과 행의 일부를 제거하는 경우에는 drop 메소드를 사용한다.

```
df = pd.DataFrame({'x': np.random.choice(['a', 'b', 'c'], size=10),
                   'y': np.random.randn(10),
                   'z': np.random.uniform(size=10)})
df.index
df.columns


df['x'].head(3) # 열 레이블을 이용
# 0    b
# 1    c
# 2    a
# Name: x, dtype: object
type(df['x']) # 열이 1개인 경우는 시리즈로 반환
# pandas.core.series.Series

df.x.head(3) # 열이 1개인 경우는 .을 사용해 처리해도 됨


df[['x', 'y']].head(3) # 열 레이블을 이용, 변수가 2개 이상인 경우는 리스트로 처리
#    x          y
# 0  b -1.611294
# 1  c  0.731318
# 2  a  0.523759

type(df[['x', 'y']]) # 열이 2개 이상인 경우는 데이터프레임으로 반환
# pandas.core.frame.DataFrame

df.groupby('x').mean() # 열 레이블 인덱스를 이용한 예
#           y         z
# x
# a  1.098474  0.828929
# b -0.411463  0.420848
# c  0.619459  0.673797
```

```
df.loc[:3, 'x'] # 행 인덱스와 열 인덱스를 이용, 행 인덱스는 3까지!
# 0    b
# 1    c
# 2    a
# 3    a
# Name: x, dtype: object

df.loc[:2] # 열 인덱스를 생략하는 경우
#    x         y         z
# 0  b -1.611294  0.063884
# 1  c  0.731318  0.572941
# 2  a  0.523759  0.618564

df.loc[:,'x'].head(3) # 행 인덱스는 생략할 수가 없음
# 0    b
# 1    c
# 2    a

(df['x'] == 'b').head(3) # 불린 마스크
# 0    False
# 1     True
# 2    False

df.loc[df['x'] == 'b']
#    x         y         z
# 1  b -0.966825  0.821148
# 5  b  1.008843  0.392186



df.iloc[0:3,-2: ] # 행과 열의 위치를 이용
#         y         z
# 0 -1.611294  0.063884
# 1  0.731318  0.572941
# 2  0.523759  0.618564

# 행과 열의 일부 제거
df.drop('x', axis=1) # x 열 제거
df.drop(['x', 'y'], axis=1) # x, y 열 제거
df.drop([0,7],axis=0) # [0,7] 인덱스에 해당하는 행의 제거
```

6.4 데이터 요약

데이터프레임으로 변환된 데이터에 대해서는 메소드를 호출해 데이터를 다양하게 요약할 수 있다. 대표적으로 unique, value_counts, describe 등이 있다.

```python
df = pd.DataFrame({'x': np.random.choice(['a', 'b', 'c'], size=10),
                   'y': np.random.randn(10),
                   'z': np.random.uniform(size=10),
                   'date': pd.date_range(start='2004-11-03', periods=10)})

df.head(3)
#    x         y         z       date
# 0  c -1.201629  0.365122 2004-11-03
# 1  c -0.539897  0.594471 2004-11-04
# 2  b -0.786518  0.589175 2004-11-05

df['x'].unique() # 유일한 값
# array(['c', 'a', 'b'], dtype=object)

df['x'].value_counts() # 유일한 값에 대한 빈도
# c    4
# b    4
# a    2

df.shape # 모양
# (10, 4)

df.dtypes
# x              object
# y             float64
# z             float64
# date    datetime64[ns]

df.describe() # 디폴트는 연속형 변수만 적용. 분포 확인
#               y          z
# count  10.000000  10.000000
# mean    0.259596   0.688980
# std     0.837817   0.259345
# min    -1.016186   0.108868
```

```
# 25%    -0.431274    0.558183
# 50%     0.419177    0.755178
# 75%     0.928590    0.876695
# max     1.276984    0.965005

df.describe(percentiles=np.arange(0,1, 0.1)).tail(3) # 분위수 지정
#            y          z
# 80%  1.025002   0.912173
# 90%  1.220105   0.948507
# max  1.276984   0.965005

# 요약 통계량: 축은 행을 따라 요약하므로 변수별 요약의 의미
df[['y', 'z']].sum(axis=0)
df[['y', 'z']].median(axis=0)
df[['y', 'z']].std(axis=0)

df[['y', 'z']].apply(lambda x: x/np.max(x)).head(3) # 사용자 정의 함수 적용
#           y          z
# 0   0.611552   0.112816
# 1  -0.527487   0.747731
# 2  -0.361387   0.936314
```

6.5 신규 열 생성

신규 열 또는 변수를 생성하기 위해서는 직접 데이터프레임에 적용하는 방법과
assign 메소드를 이용하는 방법이 있다.

```
df = pd.DataFrame({'x': np.random.choice(['a', 'b', 'c'], size=10),
                   'y': np.random.randn(10),
                   'z': np.random.uniform(size=10),
                   'date': pd.date_range(start='2004-11-03', periods=10)})

df['new_var'] = np.random.choice(df['date'], 10) # 1개 신규 변수(열) 직접 생성
df.head(3)
#    x        y          z        date       new_var
# 0  a -0.161018   0.842823 2004-11-03 2004-11-10
```

```
# 1  b  0.701476  0.925236 2004-11-04 2004-11-09
# 2  b  0.209900  0.315162 2004-11-05 2004-11-09

df = df.assign(ym = lambda df: df['y']-np.mean(df['y']),
               zm = lambda df: df['z']-np.mean(df['z'])) # 2개 이상의 신규 변수 생성
df.head(3)

#    x         y         z        date   new_var         ym         zm
# 0  a  0.957613  0.207489 2004-11-03 2004-11-12  1.284978  -0.297913
# 1  c -1.173657  0.267870 2004-11-04 2004-11-06 -0.846292  -0.237532
# 2  b -0.200748  0.112787 2004-11-05 2004-11-11  0.126618  -0.392615
```

6.6 결측값 처리

결측값은 데이터 값 자체가 없거나, 여러 데이터를 서로 결합 또는 연결하는 과정에서 데이터 값이 없는 것이다. 표기되는 방식은 NaN[not a number], NaT[not a time]이다.

하나의 변수 또는 열에 결측값이 발생 시 일반적으로 분석에서 해당 행은 삭제된다. 또는 결측값 자체가 발견되지 않아 분석 결과에 영향을 줄 수도 있다. 따라서 결측값을 처리한다는 것은 결측값의 탐지, 제거 또는 새로운 값으로 대체하는 것을 의미한다. 새로운 값으로 대체할 때는 특정한 값으로 대체하거나 데이터의 순서에 의거한 전진 채움 또는 후진 채움 방식이 있다.

```
df = pd.DataFrame({'x': np.random.choice(['a', 'b', 'c'], size=10),
                   'y': np.random.randn(10),
                   'z': np.random.uniform(size=10)})

df.shape
# (10, 3)

df.loc[np.random.choice(np.arange(10), 3), 'y'] = np.nan # 결측값 생성, 결측값은 NaN으
로 표시됨
df.head(3)
#    x      y         z
# 0  a    NaN  0.459980
```

```
# 1  b  1.158075  0.465997
# 2  c  0.236095  0.435350


df.isnull().head(3) # 결측값 탐지
#        x      y      z
# 0  False   True  False
# 1  False  False  False
# 2  False  False  False


df.isnull().sum(axis=0) # 모든 열에 대한 결측값 개수 확인
# x    0
# y    3
# z    0


df.dropna() # 모든 결측값 제거, df에서 실제 제거되지는 않음
df.shape
# (10, 3)
df.dropna().shape
# (7, 3)


# df.dropna(inplace=True) # df에서 실제 제거됨
# df.shape
# (7, 3)


df.dropna(axis=0, how='all').head(3) # 행의 모든 값이 결측값일 때만 제거
#      x          y         z
# 0  b   0.762938  0.988471
# 1  c  -0.354025  0.331220
# 2  c        NaN  0.888432


df.fillna(method='ffill').head(3) # 결측값에 대해 전진 채움(forward fill) 방식
#      x          y         z
# 0  b   0.762938  0.988471
# 1  c  -0.354025  0.331220
# 2  c  -0.354025  0.888432


df.fillna(method='bfill').head(4) # 결측값에 대해 후진 채움(backward fill) 방식
#      x          y         z
# 0  b   0.762938  0.988471
# 1  c  -0.354025  0.331220
# 2  c  -0.719113  0.888432
```

```
# 3  c -0.719113  0.701478
```

```
df.fillna(value=df.mean()['y']) # 결측값을 평균값으로 대체
```

6.7 데이터 결합

데이터 결합은 판다스의 데이터프레임 객체 간의 결합을 의미한다. 일반적으로 알려져 있는 inner, outer, left, right 조인을 할 수 있다. 지원하는 함수는 merge, concat 등이 있다. 이때 조인을 하기 위해서는 키가 필요한데, 이를 판다스에서는 디폴트로 행 레이블인 index이다. 만약 다른 키를 주고자 한다면 이를 명시해야 한다.

```
df1 = pd.DataFrame({'x': np.random.randn(5),
                    'date': pd.date_range(start='2004-11-03', periods=5)})

df2 = pd.DataFrame({'y': np.random.random(5),
                    'date': pd.date_range(start='2004-11-05', periods=5)})

pd.merge(df1, df2, on='date', how='inner') # inner 조인
#           x        date          y
# 0 -0.739995 2004-11-05  0.427575
# 1 -0.009899 2004-11-06  0.079937
# 2 -0.304330 2004-11-07  0.004967

pd.merge(df1, df2, on='date', how='outer') # outer 조인
#           x        date          y
# 0  0.923241 2004-11-03        NaN
# 1 -1.108456 2004-11-04        NaN
# 2 -0.739995 2004-11-05  0.427575
# 3 -0.009899 2004-11-06  0.079937
# 4 -0.304330 2004-11-07  0.004967
# 5       NaN 2004-11-08  0.120919
# 6       NaN 2004-11-09  0.683926

pd.merge(df1, df2, on='date', how='left') # left 조인
#           x        date          y
```

```
# 0  0.923241 2004-11-03      NaN
# 1 -1.108456 2004-11-04      NaN
# 2 -0.739995 2004-11-05  0.427575
# 3 -0.009899 2004-11-06  0.079937
# 4 -0.304330 2004-11-07  0.004967

pd.merge(df1, df2, on='date', how='right') # right 조인
#           x      date        y
# 0 -0.739995 2004-11-05  0.427575
# 1 -0.009899 2004-11-06  0.079937
# 2 -0.304330 2004-11-07  0.004967
# 3       NaN 2004-11-08  0.120919
# 4       NaN 2004-11-09  0.683926

pd.concat([df1, df2]) # 행 축을 따라 그대로 연결
pd.concat([df1.set_index('date'), df2.set_index('date')], axis=1, join='inner')
# inner 조인
pd.concat([df1.set_index('date'), df2.set_index('date')], axis=1, join='outer')
# outer 조인

df2[df2['date'].isin(df1['date'])] # 교집합인 df2의 행
df2[~df2['date'].isin(df1['date'])] # df2-df1: 차집합
```

6.8 그룹화

그룹화grouping는 행과 열 레이블별 또는 그룹화 기준에 따라 그룹화를 할 수 있다. 그룹화는 그룹화 후에 뭔가를 계산하고 다시 합산하는 과정 전체를 의미한다.

즉, df.groupby('x').agg('mean')은 'x'열의 값 중 같은 값을 갖는 그룹으로 분리한 후split, 각 그룹별로 평균을 구한 뒤apply 결과를 합해combine 반환해준다.

그룹별로 적용되는 메소드는 agg, transform, rank, filter, apply, pipe 등이 있다.

이때 반환되는 것이 그룹별로 요약된 정보인지 아니면 원래 데이터와 같은 모양이면서 적용된 결과가 나오는지를 주의 깊게 살펴 적용해야 한다.

```python
df = pd.DataFrame({'x': np.random.RandomState(123).choice(['a', 'b', 'c'],
size=10),
                   'y': np.random.RandomState(123).randn(10),
                   'z': np.random.RandomState(123).uniform(size=10),
                   'date': pd.date_range(start='2004-11-03', periods=10)})

df.groupby('x').agg('mean') # 그룹화 후 각각 그룹별 평균값
#           y         z
# x
# a -0.578600  0.719469
# b -0.099436  0.454362
# c -0.303042  0.559906

df.groupby('x').agg(['mean', 'std', 'count']) # 그룹화 후 각각 그룹별 평균 및 표준편차
#           y                      z
#        mean      std count      mean       std count
# x
# a -0.578600      NaN     1  0.719469       NaN     1
# b -0.099436  0.974741     3  0.454362  0.206505     3
# c -0.303042  1.624512     6  0.559906  0.257574     6


df.groupby('x').describe() # 그룹화 후 각 그룹별 분포
#    count      mean       std    ...        50%        75%        max
# x                               ...
# a    1.0 -0.578600       NaN    ...   0.719469   0.719469   0.719469
# b    3.0 -0.099436  0.974741    ...   0.392118   0.538474   0.684830
# c    6.0 -0.303042  1.624512    ...   0.516123   0.660181   0.980764

# 그룹별로 평균값을 구한 후 원래 값에서 빼줌, 원 데이터와 같은 모양
df.groupby('x').transform(lambda x: x - x.mean()).head(3)
#           y         z
# 0 -0.782588  0.136563
# 1  1.096781 -0.168223
# 2  0.586021 -0.333055

# 함수 정의 후 넘겨주기, 원 데이터와 같은 모양
def normalize(x):
    return (x - np.mean(x))/np.std(x)
```

```
df.groupby('x')['y', 'z'].transform(normalize).head(3)
#           y          z
# 0 -0.527717   0.580793
# 1  1.378086  -0.997700
# 2  0.395167  -1.416461


df.groupby('x').rank(ascending=False).head(3) # 그룹별 내림차순 등수
#      y    z  date
# 0  4.0  2.0   6.0
# 1  1.0  3.0   3.0
# 2  3.0  6.0   5.0


df.groupby('x').cumsum().head(3) # 그룹별 누적 합
#           y          z
# 0 -1.085631   0.696469
# 1  0.997345   0.286139
# 2 -0.802652   0.923321
```

6.9 모양 변경

하나의 데이터프레임을 분석에 사용할 수 있게 잘 정돈된 모양이 아닐 수 있다. 이를 잘 정돈^{tidy data}하는 과정 중의 하나가 모양 변경^{reshaping}이다. 즉, 분석을 위해 관측값^{observation}과 변수^{variable}를 잘 정의하는 과정이다.

모양을 변경하는 대표적인 함수는 melt, pivot이다.

가령 다음과 같은 데이터가 있다고 하자.

```
df = pd.DataFrame({'lot1': [0.1, 0.2, 0.7], 'lot2': [0.3, 0.1, 0.9], 'parameter':
['para1', 'para2', 'para3']})
df.head()
#    lot1  lot2 parameter
# 0   0.1   0.3     para1
# 1   0.2   0.1     para2
# 2   0.7   0.9     para3
```

데이터를 보면, 'lot1', 'lot2'는 데이터 값에 해당하는 것이지 변수명으로 사용될 수 없다. 가령 lot별로 측정된 값이 차이가 있는지 보고자 한다면 즉, 분산분석 등을 하고자 한다면 값으로 존재해야 한다. 가령 lot_id 변수의 값으로 있어야 한다.

이와 같이 분석 목적에 맞는 데이터를 정돈하는 과정이 반드시 필요하다. melt 함수를 이용해 먼저 데이터를 녹여보자.

```
pd.melt(df) # 녹여진 상태를 확인한 후 원하는 모양을 정의
#      variable  value
# 0        lot1    0.1
# 1        lot1    0.2
# 2        lot1    0.7
# 3        lot2    0.3
# 4        lot2    0.1
# 5        lot2    0.9
# 6   parameter  para1
# 7   parameter  para2
# 8   parameter  para3
```

데이터를 보면, parameter는 제대로 값을 갖고 있고 변수로 잡힌 lot1, lot2가 문제가 된다. 즉, 이 2개의 변수를 전치(변수에서 값으로: value_vars)할 필요가 있다. 해당 변수의 역할이 바뀌면 이를 표현하는 변수(var_name)와 값을 표현하는 변수(value_name)가 필요한다.

```
# 각 parameter 변수와 lot 변수별로 값을 정의하고 함.
melt_df = pd.melt(df, id_vars=['parameter'],
                value_vars=['lot1', 'lot2'],
                value_name='value',
                var_name='lot_id').sort_values('parameter')
melt_df
#   parameter lot_id  value
# 0     para1   lot1    0.1
# 3     para1   lot2    0.3
# 1     para2   lot1    0.2
# 4     para2   lot2    0.1
```

```
# 2     para3    lot1    0.7
# 5     para3    lot2    0.9

melt_df.groupby('parameter').agg(['mean', 'std'])
#           value
#            mean      std
# parameter
# para1     0.20   0.141421
# para2     0.15   0.070711
# para3     0.80   0.141421
melt_df.groupby('lot_id').boxplot()
```

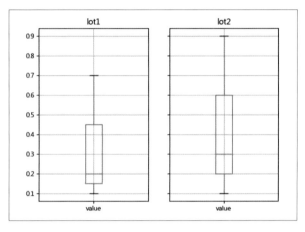

```
# pivot을 통해 원래 데이터로 복귀
pd.pivot_table(melt_df, index=['parameter'], columns=['lot_id'], values='value',
aggfunc='sum').reset_index()
#      parameter  lot1  lot2
# 0        para1   0.1   0.3
# 1        para2   0.2   0.1
# 2        para3   0.7   0.9
```

07

맷플롯립 패키지 이해

7.1 개요

맷플롯립^{Matplotlib}은 넘파이와 함께 파이썬 언어의 그림을 생성하는 라이브러리다. 이 가운데 pyplot 모듈은 상업용 패키지인 MATLAB과 같은 인터페이스를 제공하며, 가장 많이 사용된다.

　pyplot 모듈을 사용해 데이터, 그래프 준비, 그래프 생성, 그래프 수정, 그래프 저장, 그래프 보기의 전 과정을 살펴보도록 하자.

7.2 데이터 준비

맷플롯립의 데이터는 일차적으로 넘파이 배열이다. 물론 다양한 입력을 받을 수 있다.

```
# 필요한 패키지
import numpy as np
import pandas as pd
import matplotlib.pyplot as plt

x = np.arange(100)
x2 = pd.date_range('2004-11-03', periods=100)
y = np.random.RandomState(123).normal(0, 1, 100)
y2 = np.random.RandomState(123).uniform(0, 1, 100)

img_data =[
    [0, 0, 0, 0, 0, 0, 0, 0, 0],
    [0, 0, 1, 1, 1, 1, 0, 0, 0],
    [0, 0, 0, 0, 0, 0, 1, 0, 0],
    [0, 0, 0, 0, 0, 0, 1, 0, 0],
    [0, 1, 1, 1, 1, 1, 0, 0, 0],
    [0, 0, 1, 1, 1, 1, 1, 0, 0],
    [0, 0, 0, 0, 0, 0, 1, 0, 0],
    [0, 0, 0, 1, 1, 1, 0, 0, 0],
    [0, 0, 1, 1, 1, 0, 0, 0, 0],
    ]
```

7.3 그래프 준비

그래프를 준비한다는 것은 생성될 그래프의 공간을 정의하고, 어느 위치에 그래프를 그릴 것인지 정의하는 것을 말한다. 그림이 있어야 할 공간은 figure 함수, 위치는 add_subplot, subplot, subplots 등으로 정한다. 정의하지 않으면 각각 디폴트로 정한 값으로 수행된다. 디폴트 값은 rcParams로 확인한다.

```
plt.rcParams # 디폴트 세팅 확인

fig = plt.figure(figsize=(6,4)) # 그래프 크기 설정: 인치 단위의 폭과 높이
ax = fig.add_subplot(2, 2, 4) # 그래프가 있어야 할 축: 행, 열 그리고 위치
plt.savefig("D:/Python/Project/Test/Data/png"+ '/pyplot_subplot.png')
```

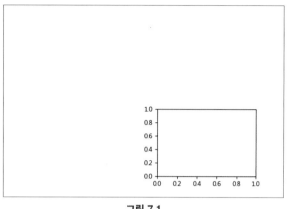

그림 7.1

그림의 subplot에서의 위치는 행 우선으로 번호를 매기게 된다. 즉, 3이라고 지정했다면 왼쪽 아래에 그림이 위치하게 된다.

7.4 그래프 생성

그래프는 figure, axis 기반으로 생성하기도 하지만, 모든 것을 디폴트로 해 그래프를 생성할 수 있다.

```
fig = plt.figure()

ax1 = fig.add_subplot(2,2,1)
ax1.plot(x, y) # 디폴트 그림

ax2 = fig.add_subplot(2,2,2)
ax2.plot(x, y, color='green', marker='o', linestyle='dashed',
        linewidth=2, markersize=3) # 디폴트 값 변경

ax3 = fig.add_subplot(2,2,3)
ax3.scatter(x, y) # 디폴트 그림

ax4 = fig.add_subplot(2,2,4)
ax4.scatter(x, y, c='orange', s=1) # 디폴트 값 변경
```

```
plt.savefig("D:/Python/Project/Test/Data/png"+ '/pyplot_axis.png')
```

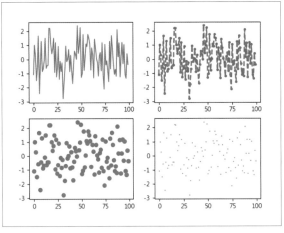

그림 7.2

그림은 figure, axis를 기반으로 해 그래프를 생성했다.

예는 선 그래프, 산점도만을 보여줬으나, 이외에도 hist, bar 등 많은 그래프가 지원된다. 각 그래프는 내부적으로 변경할 수 있는 많은 선택 사항이 있다. 이는 관련 사이트를 참조해 정한다.

```
plt.figure(figsize=(5,5)) # 그림 크기만 변경
plt.imshow(img_data, cmap='gray_r') # 이미지 데이터에 대한 그림
plt.savefig("D:/Python/Project/Test/Data/png"+ '/pyplot_img.png')
```

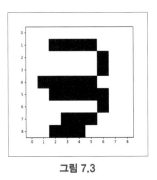

그림 7.3

그림은 단지 그림 크기만 변경 후 이미지 그래프를 생성했다.

7.5 그래프 수정

그래프 함수에 대한 선택 사항을 지정하지 않은 경우에는 디폴트 값으로 그래프가 생성된다. 이때 디폴트 값을 수정하고 추가적으로 이해를 돕기 위한 장식을 하는 것을 그래프 수정^{customization}이라고 한다.

그래프 수정에는 색깔, 표식^{marker} 기호, 크기, 선 스타일, 문자 삽입, 주석^{annotation}, 범례 삽입 등이 있다.

```python
fig = plt.figure(figsize=(12,6))

ax = fig.add_subplot(1, 2, 1)
ax = plt.plot(x, y) # 디폴트 그래프
ax = plt.plot(x, y2) # 디폴트 그래프

ax2 = fig.add_subplot(1, 2, 2)
ax2 = plt.plot(x, y, marker='o', ms = 3, label='x vs y') # 표식 기호, 크기, 그래프 이름
수정
ax2 = plt.plot(x, y2, c='red', ls='--',label='x vs y2') # 색깔, 선 스타일, 그래프 이름
수정
ax2 = plt.title(r'y with $\sigma=1$', fontsize=10) # 제목 주기: 수학 기호 또는 식 쓰기
ax2 = plt.xlabel('x') # x축에 레이블 주기
ax2 = plt.ylabel('y and y2') # y축에 레이블 주기
ax2 = plt.text(np.mean(x), np.mean(y),
               'This is the (mean(x), mean(y)) point', size=10) # 특정 위치에 문자 쓰기
ax2 = plt.legend(loc='best') # 범례 보여주기
fig.savefig("D:/Python/Project/Test/Data/png"+ '/pyplot_customization.png')
```

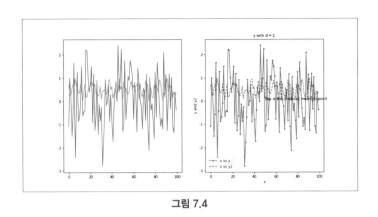

그림 7.4

7.6 그래프 저장

그래프는 새로운 윈도우에 나타나기도 하지만, 동시에 저장하고자 하는 경우에는
savefig 함수를 이용한다. 앞의 예들을 참조한다.

7.7 그래프 보여주기 및 초기화

그래프를 보여주는 경우는 show, 닫거나 초기화하는 경우 close를 사용한다.

08

사이킷런 패키지 이해

8.1 개요

사이킷런^{scikit-learn} 패키지는 파이썬의 머신 러닝 라이브러리다. 분류, 회귀, 주성분 및 군집 분석 등을 지원한다.

각각의 분석 방법과 알고리즘은 이후의 장에서 설명하기로 하고 내장된 데이터를 바탕으로 몇 가지 분석을 예를 통해 확인하기로 하자.

8.2 데이터 불러오기

사이킷런은 내부에 Bunch라는 데이터 형식으로 샘플 데이터를 갖고 있다.

```
from sklearn.datasets import load_iris # 데이터 지정

skd = load_iris()
```

```
type(skd) # 사이킷런 데이터 형식
# sklearn.utils.Bunch

skd
# {'data': array([[5.1, 3.5, 1.4, 0.2],
#          [4.9, 3. , 1.4, 0.2],
#          [4.7, 3.2, 1.3, 0.2],
#                   ...
#          [6.5, 3., 5.2, 2.],
#          [6.2, 3.4, 5.4, 2.3],
#          [5.9, 3., 5.1, 1.8]]),
#  'target': array([0, 0, 0, 0, 0, 0, 0, 0, 0, 0, 0, 0, 0, 0, 0, 0, 0, 0, 0, 0, 0, 0, 0,
#                    2, 2, 2, 2, 2, 2, 2, 2, 2, 2, 2, 2, 2, 2, 2, 2, 2, 2]),
#  'target_names': array(['setosa', 'versicolor', 'virginica'], dtype='<U10'),
#  'DESCR': 'Iris Plants Database\n====================\n\nNotes\n-----\nData Set
Characteristics:\n',
#   ...
#  'feature_names': ['sepal length (cm)',  'sepal width (cm)',
#                    # 'petal length (cm)',  'petal width (cm)']}
```

묶음을 뜻하는 번치^{bunch}는 일종의 딕셔너리와 동일한 구조를 갖고 있다. 즉, 내부에 키로써 'data', 'target', 'target_name', 'DESCR', 'feature_names'를 갖고 있다.

번치 데이터의 크기는 (샘플의 개수, 특징의 개수)이다.

```
# 손글씨 데이터 불러오기 (8x8)
from sklearn.datasets import load_digits
load_digits().keys()
# dict_keys(['data', 'target', 'target_names', 'images', 'DESCR'])

load_digits().data.shape # 모양 확인
(1797, 64)

load_digits().target.shape # 모양 확인
(1797,)
```

8.3 데이터 분할

머신 러닝은 일반화 오류를 작게 하는 것이 주요한 목적 중 하나이므로 일반적으로 분석 시 주어진 데이터를 분할해 하나는 훈련용으로, 다른 하나는 평가용으로 사용한다.

```python
bunch = load_digits() # 데이터 불러오기

y = bunch.target
np.unique(y)
# array([0, 1, 2, 3, 4, 5, 6, 7, 8, 9])
np.bincount(y)
# array([178, 182, 177, 183, 181, 182, 181, 179, 174, 180], dtype=int64)

fig = plt.figure(figsize=(5,5))
plt.imshow(bunch.images[0], cmap='gray_r')
fig.savefig("D:/Python/Project/Test/Data/png"+'/scikit_image0.png')
plt.show()
```

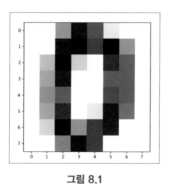

그림 8.1

손글씨 데이터는 각 숫자별로 174개에서 183개의 샘플 이미지를 갖고 있다. 그림은 0 숫자의 이미지 샘플이다.

분석의 목적은 이미지 데이터를 학습해 새로운 이미지가 입력된 경우에 올바르게 분류하는 것이다. 이를 위해 데이터를 분할해 학습하게 되는데, 분할 함수는 `train_test_split`을 사용한다.

```python
bunch = load_digits( ) # 데이터 불러오기
X, y = bunch.data, bunch.target # 특징 데이터, 목표 데이터

from sklearn.model_selection import train_test_split
# X, y의 샘플 수는 반드시 일치해야 함
train_X, test_X, train_y, test_y = train_test_split(X, y, train_size=0.7, test_
size=0.3, random_state=123)

type(train_X) # 결과는 모두 넘파이 배열임
# numpy.ndarray

train_X.shape
# (1257, 64)
test_X.shape
# (540, 64)
train_y.shape
# (1257,)
```

8.4 모델 적합 및 평가

데이터가 분할된 뒤 다양한 모델을 적합할 수 있다. 이 가운데 대표적인 소프트맥스
회귀와 다층 신경망을 적용하자. 해당 모델의 자세한 사항은 13장, '분류 문제와 로
지스틱회귀분석'과 19장, '다층 신경망'을 참조한다.

```python
# 소프트맥스 회귀 분석 적용
from sklearn.linear_model import LogisticRegression
model = LogisticRegression(random_state=123, solver='lbfgs',
multi_class='multinomial') # 모델 구성
modelfit = model.fit(train_X, train_y) # 모델 적합

train_predicted = modelfit.predict(train_X) # 모델 예측
train_predicted_prob = modelfit.predict_proba(train_X) # 확률 예측

test_predicted = modelfit.predict(test_X)
```

```python
modelfit.score(train_X, train_y) # 훈련 데이터 정확도 계산
# 1.0
np.sum(train_predicted == train_y)/np.shape(train_y) # 훈련 데이터 정확도 수작업 계산

modelfit.score(test_X, test_y) # 평가 데이터 정확도 계산
# 0.9666666666666667
np.sum(test_predicted == test_y)/np.shape(test_y) # 평가 데이터 정확도 수작업 계산

# 다층 신경망 적용
from sklearn.neural_network import MLPClassifier
# 100개, 50개의 노드를 갖는 2개의 은닉층 정의
model = MLPClassifier(hidden_layer_sizes=(100,50), activation='relu',
solver='adam', max_iter=500, random_state=123)
modelfit = model.fit(train_X, train_y)
modelfit.score(test_X, test_y) # 평가 데이터 정확도 계산
# 0.9722222222222222

# 손실함수 그래프
fig= plt.figure(figsize=(5,5))
plt.plot(modelfit.__dict__['loss_curve_'])
plt.xlabel('iteration')
plt.ylabel('loss')
plt.title('iteration vs. loss')
fig.savefig("D:/Python/Project/Test/Data/png"+'/scikit_mlp_loss.png')
plt.show()
```

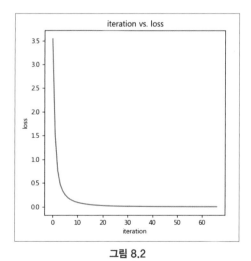

그림 8.2

결과를 보면, 다층 신경망이 우수함을 알 수 있다.

8.5 모수 추정값

적합된 모델의 모수들에 대한 추정값을 확인할 수 있다. 추정값은 계수^{coefficient}와 절편^{intercept}으로 구분, 관리하고 있다. 적합된 결과는 적합 시에 사용된 모든 초모수 값과 함께, __dict__ 메소드로 관리하고 있다. 반환되는 값은 tuple이므로 tuple과 관련된 모든 메소드를 적용할 수 있다.

```
modelfit.__dict__.keys() # 분석 방법마다 키 값이 다르므로 주의!
# dict_keys(['activation', 'solver', 'alpha', 'batch_size', 'learning_rate',
'learning_rate_init',
#             'power_t', 'max_iter', 'loss', 'hidden_layer_sizes', 'shuffle',
'random_state', 'tol',
#             'verbose', 'warm_start', 'momentum', 'nesterovs_momentum', 'early_
stopping',
#             'validation_fraction', 'beta_1', 'beta_2', 'epsilon', '_label_
binarizer', 'classes_',
#             'n_outputs_', '_random_state', 'n_iter_', 't_', 'n_layers_', 'out_
activation_',
#             'coefs_', 'intercepts_', 'loss_curve_', '_no_improvement_count',
'best_loss_', '_optimizer', 'loss_'])

modelfit.__dict__['loss_curve_'] # 반복에 따른 손실함수값
modelfit.__dict__['loss_'] # 가장 낮은 손실함수값
# 0.002682754077655879

modelfit.__dict__['coefs_'] # 사용된 모수 값(신경망인 경우는 가중치)

np.array(modelfit.__dict__['coefs_'][0]).shape # 입력층(64개의 노드)과 첫 번째 은닉층
(100개의 노드)과의 가중치
# (64, 100)
```

8.6 비지도 학습의 예

비지도 학습은 레이블이 없는 자료를 의미한다. 즉, 사전에 목표변수가 없는 것을 의미한다. 대표적인 비지도 학습의 예는 연관 분석, 주성분 분석, 군집 분석 등이 있다.

숫자 손글씨 데이터를 이용해 주성분 분석과 시각화 과정을 살펴보기로 하자. 주성분 분석을 하기 위한 모듈은 PCA이다.

```
bunch = load_digits() # 데이터 불러오기

# 데이터 분할
bunch = load_digits() # 데이터 불러오기
X, y = bunch.data, bunch.target # 특징 데이터, 목표 데이터

# 데이터 표준화
np.max(X)
# 16.0
X_scaled = X / np.max(X) # 최댓값으로 나누어 줌

# 데이터 분할
train_X, test_X, train_y, test_y = train_test_split(X_scaled, y, train_size=0.7,
test_size=0.3, random_state=123)

from sklearn.decomposition import PCA
pca = PCA(random_state=123) # 모델 생성
pcafit = pca.fit(train_X) # 모델 적합
```

모델을 적합한 후 결과는 __dict__에 하나의 딕셔너리로 저장돼 있다. 관련 키를 확인해 필요한 값을 사용할 수 있다. 각 주성분의 전체 변동 즉, 분산에 기여한 정도의 비율은 explained_variance_ratio_에 저장돼 있고 이를 이용한 주성분 분산 설명률 그래프를 생성할 수 있다. 이를 이용해 적절한 주성분을 취하면 차원 축소가 되는 것이다.

```
pcafit.__dict__.keys()
# dict_keys(['n_components', 'copy', 'whiten', 'svd_solver', 'tol', 'iterated_
```

```
power', 'random_state',
#               'mean_', 'noise_variance_', 'n_samples_', 'n_features_',
'components_', 'n_components_',
#               'explained_variance_', 'explained_variance_ratio_', 'singular_
values_'])

# 한글 출력
plt.rcParams['font.family'] = 'Malgun Gothic'
plt.rcParams['axes.unicode_minus'] = False



fig = plt.figure(figsize=(5,5))
plt.plot(pcafit.__dict__['explained_variance_ratio_'])
plt.xlabel('주성분')
plt.ylabel('분산 설명률')
plt.title('주성분과 분산 설명률')
fig.savefig("D:/Python/Project/Test/Data/png"+'/scikit_pca_variance_ratio.png')
plt.show()
```

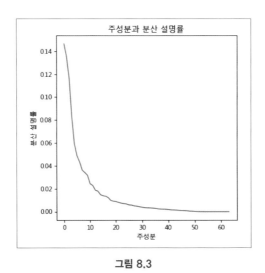

그림 8.3

주성분 점수는 각 주성분에 특징 데이터를 정사영^{orthogonal projection}한 것으로 주
요 주성분을 이용해 데이터에 대한 저차원 산점도를 생성할 수 있다. 주성분 점수는
transform 메소드를 사용한다.

```
pcafit.transform(train_X).shape # 주성분 점수 구하기, 64개의 각 주성분별 점수
# (1257, 64)

# 주성분 점수 그래프
fig = plt.figure(figsize=(7,5))
plt.scatter(pcafit.transform(train_X)[:, 0], pcafit.transform(train_X)[:,1],
c=train_y) # 제1, 2주성분
plt.colorbar()
plt.xlabel('주성분1')
plt.ylabel('주성분2')
plt.title('주성분 간 산점도')
fig.savefig("D:/Python/Project/Test/Data/png"+'/scikit_pca_score.png')
plt.show()
```

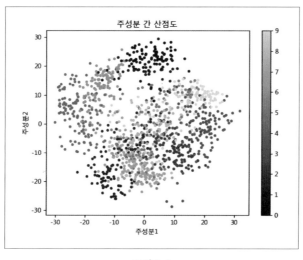

그림 8.4

```
# 참고
first_evec = pcafit.__dict__["components_"][0].reshape((-1,1)) # 첫 번째 주성분 벡터
train_X@first_evec # 첫 번째 주성분 벡터에 정사영: 주성분 점수, pca.transform(train_X)[:,
0]와 동일
```

참고로 원 데이터를 저차원 축소를 통해 시각화하는 기법 중에 t-SNE[t-distributed Stochastic Neighbor Embedding] 방법이 있는데 이는 TSNE 모듈을 사용한다.

```python
# t-SNE: t-distributed Stochastic Neighbor Embedding
from sklearn.manifold import TSNE
tsne = TSNE(perplexity=30,random_state=123)
tsnefit = tsne.fit(X=train_X, y=train_y)
tsnefit.__dict__.keys()
# dict_keys(['n_components', 'perplexity', 'early_exaggeration', 'learning_rate',
'n_iter',
#            'n_iter_without_progress', 'min_grad_norm', 'metric', 'init',
'verbose', 'random_state',
#            'method', 'angle', 'n_iter_', 'kl_divergence_', 'embedding_'])
tsneout = tsnefit.fit_transform(X=train_X, y=train_y) # 2차원
plt.scatter(tsneout[:, 0], tsneout[:, 1], c=train_y, s=3)
plt.colorbar()
plt.xlabel(r'$x_1$')
plt.ylabel(r'$x_2$')
plt.title('t-SNE plot')
fig.savefig("D:/Python/Project/Test/Data/png"+'/scikit_tsne_score.png')
plt.show()
```

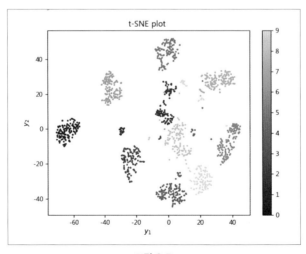

그림 8.5

09

케라스 패키지 이해

9.1 개요

케라스Keras는 파이썬 언어로 작성된 신경망 라이브러리다. 심층 신경망에 대한 빠른 실험(모델링)을 위해 매우 쉽게 코드를 작성할 수 있는 고수준 인터페이스를 제공한다. 케라스는 독립적으로 실행되는 것이 아니라 뒤back-end에 텐서플로, 마이크로소프트 코그니티브 툴킷Microsoft Cognitive Toolkit, 테아노 그리고 MXNet이 있다. 즉, 실제 수행되는 엔진 위에 케라스가 존재한다.

　몇 가지 신경망에 대해 예제와 함께 케라스를 이해해보자.

9.2 다층 신경망 구현

사이킷런을 이용할 수도 있지만, 케라스와 텐서플로를 이용해 다층 신경망을 적합해 보자.

필요한 패키지를 먼저 호출한다.

```python
# 필요한 패키지
import numpy as np
import keras
from keras.models import Sequential
from keras.layers import Dense, Dropout, Conv2D, MaxPooling2D, Flatten
from sklearn.datasets import load_digits
from sklearn.model_selection import train_test_split
import tensorflow as tf
```

첫 번째 단계로 데이터를 구성해보자.

```python
# 손글씨 데이터 불러오기 (8x8)
load_digits().keys()
# dict_keys(['data', 'target', 'target_names', 'images', 'DESCR'])

load_digits().data.shape   # 모양 확인
# (1797, 64)

load_digits().target.shape   # 모양 확인
# (1797,)

# 데이터 분할
bunch = load_digits()   # 데이터 불러오기
X, y = bunch.data, bunch.target   # 특징 데이터, 목표 데이터
train_X, test_X, train_y, test_y = train_test_split(X, y, train_size=0.7,
test_size=0.3, random_state=123)

# 목표 데이터에 대한 가변수 생성 (one-hot encoding)
num_classes = 10
train_y = keras.utils.to_categorical(train_y, num_classes)
test_y = keras.utils.to_categorical(test_y, num_classes)
```

여기서 목표 데이터는 0~9까지의 숫자로 구성돼 있는데, 이를 신경망으로 적합하

기 위해서는 사이킷런과 다르게, 직접 가변수를 생성해야 한다. 이를 위한 메소드는 to_categorical이며, 다음의 예로 확인할 수 있다.

```
keras.utils.to_categorical(np.array([0,1,3]), 4)
# array([[1., 0., 0., 0.],
#        [0., 1., 0., 0.],
#        [0., 0., 0., 1.]], dtype=float32)
# 목표 데이터에 대한 가변수 생성 (one-hot encoding)
```

구성된 데이터에 대해 모델을 구성하자. 모델은 64개(8×8)의 입력 특징을 받아서 128개, 64개의 노드와 relu 활성함수를 갖는 은닉층을 구성했다.

```
keras.backend.clear_session() # 세션 초기화

# 똑같은 결과를 가져오기 위해 1개의 스레드 사용
tf_config = tf.ConfigProto(intra_op_parallelism_threads=1, inter_op_parallelism_
threads=1)
keras.backend.set_session(tf.Session(config=tf_config))
np.random.seed(101)
tf.set_random_seed(101)

# 신경망 모델 구성
input_shape = (train_X.shape[1],)
model = Sequential()
model.add(Dense(128, activation='relu', input_shape=input_shape))
model.add(Dense(64, activation='relu'))
model.add(Dense(num_classes, activation='softmax'))
model.compile(loss="categorical_crossentropy",
              optimizer='adam', metrics=['accuracy'])
model.summary()
# _____
# Layer (type)                 Output Shape              Param #
# =================================================================
# dense_1 (Dense)              (None, 128)               8320
# _____
# dense_2 (Dense)              (None, 64)                8256
```

```
# ------------------------------------------------------------
# dense_3 (Dense)                    (None, 10)              650
# ============================================================
# Total params: 17,226
# Trainable params: 17,226
# Non-trainable params: 0
# ------------------------------------------------------------
```

여기서, 케라스의 엔진으로 텐서플로를 사용하므로 관련 세션을 초기화하고, 재현성을 위한 몇 가지 코드를 작성했다.

모델을 구성한 후 모델 요약(model.summary)을 통해 모델의 구조를 파악할 수 있고 추정해야 할 전체 모수의 개수도 확인할 수 있다.

모델 적합 및 평가를 해보자.

```python
# 신경망 모델 적합
model.fit(train_X, train_y,
          batch_size=100,
          epochs=500,
          verbose=1,
          validation_split=0.15)

# 신경망 모델 평가
score = model.evaluate(test_X, test_y, verbose=0)
print('Test loss:', score[0])
print('Test accuracy:', score[1])
# Test loss: 0.1712413256188113
# Test accuracy: 0.9703703703703703
```

여기서 batch_size는 모수가 한 번 갱신되기 위한 샘플의 개수를 의미하며, 에포크^{epoch}는 훈련 데이터 전체를 사용하는 횟수를 의미한다.

모델 평가 결과 약 3% 정도의 오류율이 있음을 알 수 있다.

9.3 심층 신경망 구현

심층 신경망의 대표적인 예로 합성곱^{convolution} 신경망을 구현해보자. 합성곱 신경망의 기술적인 의미 등은 해당 장(20장)을 참조하기로 한다. 여기서는 구현 방식에만 초점을 둔다.

합성곱 신경망은 그림과 같이 합성곱층, 결합^{pooling}층, ..., 평탄화 후 완전 연결층들로 구성된 신경망이다.

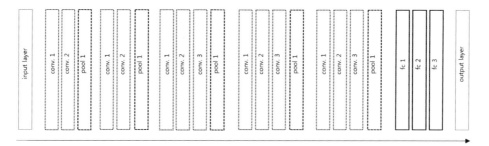

그림 9.1 합성곱 신경망의 예

합성곱 신경망의 이미지 분류 등에 좋은 모델이 되는 이유는 원래 이미지가 갖고 있는 공간의 의미를 살리기 때문이다. 즉, 다층 신경망에서는 그림의 8×8 이미지의 각 값을 평탄화한 후 64개의 입력 특징으로 두지만, 합성곱 신경망은 합성곱층을 통해 하나의 필터 또는 커널이 이미지를 스캔한다. 이때 한 번 스캔할 때마다, 다음 층의 하나의 노드에 값을 저장한다. 이런 방식으로 지역 공간 정보를 손실 없이 다음 층에 전달해주기 때문에 더 큰 모델 정확성을 기대할 수 있다.

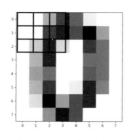

그림 9.2 8×8 이미지와 필터

모델은 다음과 같이 구성할 수 있다.

```python
# 데이터 재정렬(배치, 행(높이), 열(폭), 깊이(채널))
train_X = train_X.reshape(-1, 8, 8, 1)
test_X = test_X.reshape(-1, 8, 8, 1)

# 모델 구성
input_shape = train_X.shape[1:]
model = Sequential()
model.add(Conv2D(32, kernel_size=(3, 3),
                 activation='relu',
                 input_shape=input_shape)) # 3x3 커널이 32개
model.add(Conv2D(64, (3, 3), activation='relu')) # 3x3 커널이 64개
model.add(MaxPooling2D(pool_size=(2, 2))) # 2x2 커널을 이용한 풀링
model.add(Dropout(0.25)) # 25% dropout
model.add(Flatten()) # 평탄화
model.add(Dense(128, activation='relu')) # 완전 연결층
model.add(Dropout(0.25)) # 25% dropout
model.add(Dense(num_classes, activation='softmax')) # 출력층

model.compile(loss="categorical_crossentropy",
              optimizer='adam',
              metrics=['accuracy'])
model.summary()
```

요약된 모델 구성을 보면 다음과 같은 아키텍처로 구성돼 있음을 알 수 있다.

```
# _____
# Layer (type)                 Output Shape              Param #
# =================================================================
# conv2d_1 (Conv2D)            (None, 6, 6, 32)          320
# _____
# conv2d_2 (Conv2D)            (None, 4, 4, 64)          18496
# _____
# max_pooling2d_1 (MaxPooling2 (None, 2, 2, 64)          0
# _____
# dropout_1 (Dropout)          (None, 2, 2, 64)          0
```

```
# _____
# flatten_1 (Flatten)        (None, 256)              0
# _____
# dense_1 (Dense)            (None, 128)              32896
# _____
# dropout_2 (Dropout)        (None, 128)              0
# _____
# dense_2 (Dense)            (None, 10)               1290
# ================================================
# Total params: 53,002
# Trainable params: 53,002
# Non-trainable params: 0
# _____
```

구성된 모델에 대한 적합 및 평가 결과를 알아보자.

```
model.fit(train_X, train_y,
          batch_size=100,
          epochs=200,
          verbose=1,
          validation_split=0.15)
score = model.evaluate(test_X, test_y, verbose=0)
print('Test loss:', score[0])
print('Test accuracy:', score[1])
# Test loss: 0.05672662238918107
# Test accuracy: 0.9851851851851852
```

결과를 보면, 기존 모델보다 최소 1% 이상의 정확도가 향상됐음을 알 수 있다.

10

표기법

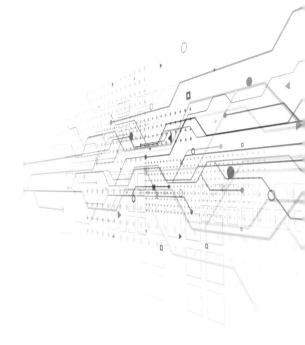

이 책에서는 머신 러닝 알고리즘마다 독특한 표기법을 사용하지만, 기존의 통계적인 접근 방법이 선호되는 경우에는 다음과 같은 표기법도 혼동이 없는 한 사용한다.

x_{ij}, $x_{i,j}$: i번째 관측값의 j번째 변숫값, 여기서 $i = 1, 2, ..., n, j = 1, 2, ..., p$이다.

여기서 n은 일반적으로 모델을 적합하기 위해 필요한 예 또는 데이터 건수이며, p는 입력변수의 개수로 정의한다.

$$\mathbf{x} = \begin{pmatrix} x_{11} & x_{12} & ... & x_{1p} \\ x_{21} & x_{22} & ... & x_{2p} \\ x_{n1} & x_{n2} & ... & x_{np} \end{pmatrix} : \text{입력변숫값 행렬}$$

$$x_i = \begin{pmatrix} x_{i1} \\ x_{i2} \\ \cdot \\ \cdot \\ \cdot \\ x_{ip} \end{pmatrix} : i\text{번째 관측값 벡터}$$

관측값 벡터 표기를 이용해 입력변숫값 행렬을 표현하면 다음과 같이 표현할 수 있다.

$$\mathbf{x} = \begin{pmatrix} x_1^T \\ x_2^T \\ \cdot \\ \cdot \\ \cdot \\ x_n^T \end{pmatrix}$$

여기서 T는 행렬의 전치^{transpose}를 의미한다.

$$\mathbf{y} = \begin{pmatrix} y_1 \\ y_2 \\ \cdot \\ \cdot \\ \cdot \\ y_n \end{pmatrix} : \text{반응변수 또는 목표변수의 값 벡터}$$

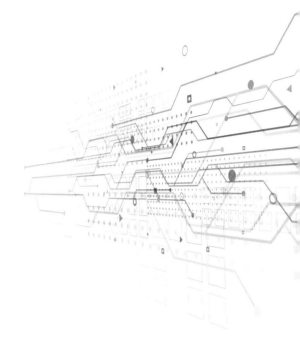

11

모델 평가와 선택

11.1 개요

머신 러닝의 많은 알고리즘 또는 기법이 특정한 데이터에 적용되는 경우, 특히 예측 모델인 경우에 어떤 모델이 또는 어떤 학습 방법이 우수한가를 평가하는 방법을 알아보자.

머신 러닝에서 모델의 성능이 좋다는 것은 특히 예측 모델인 경우에는 미래의 상황에서 즉, 미래의 예측을 위한 입력 데이터가 있는 경우 예측 성능이 좋다는 것을 의미한다.

그런데 모델을 구성할 때에는 미래의 데이터가 없으므로 현재의 데이터를 통해 모델을 적합하게 된다. 따라서 모델을 구성할 때 미래의 데이터라고 생각하는 현재의 데이터와 구분되는 독립적인 데이터를 구성한 후 모델을 평가해야만 미래의 데이터에 잘 적응하는 모델을 선정할 수 있을 것이다.

이런 의미에서 하나의 모델의 성능은 모델을 적합하고 선정할 때 관여한 데이터가 아닌 독립적인 데이터를 적용했을 때의 성능 결과다. 이러한 모델 성능을 일반화 generalization 모델 성능이라고 한다.

이를 구현하기 위해서는 주어진 데이터 즉, 모델을 구성하기 위해 가용한 데이터를 세 가지로 구분해 사용한다.

이러한 세 가지 데이터를 통상 훈련 데이터traing data, 검증 데이터validation data 그리고 평가 데이터test data라고 부른다.

11.2 훈련 데이터

훈련 데이터는 모델을 추정하기 위해 사용되는 데이터를 말한다. 가령 회귀 분석인 경우,

$$f(X) = \theta_0 + \theta_1 X$$

라고 모델을 정의하면 모수인 θ_0, θ_1을 추정하는 것을 말한다.

예를 들어 다음과 같은 데이터가 주어져 있다고 하자.

```
# 데이터 가져오기
df = pd.read_csv("http://www-bcf.usc.edu/~gareth/ISL/Income1.csv",
                 index_col=[0]) # 처음 열을 인덱스로 사용
df.head(3)
#     Education    Income
# 1   10.000000   26.658839
# 2   10.401338   27.306435
# 3   10.842809   22.132410

# 원 데이터 산점도
fig = plt.figure(figsize=(5, 5))
plt.scatter(X, Y, c='r')
plt.xlabel("교육 기간(년)")
plt.ylabel("소득")
plt.show()
plt.savefig(png_path+'/model_assess_scatter.png')
```

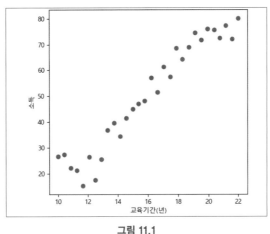

그림 11.1

주어진 데이터는 교육 기간에 따라 소득 수준(금액)이 어느 정도인지 보여준다.

만약 주어진 데이터 전체로 모델을 적합한 경우에는 현재 데이터에만 국한해 잘 적합된 모델이 생성될 수 있다.

그러나 모델의 성능은 미래의 데이터에 잘 적합되는 일반화^{generalization} 오류를 작게 하기 위해서는 일부 데이터로 모델을 적합해야 한다. 가령 80%의 데이터만 사용해 적합해보자.

예를 들어 앞서 기술한 데이터가 있다고 하자.

주어진 데이터에 대해 교육 기간과 소득의 상관관계가 명확히 특정된 함수에 의해 설명된다고 가정한다.

다음 그림은 교육 기간과 소득의 관계를 설명해주는 산점도와 특정된 함수를 표현해준다.

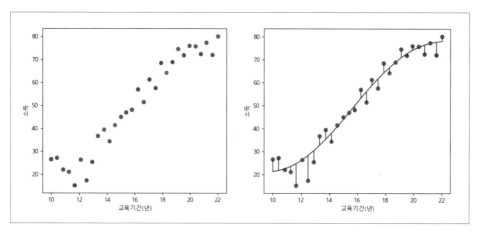

그림 11.2 기간에 따른 소득규모 산점도 및 오차(출처: ISL)

수식으로 표현해보면 다음과 같다.

$$Y = f(X) + \epsilon$$

여기서 Y는 소득을, X는 교육 기간을 의미한다. f는 둘 간의 관계를 명확히 설명해주는 함수다. 실제 둘 간의 명확한 함수가 존재한다고 할지라도 실제 설명할 수 없는 오차라고 할 수 있는 ϵ이 항상 존재한다. 모델을 적합할 때 반드시 설명할 수 없는 오차인 ϵ이 항상 존재하기 때문에 완전하게 실제값과 예측된 값이 일치하지는 않는다. 그림에서 점과 곡선과의 차가 오차다. 이러한 오차를 일반적으로 축소될 수 없는 오차^{irreducible error}라고 정의한다. 즉, X라는 입력만으로 다 설명이 안되는 어떤 영역이라고 할 수도 있다.

목적은 주어진 X를 이용해 f를 추정한다고 했을 때, 그 추정값을 $\hat{f}(X)$라고 한다면, $\hat{f}$은 정확한 함수 형태이거나, 또는 명확한 형태가 아닌 블랙 박스일 수도 있다. 이때, 다양한 $\hat{f}$을 적용함으로써 f와의 차이를 줄일 수가 있는데, 이때 줄일 수 있는 오차가 축소 가능한^{reducible} 오차라고 할 수 있다.

모델을 구성하는 목적은 다양한 $\hat{f}$ 중에서 f와의 차이를 최소화하는 $\hat{f}$을 찾는다고 정의할 수 있다. 이를 수식적으로 간략히 다음과 같이 설명할 수 있다. 여기서 설명을 단순화하기 위해 $\hat{f}$, X는 고정된 값이라고 하자.

$$E(Y - \hat{Y})^2 = E[f(X) + \epsilon - \hat{f}(X)]^2 = \underbrace{[f(X) - \hat{f}(X)]^2}_{Reducilbe} + \underbrace{Var(\epsilon)}_{Irreducible}$$

여기서, $E(Y - \hat{Y})^2$은 실제값과 추정값과의 차이의 제곱값들의 평균이다.

그러므로 모델을 찾거나 또는 구성한다는 것은 또는 학습 방법을 찾는다는 것은 축소 가능한 오차를 최소화해주는 $\hat{f}$을 찾는 것이다.

11.3 모델 적합도의 측정

다양한 모델들이 적합이 될 때 이를 평가할 수 있는 기준은 무엇일까? 목표변수가 연속형인 경우 잘 알려진 모델 적합도는 다음과 같은 평균제곱오차^{MSE, Mean Squared Error}를 측정해 가장 낮은 값을 주는 모델을 선택한다.

$$\text{MSE} = \frac{1}{n} \sum_{i=1}^{n} (y_i - \hat{f}(x_i))^2$$

여기서 n은 적합을 위해 사용되는 데이터 건수, y_i는 i번째 목표변수의 값, x_i는 i번째 입력변수의 값, $x_i = (x_{i1}, x_{i2}, ..., x_{ip})^T$, p는 입력변수의 개수, $\hat{f}(x_i)$는 적합된 값 즉, 예측된 값을 의미한다.

위의 MSE는 훈련 데이터로부터 계산되므로 정확히 표현하면 훈련^{training} MSE라고 할 수 있다. 그런데 훈련 데이터로부터 계산된 MSE가 낮을수록 성능이 좋은 모델이라고 할 수 있는가? 사실 훈련 데이터를 잘 예측하는 것은 현재 데이터를 잘 예측하는 것이지, 독립적이고 미래에 발생할 목표값을 잘 예측한다는 것은 아니다. 예측의 목적은 현재가 아니라 미래를 잘 예측해야 하는 것이다. 즉, 훈련 시 사용되지 않은 평가용 데이터인 (x_0, y_0)를 이용해 $\hat{f}(x_0) \approx y_0$이길 원하는 것이다. 이러한 평가용 데이터가 많은 경우에는 다음과 같이 그 값의 평균으로 그 적합의 품질 즉, 적합도를 판단한다.

$$\text{평균}(y_0 - \hat{f}(x_0))^2$$

시뮬레이션으로 생성된 데이터에 대해 이를 구체적으로 알아보자.

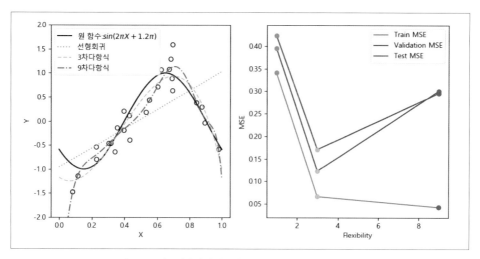

그림 11.3 시뮬레이션 데이터와 곡선 적합 및 모델 평가 그래프

왼쪽 그림: 훈련 데이터에 대해 검은색 곡선은 실제 시뮬레이션 함수이며 선형회귀, 3차 다항식, 9차 다항식에 의한 적합을 한 결과다.

오른쪽 그림: 평균제곱오차를 적합된 곡선들의 유연성에 따른 그래프이며, 회색은 훈련 데이터, 빨간색은 검증 데이터 그리고 파란색은 평가용 데이터에 대한 평균제곱오차이다.

그림에서 보면 유연성의 정도가 클수록 훈련 데이터에 대한 적합도가 매우 높음을 알 수 있다. 여기서 유연성은 하나의 적합할 모델을 정의할 때 얼마나 많은 모수를 사용했는지 나타낸다. 즉, 선형회귀 적합은 절편과 기울기인 2개의 모수만을 사용해 적합하지만, 다항식 적합은 2개보다 큰 모수를 이용해 적합한 것을 의미한다.

오른쪽 그래프를 보면 모델이 유연할수록 즉, 추정해야 할 모수가 많을수록 훈련 데이터에 대해서는 회색 곡선에서 평균제곱오차값이 제일 작게 나타난다. 그러나 평가 데이터에서는 적절한 유연성을 갖는, 즉, 적절한 모수를 갖는 모델이 파란색 곡선에서 제일 작게 나타난다. 그림에서는 파란색을 갖는 모델이 가장 작은 평균제곱오차값을 갖는다.

이런 의미에서 모수가 많을수록 평가 데이터에 대해 잘 예측되는 것이 아니라, 적절한 유연성을 갖는 모델이 오히려 더 잘 예측됨을 확인할 수 있다.

11.4 편향-분산 균형

평가 데이터에서 유연성에 따른 곡선이 왜 U자형을 나타내는지 그 원인을 규명해 보자.

하나의 모델의 우수성은 미래의 데이터에 대해 적합의 품질을 나타내는 척도에 대해 다른 모델에 비해 우수해야 한다. 그 우수함은 회귀 문제에서는 평균제곱오차가 제일 낮은 것을 의미한다.

평균제곱오차는 일반적으로 다음과 같이 3개의 부분으로 분해된다고 알려져 있다.

$$\mathrm{E}(y_0 - \hat{f}(x_0))^2 = \mathrm{Var}(\hat{f}(x_0)) + [\mathrm{Bias}(\hat{f}(x_0))]^2 + \mathrm{Var}(\epsilon)$$

여기서, $\mathrm{E}(y_0 - \hat{f}(x_0))^2$은 평가 MSE의 기대값을 의미하는 것이다. 즉, 훈련 데이터를 반복적으로 적용하여 적합하며, 그때마다, x_0에서 값을 구한다. 이러한 모든 x_0에 대해 평균을 구한 값이라고 정의할 수 있다.

다음과 같은 실제 함수와 데이터가 있다고 해보자.

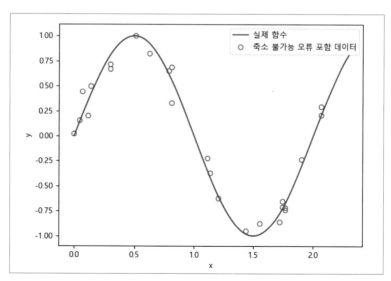

그림 11.4 실제 함수와 축소불가능 오류 포함 데이터

이때 그림의 빨간색 점과 같이 실제 함수에서 다양한 샘플을 구성 후 다양한 차수의 다항회귀를 적합 후 편향과 분산 및 MSE를 구해보자.

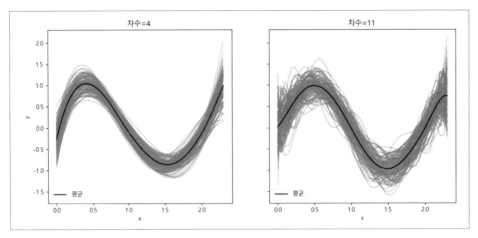

그림 11.5 특정 차수의 분산

그림은 특정 차수 즉, 차수가 4, 11인 경우 각각에 대해 샘플의 변화에 따른 모델을 적합한 경우다. 각 차수에 대해서 가령 평가 데이터 값이 1.5인 경우를 보면 차수가 4일 때의 평균 그래프와 적합된 모델 간의 차이가 차수가 11인 경우보다 작음을 알 수 있다.

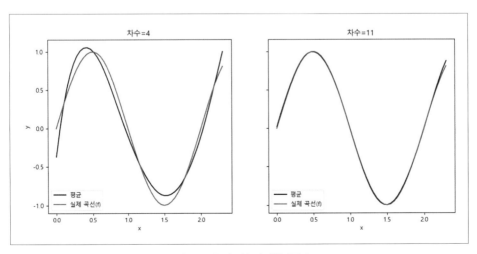

그림 11.6 특정 차수의 편향제곱값

그림은 차수가 4, 11인 경우의 적합된 모델의 평균선과 실제 곡선을 그린 것이다. 그림에서 보듯이 만약 평가 데이터가 1.5인 경우 실제 곡선과의 차이가 차수가 4일 때가 큼을 알 수 있다.

따라서 모델이 유연하게 되면 즉, 모수를 많이 사용해 적합할수록 분산은 커지고 편향은 작아진다. 반대로 모델이 단순하면 분산이 작아지고, 편향은 커진다. 그러므로 분산과 편향을 둘 다 고려한 균형점에서 모델의 유연성이 결정되기 때문에 그림과 같이 U자형의 모습을 띠게 되는 것이다.

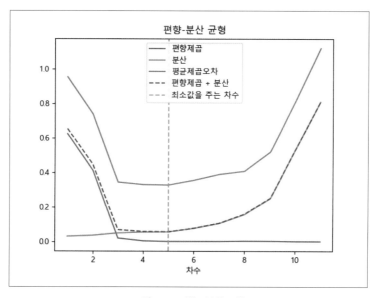

그림 11.7 편향−분산 균형

그림은 훈련 데이터로부터 모델을 적합한 후 평가 데이터에 대한 편향제곱, 분산 그리고 평균제곱오차를 구한 것이다.

12

선형회귀와 머신 러닝 구조

12.1 개요

회귀 문제라 하면 일반적으로 목표변수 또는 반응변수의 값이 연속형인 경우를 의미한다. 목표변수의 값이 범주형 또는 이산형인 경우인 경우에는 분류 문제라고 명명한다. 회귀 또는 분류 문제는 지도 학습^{supervised learning}의 대표적인 유형이라 할 수 있다.

12장에서는 회귀 문제를 통해 머신 러닝의 기본적인 구조라고 할 수 있는 모델, 즉, 가설함수를 정의하고, 적합을 위한 목적함수인 비용함수와 적합 방법인 기울기 하강법^{gradient descent}에 대해 살펴보기로 하자.

데이터는 다음과 같이 구성했다.

```
# 데이터 불러오기
from sklearn.datasets import load_boston
X = load_boston()['data']
```

```
Y = load_boston()['target'] # 주택 중간 가격

# 단순회귀분석을 위해 하나의 입력변수 선택
X = X[:,5] # average number of rooms per dwelling: 주거당 평균 방 개수
df = pd.DataFrame(np.column_stack((X.reshape(-1, 1), Y.reshape(-1,1))))
df.columns = ['RM', 'MEDV']
df.head()
#       RM   MEDV
# 0   6.575  24.0
# 1   6.421  21.6
# 2   7.185  34.7
# 3   6.998  33.4
# 4   7.147  36.2
```

데이터는 방 개수와 주택 가격으로 구성됐다.

12.2 가설함수와 비용함수

개수와 주택 가격에 대해 산점도를 그려보자.

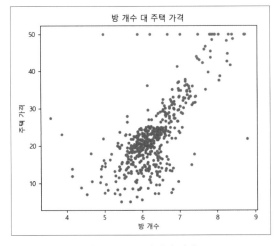

그림 12.1 크기 대 가격 산점도

산점도를 보면, 개수와 가격은 양의 상관관계가 있음을 알 수 있다. 목적은 이러한 학습 데이터를 이용해 일반적으로 개수가 주어지며 자동적으로 가격을 예측할 수 있는 모델을 생성하는 것이다. 머신 러닝에서는 이러한 모델을 가설이라고 명명한다.

즉 가설은 주어진 훈련 데이터인 크기와 가격 데이터를 이용해 하나의 함수인 $h(h: x \rightarrow y)$, x:input space, y:output space)을 만드는 것이다.

이러한 h를 어떻게 정의하는지 구체적으로 살펴보자.

주어진 데이터는 입력변수가 개수이므로 다음과 같이 가격은 구성돼 있다고 정한다.

$$h_\theta(X) = \theta_0 + \theta_1 X_1$$

여기서 θ는 입력변수를 모수화해 목표변수를 설명하고 있기 때문에 모수 또는 가중으로 부른다.

위와 같은 식으로 입력변수와 목표변수를 설명하는 모델을 선형회귀모델이라고 부른다. 물론 이와 다른 많은 가설을 정의할 수 있지만, 12장에서는 선형회귀모델을 이용하기로 한다.

주어진 가설에서 $\theta_0 = 1$로 정의하면 다음과 같이 더 간단하게 정의할 수 있다.

$$h_\theta(X) = \sum_{j=1}^{p} \theta_j X_j = \theta^T X$$

하나의 가설을 정의했으므로 주어진 훈련 데이터를 이용해 가설에 사용된 모수를 추정해야 한다. 다만 추정을 할 때 y_i에 대해 $h_\theta(x_i)$로 추정하므로 $h_\theta(X) \approx Y$이도록 모수를 추정해야 한다.

즉, 가깝게 추정해야 하는데 이를 개념화한 것이 비용함수다.

$$J(\theta) = \frac{1}{2n} \sum_{i=1}^{n} (y_i - h_\theta(x_i))^2$$

이 비용함수는 회귀 문제에서 일반적으로 사용되는 함수이며, 모수는 정의된 비용함수를 최소화할 수 있도록 추정돼야 한다.

12.3 알고리즘

가설과 비용함수가 정의되고 나면, 다음으로 해야 할 일은 어떻게 모수를 추정할 것인가를 정의하는 것이다. 물론 선형회귀 문제에서는 모수에 대해 정확한 값을 구할 수 있는 알고리즘이 존재한다. 12장에서는 머신 러닝의 일반적인 접근 방법으로 모수를 추정하는 방법을 알아보자.

알고리즘 내용 및 순서	비고
모수에 대한 초깃값을 준다.	초깃값은 0에 가까운 값을 준다.
다음 내용을 반복한다. $\theta_j := \theta_j - \alpha \dfrac{\partial j(\theta)}{\partial \theta_j}, \; for\, j = 0, \, ..., \, p$	반복 탈출 조건은 비용함수의 값이 가장 작을 때까지이거나 정해진 반복 횟수까지. 여기서 α는 학습률learning rate이라고 한다.

일반적으로 머신 러닝에서는 모수를 추정하기 위해 기울기 하강법gradient decent을 사용해 추정한다.

알고리즘의 내용은 비용함수를 최소화하기 위한 모수를 찾기 위해 기울기가 가장 급한 방향으로 계속적으로 하강해 찾는 방법이다.

가장 단순한 경우를 생각해 훈련 데이터가 딱 1개만 있는 경우를 고려해 알고리즘의 의미를 생각해보자.

$$\frac{\partial J(\theta)}{\partial \theta_j} = \frac{\partial}{\partial \theta_j} \frac{1}{2}(y_i - h_\theta(x_i))^2$$

$$= 2 \cdot \frac{1}{2}(y_i - h_\theta(x_i)) \cdot \frac{\partial}{\partial \theta_j}(y_i - h_\theta(x_i))$$

$$= (y_i - h_\theta(x_i)) \cdot \frac{\partial}{\partial \theta_j}\left(y_i - \sum_{k=0}^{p} \theta_k x_{ik}\right)$$

$$= (y_i - h_\theta(x_i))(-x_{ij})$$

$$= -(y_i - h_\theta(x_i))x_{ij}$$

이를 이용해 모수를 갱신하기 위한 알고리즘에 대입해보자.

$$\theta_j := \theta_j - \alpha \frac{\partial j(\theta)}{\partial \theta_j} = \theta_j + \alpha(y_i - h_\theta(x_i))x_{ij}$$

위 식에서 $y_i - h_\theta(x_i)$는 하나의 잔차^{residual} 또는 오차라고 생각할 수 있다. 즉, 만약 오차가 작으면 모수의 갱신은 거의 없을 것이고, 오차가 많으면 갱신의 폭이 커질 것이다. 또한 오차가 커진 경우에 큰 x_{ij}값에 해당하는 모수의 방향으로 그 갱신의 폭이 커짐을 직관적으로 알 수 있다.

훈련 데이터 1개씩 이용해 모수를 갱신하는 경우는 온라인 처리$^{\text{online processing}}$라고 하며, 훈련 데이터 전부를 이용해 모수를 처리하는 경우는 배치 처리$^{\text{batch processing}}$라고 한다. 일부의 훈련 데이터를 이용하는 경우는 미니 배치 처리$^{\text{mini-batch processing}}$라고 한다.

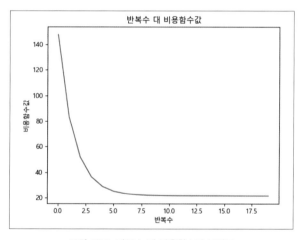

그림 12.2 반복수 대 비용함수값 그래프

그림에서는 배치 처리 방식에 의해 비용함수값의 변화를 살펴본 그래프다. 그래프를 보면, 특정 반복수를 지나면 비용함수값이 안정화돼 일정한 값을 가지는 것을 볼 수 있다. 일정한 값을 가질 때의 모수 값이 알고리즘에서 찾는 값이 된다.

이와 같은 방식에 의해 추정된 모수 값에 의해 생성된 그래프는 다음과 같다.

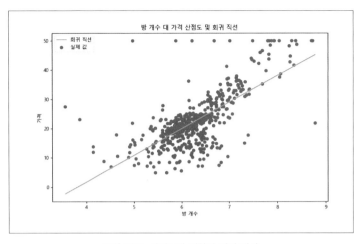

그림 12.3 산점도와 적합된 회귀 직선

비용함수를 최저로 만드는 과정, 즉, 경로를 등고선 그래프로 표현하면 다음과 같다.

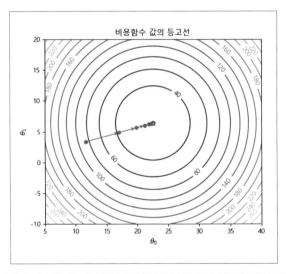

그림 12.4 비용함수에 대한 등고선과 반복수에 따른 최저점 이동 경로

12.4 비용함수의 원천

회귀 문제에서 비용함수는 $J(\theta) = \dfrac{1}{2n} \sum\limits_{i=1}^{n} (y_i - h_\theta(x_i))^2$와 같이 정의했고 해당 함수를 비용함수로 선택했다. 많은 비용함수 가운데 유의미한 선택을 했는지를 살펴보자.

통계 모델에 의하면, y_i, $i = 1, 2, ..., n$들은 독립적이고, 동일한 다음의 분포를 따른다고 가정한다.

$$y_i = \theta^T x_i + \epsilon_i, \quad \epsilon_i \sim N(0, \sigma^2)$$

따라서, y_i들의 결합 확률분포는

$$L(\theta) = p(y_1, y_2, ..., y_n | x_1, x_2, ..., x_n, \theta) = \prod_{i=1}^{n} \frac{1}{\sqrt{2\pi}\sigma} exp\left(- \frac{(y_i - \theta^T x_i)^2}{2\sigma^2} \right)$$

이다.

여기서 목적은 모수인 θ를 추정하는 것인데, 가장 자연스럽고 합리적인 방법은 결합 확률분포값이 최대가 되도록 추정하는 것이다. 즉, 목표값의 확률적인 평균값은 $\theta^T x_i$들이므로 목표값이 평균값에 가까울수록 결합 확률분포값이 최대가 되는 것이다. 이러한 원리에 의해 모수를 추정하는 것을 최대우도 추정법^{maximum likelihood method}이라고 한다.

로그 함수가 순증가^{strictly increasing} 함수이므로 원래 값의 순서를 유지하기 때문에 주어진 결합 확률분포를 로그를 취하여 최댓값을 주는 모수를 찾는 것과 동일한 문제다.

$$\ell(\theta) = \log L(\theta)$$

$$= n\log \frac{1}{\sqrt{2\pi}\sigma} - \frac{1}{\sigma^2} \cdot \frac{1}{2} \sum_{i=1}^{n} (y_i - \theta^T x_i)^2$$

따라서 로그 우도 함수값을 최대화한다는 것은 앞에서 정의한 비용함수인

$$J(\theta) = \frac{1}{2n} \sum_{i=1}^{n} (y_i - \theta^T x_i)^2$$

을 최소화하는 것과 같은 의미다.

13

분류 문제와
로지스틱회귀분석

13.1 개요

목표변수가 이산형^{discrete type} 값을 가질 때 분류 문제라고 한다. 이런 경우 일반적으로 선형회귀모델을 적합하면 성능이 좋지 않으며 올바른 접근 방법이라고 볼 수가 없다.

지도 학습이 분류 문제인 경우에 선형회귀분석과 유사한 접근 방법인 로지스틱회귀 방법에 대해 알아보자.

13장에서 [BANK] 데이터를 사용한다. 데이터는 포르투갈 은행에서 추가 판매를 위한 대상 고객을 추출하기 위해 사용됐다.

데이터에 대한 설명은 다음과 같다.

```
# 데이터 속성
# Input variables:
#    # bank client data:
```

```
#    1 - age (numeric)
#    2 - job : type of job (categorical: "admin.","unknown","unemployed","managem
ent","housemaid","entrepreneur","student",
#                                        "blue-collar","self-employed","retired",
"technician","services")
#    3 - marital : marital status (categorical: "married","divorced","single";
note: "divorced" means divorced or widowed)
#    4 - education (categorical: "unknown","secondary","primary","tertiary")
#    5 - default: has credit in default? (binary: "yes","no")
#    6 - balance: average yearly balance, in euros (numeric)
#    7 - housing: has housing loan? (binary: "yes","no")
#    8 - loan: has personal loan? (binary: "yes","no")
#    # related with the last contact of the current campaign:
#    9 - contact: contact communication type (categorical: "unknown","telephone",
"cellular")
#   10 - day: last contact day of the month (numeric)
#   11 - month: last contact month of year (categorical: "jan", "feb", "mar", ...,
"nov", "dec")
#   12 - duration: last contact duration, in seconds (numeric)
#    # other attributes:
#   13 - campaign: number of contacts performed during this campaign and for this
client (numeric, includes last contact)
#   14 - pdays: number of days that passed by after the client was last contacted
from a previous campaign (numeric, -1 means client was not previously contacted)
#   15 - previous: number of contacts performed before this campaign and for this
client (numeric)
#   16 - poutcome: outcome of the previous marketing campaign (categorical: "unkn
own","other","failure","success")
#
#   Output variable (desired target):
#   17 - y - has the client subscribed a term deposit? (binary: "yes","no")
```

데이터를 구성하는 절차는 다음과 같다.

```python
# 데이터 가져오기
path = 'https://archive.ics.uci.edu/ml/machine-learning-databases/00222/'
zip_url = path + 'bank.zip'

z = zipfile.ZipFile(io.BytesIO(requests.get(zip_url).content)) # 집파일 풀기
```

```
z.infolist( ) # 집파일 내의 구성 요소 보기
df = pd.read_csv(z.open('bank.csv'),sep=';') # 특정 요소 가져오기
```

13.2 선형회귀 대 로지스틱회귀

[BANK] 데이터로부터 분석을 하고자 하는 목적은 특정 고객이 갖고 있는 입력변수
의 값을 입력하면 그 고객이 정기 예금 가입 여부를 판단하고자 하는 것이다. 즉,

$$p = p(Y = 1|X_1, X_2, X_3, ...) = \text{Prob}(\text{term\_deposit} = 1(\text{Yes})|\text{age, job, marital, ...})$$

을 예측하는 것이다. 해당 확률 값이 1에 가까우면 정기 예금에 가입할 것이라고 판
단하고, 0에 가까우면 정기 예금에 가입하지 않을 것이라고 판단하는 것이다.

선형회귀 직선으로 적합하는 경우, 단, 접촉 시간^{duration}만을 갖고 적합하는 경우를
생각해보자.

가설 또는 모델 함수는

$$h_\theta(X) = \theta_0 + \theta_1 X$$

이다.

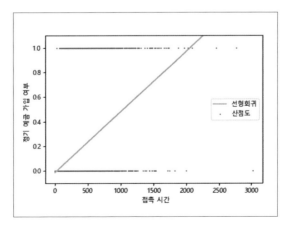

그림 13.1 접촉 시간 대 정기 예금 가입 여부 산점도 및 선형회귀 직선

그림에서 보듯이 선형회귀를 적합하면, 확률 값이 음수이거나, 1보다 큰 값이 적합될 수 있기 때문에 적합한 모델이라고 볼 수가 없다.

이러한 문제를 극복하기 위해 즉, 0과 1 사이의 분포함수 형태의 함수를 생각할 수 있는데 그런 함수가 로지스틱함수다. 로지스틱함수는 벨기에 수학자인 피에르 프랑수아 페르휠스트$^{Pierre\ François\ Verhulst}$에 의해 1844년 인구 성장 모델 연구에 처음으로 사용되고 명명됐다.

$$p(z) = \frac{e^z}{1 + e^z} = \frac{1}{1 + e^{-z}}$$

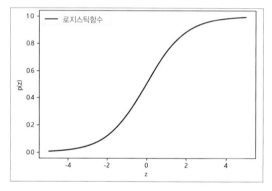

그림 13.2 로지스틱함수의 모양

로지스틱함수는 z값의 어떠한 값을 갖더라도 0과 1 사이의 값만을 갖는다. 특히 0 주변은 마치 정규분포의 분포 함수와 유사한 형태를 갖는다.

또한,

$$p'(z) = \frac{d}{dz} \frac{1}{1 + e^{-z}}$$

$$= \frac{1}{(1 + e^{-z})^2} e^{-z}$$

$$= \frac{1}{1 + e^{-z}} \left(1 - \frac{1}{1 + e^{-z}} \right)$$

$$= p(z)(1 - p(z))$$

인 성질도 갖고 있다.

이러한 로지스틱함수의 성질을 이용해 [BANK] 데이터인 경우에 가설 또는 모델함수를 로지스틱함수로 정의할 수 있다.

$$h(x) = \frac{1}{1 + e^{-\theta^T x}} = \frac{1}{1 + e^{-(\theta_0 + \theta_1 x)}}$$

여기서 가설함수는 $p = p(Y = 1|x)$을 추정하기 위한 함수다. 따라서,

$$P(Y = 1|x, \theta) = h_\theta(x)$$
$$P(Y = 0|x, \theta) = 1 - h_\theta(x)$$

와 같이 가정할 수 있다. 이러한 가정하에 최대우도 추정법에 의해 모수를 추정해보자.

$$\text{likelihood} = L(\theta) = \prod_{i=1}^{n} p(y_i|x_i, \theta)$$
$$= \prod_{i=1}^{n} h_\theta(x_i)^{y_i} (1 - h_\theta(x_i))^{1 - y_i}$$

이므로,

$$\ell(\theta) = \log L(\theta)$$
$$= \sum_{i=1}^{n} y_i \log h_\theta(x_i) + (1 - y_i)\log(1 - h_\theta(x_i))$$

이다. 따라서 모수를 추정한다는 것은 로그 우도를 최대로 하는 모수 값을 선택하는 것이며 비용함수를 로그 우도의 음수로 정의하면 비용함수를 최소화하는 모수 값을 선택하는 것이다.

$$J(\theta) = -\frac{1}{n} \sum_{i=1}^{n} y_i \log h_\theta(x_i) + (1 - y_i)\log(1 - h_\theta(x_i))$$

이므로, 하나의 훈련 데이터에 대해 기울기를 구해보면,

$$\frac{\partial J(\theta)}{\partial \theta_j} = (y_i - h_\theta(x_i))x_{ij}$$

이렇게 되기 때문에, 다음과 같은 방법으로 모수 값을 추정할 수 있다.

$$\theta_j := \theta_j - \alpha \frac{\partial J(\theta)}{\partial \theta_j} = \theta_j + \alpha(y_i - h_\theta(x_i))x_{ij}$$

여기서 흥미로운 사실은 가설함수가 선형 또는 비선형에 관계없이 모수의 기울기는 일치함을 알 수 있다.

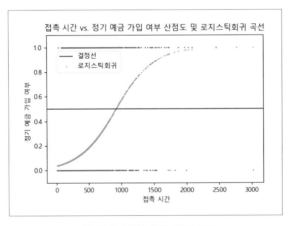

그림 13.3 로지스틱회귀분석 적합

적합된 결과를 보면, 결정선의 확률 값이 0.5로 정의했을 때, 그 값보다 큰 노란색 점들은 1 그룹(Yes)으로 분류되고, 작은 노란색 점들은 0 그룹(No)으로 분류된다.

노란색 점들은 로지스틱함수 모양의 형태를 띠고 있으며 1 그룹일 확률을 나타낸다.

13.3 비용함수

로지스틱회귀분석에서 사용한 비용함수의 의미에 대해 알아보자. 물론 최대우도 추정법에 의해 정의된 함수이지만, 그 자체의 의미가 무엇인지 살펴보기로 하자.

$$J(\theta) = -\frac{1}{n}\sum_{i=1}^{n} y_i \log h_\theta(x_i) + (1-y_i)\log(1-h_\theta(x_i))$$

여기서 목표값인 $y=1$인 경우에 h에 따라서 $-\log(h)$가 어떻게 변하는지를 살펴보면, 다음 그림과 같이 목표값이 1인 경우에 주어진 비용함수는 $-\log(h)$의 손실을 주기 때문에 만약 1로 예측이 됐다면, 손실은 0이지만 0에 가까운 값으로 예측이 되면 될수록 점점 더 많은 손실 값을 준다.

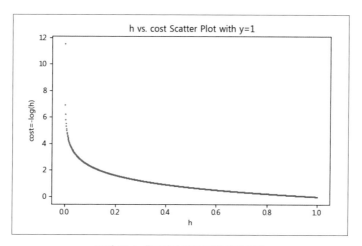

그림 13.4 추정값에 따른 비용 값의 변화

분류 문제에서 이러한 비용함수를 이진 교차 엔트로피^{binary cross entropy}들의 평균이라 정의한다.

$$J(\theta) = -\frac{1}{n}\sum_{i=1}^{n} -(y_i \log h_\theta(x_i) + (1-y_i)\log(1-h_\theta(x_i)))$$

$$= \frac{1}{n}\sum_{i=1}^{n} -H(y_i, h_\theta(x_i))$$

13.4 로그-오즈

$$p = p(Y = 1|x) = h_\theta(x) = \frac{1}{1 + e^{-(\theta_0 + \theta_1 x)}}$$

여기에서 $\dfrac{p}{1-p} = e^{\theta_0 + \theta_1 x}$이므로

$$\log\frac{p}{1-p} = \theta_0 + \theta_1 x$$

와 같이 표현할 수 있다. 이 식에서 왼쪽 항을 로그-오즈^{log-odds} 또는 로짓^{logit}이라고 한다.

만약 x가 1단위 변화하면,

$$\log\frac{p_{new}}{1-p_{new}} = \theta_0 + \theta_1(x+1) = \log\frac{p}{1-p} + \theta_1$$

이므로 θ_1의 의미는 로짓의 변화라고 볼 수 있다. 오즈의 변화만을 생각할 때는 e^{θ_1}이 된다.

13.5 연결 함수

연결 함수^{link function}는 목표변수 또는 반응변수가 정규분포가 아닌 분포인 경우에도 평균값이 입력값의 선형 결합으로 표현되도록 연결해주는 함수다.

선형회귀인 경우 목표변수의 기대값은 $\mu = E(Y) = \theta^T x$와 같이 표현된다. 이런 경우 연결 함수는 $g(\mu) = \mu$가 돼 항등함수^{identify function}가 된다.

로지스틱회귀인 경우 목표변수는 베르누이^{Bernoulli} 분포를 따르므로 기대값은 $\mu = p$가 된다. 따라서

$$g(\mu) = \log\frac{\mu}{1-\mu} = \theta^T x$$

이다. 즉, 연결 함수는 로짓 함수가 된다.

다양한 연결 함수를 이용해 선형회귀모델을 확장한 경우를 일반화 선형 모델^{GLM,} generalized linear model이라 부른다.

13.6 분류 문제에서의 모델 평가

분류 문제에서의 모델 평가는 회귀 문제에서의 평가 데이터의 평균제곱오차값을 최소화하는 방식보다는 다음 표와 같은 방식으로 일반적으로 평가한다. 이 평가 방법은 하나의 모델이 절대적으로 좋은지 여부를 판단하는 데도 이용된다.

분류의 결과는 다음과 같은 분류 결과표^{confusion matrix}로 요약할 수 있다.

예측값(predicted)	실제값(observed)		
	Positive	Negative	합계
Positive	TP(True Positive)	FP(False Positive)	TP+FP
Negative	FN(False Negative)	TN(True Negative)	FN+TN
합계	TP+FN	FP+TN	TP+FP+FN+TN

하나의 예시된 표는 다음과 같다.

예측값(predicted)	실제값(observed)		
	Positive	Negative	합계
Positive	29	6	35
Negative	4	38	42
합계	33	44	77

분류 결과표에 의해 모델 성능을 평가하는 척도는 다음과 같이 요약할 수 있다.

$$\text{오분류율}^{\text{Miss Classification Rate}} = \frac{FP+FN}{TP+FP+FN+TN} = \frac{6+4}{77} = 0.13$$

$$\text{정분류율}^{\text{Accuracy}} = \frac{TP+TN}{TP+FP+FN+TN} = \frac{29+38}{77} = 0.87$$

$$\text{정밀도}^{\text{Precision}} = \frac{TP}{TP+FP} = \frac{29}{35} = 0.83$$

$$\text{민감도, 재현율}^{\text{True Positive Rate(TPR, Sensitivity, Recall)}} = \frac{TP}{TP+FN} = \frac{29}{33} = 0.88$$

$$\text{특이도}^{\text{True Negative Rate(TNR, Specificity)}} = \frac{TN}{FP+TN} = \frac{38}{44} = 0.86$$

$$\text{F1 점수} = \frac{2}{\frac{1}{\text{Recall}}+\frac{1}{\text{Precision}}} = 2 \cdot \frac{\text{Precision} \cdot \text{Recall}}{\text{Precision}+\text{Recall}} = 2 \cdot \frac{0.83 \times 0.88}{0.83+0.88} = 0.854$$

각 척도를 보면, 오분류율을 제외하고 1에 가까울수록 높은 성능을 나타내는 모델이라고 할 수 있다. 각 척도들은 특별한 해석의 의미도 담고 있다. 예를 들어 민감도는 질병에 걸린 환자를 검출할 수 있는 능력, 특이도는 정상인 사람을 판별할 수 있는 능력 등으로 산업 및 적용하는 데이터에 따라 다양하게 해석할 수 있다.

이 가운데 민감도와 특이도에 의해 모델의 성능을 평가하는 또 하나의 척도인 ROC$^{\text{Receiver Operating Curve}}$에 대해 알아보자.

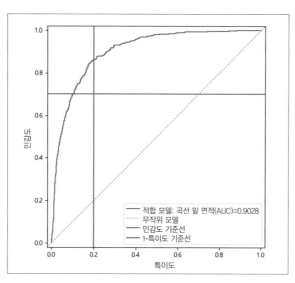

그림 13.5 ROC 곡선의 예

그림에서 ROC 곡선은 파란색으로 표시돼 있다. 그림의 X축은 1-특이도, Y축은 민감도로 구성돼 있다. 1-특이도는 정상임에도 불구하고 환자라고 하는 경우의 비율 즉 FPR^False Positive Rate이며, 민감도는 환자인 경우 환자라고 하는 경우의 비율이다. 통계학적으로는 전자를 1종의 오류^type-1, 후자를 검출력^power이라고 부른다. 따라서 1종의 오류를 최소화하면서 검출력이 최대한 높은 분류기가 더 낫다고 말할 수 있다.

계산하는 방법은 다음과 같다.

순서	내용	비고
1	평가 데이터에 대한 확률 값 또는 점수를 계산한다.	그리고자 하는 대상
2	평가 데이터에 대해 점수 기준 내림차순으로 정렬한다.	
3	1) 이벤트의 전체 개수와 비이벤트의 전체 개수를 구한다. 2) 정렬된 목표값 벡터의 이벤트의 개수와 비이벤트의 개수를 순차적으로 누적한다. 3) 1)에서 구한 값으로 2)를 나눈다. 이때 생성되는 벡터를 TPR, FPR이라고 정의한다.	이벤트를 positive, 비이벤트를 negative로 정의함
4	X축을 FPR, Y축을 TPR로 그래프를 그린다.	

그림에서 그 의미를 살펴보자. 그림에서 똑같은 민감도를 주는 경우에는 1-특이도가 작은 적합 모델이 더 좋은 모델이라고 볼 수 있다. 똑같은 1-특이도를 주는 경우에는 더 큰 민감도를 주는 적합 모델이 더 좋은 모델이라고 볼 수 있다. 즉, 좋은 모델일수록 기준선이라고 할 수 있는 무작위 모델보다 멀어지게 된다. 이런 의미에서 곡선 밑 면적^{AUC, Area Under Curve}이 클수록 좋은 모델이라고 한다.

ROC 곡선의 알고리즘을 간단한 데이터와 함께 알아보자.

다음과 같이 예측 확률과 실제 목표값이 있다고 가정하자.

```
# 예측 확률
y_score = np.array([0.3, 0.4, 0.55, 0.75,  0.97])
# 실제 목표값
y_true = np.array([0, 1, 0, 1, 1 ])
```

이 데이터에 대해 ROC 그래프는 다음과 같이 그릴 수 있다.

```
# 예측 확률에 대한 내림차순 정렬한 인덱스 값
ix = np.argsort(y_score)[::-1]

# 내림차순 정렬된 목표값의 순차적으로 누적
fps = np.cumsum(y_true[ix] == 0)
tps = np.cumsum(y_true[ix] == 1)

# (0, 0)부터 시작하기 위해 0값 추가
tps = np.r_[0, tps]
fps = np.r_[0, fps]

# 전체 이벤트 개수와 비이벤트 개수로 나눔
fpr = fps / fps[-1]
tpr = tps / tps[-1]

# fpr, tpr를 이용한 그래프
plt.figure(figsize=(6, 6))
plt.plot(fpr, tpr)
plt.plot([-0.02, 1.02], [-0.02, 1.02], color='gray', linestyle=':') # 무작위 모델
```

```
plt.margins(0) # 실제 데이터 그림과 축 간의 간격
plt.xlabel('fpr: 1-Specificity')
plt.ylabel('tpr: Sensitivity')
plt.title("ROC Curve", weight='bold')
plt.savefig(png_path + '/logistic_ROC_scratch.png')
plt.show()
```

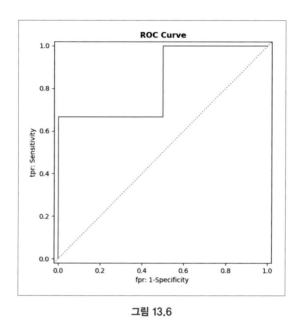

그림 13.6

13.7 소프트맥스 회귀

로지스틱회귀에서는 목표값이 2개의 값, 즉, 0과1인 경우에 적용할 수 있는 방법이
다. 만약에 목표값이 3개 이상인 이산형인 경우에 어떠한 방법을 적용할 수 있을까?
가령 고객이 가입할 수 있는 금융 상품이 A, B, C가 있고 이 가운데 하나를 선택하는
경우 등이다. 로지스틱회귀에서 목표값은 이항분포인 베르누이 분포를 따른다. 목표
값이 많은 이산형인 경우에는 일반적으로 다항분포 multinomial distribution 을 따른다. 로지
스틱회귀인 경우에 목표변수는 {0,1}로 대체 표시돼 하나의 변수만 생성하면 되지만,

목표값이 많은 경우에는 다음과 같은 형태의 가변수$^{dummy variable}$로 변환된다.

$$DV_1 = \begin{bmatrix} 1 \\ 0 \\ \cdots \\ 0 \end{bmatrix}, DV_2 = \begin{bmatrix} 0 \\ 1 \\ \cdots \\ 0 \end{bmatrix}$$ 등으로 정의하면, A를 가입하는 경우는 [1 0 0], B를 가입하는 경우는 [0 1 0], C를 가입하는 경우는 [0 0 1]로 정의할 수 있다. 여기서 행렬의 행의 개수는 훈련 데이터 또는 평가용 데이터의 행의 개수를 의미한다. 이와 같이 범주형 데이터를 벡터로 바꾸는 방식을 One-hot 인코딩이라 한다.

소프트맥스 회귀$^{softmax regression}$에서는 목표변수가 범주형 변수이며 서로 다른 범주가 3개 이상인 경우를 의미한다. 모델 또는 가설함수는

$$[h_\theta(x)]_k = p(Y = k|x, \theta) = \frac{e^{\theta_k^T x}}{\sum_{i=1}^K e^{\theta_i^T x}}, \theta_k = \begin{bmatrix} \theta_{k0} \\ \cdots \\ \theta_{kp} \end{bmatrix}, Y \in \{1, 2, ..., K\}$$

로 정의되며 비용함수는

$$J(\theta) = -\frac{1}{nK} \sum_{i=1}^n \sum_{k=1}^K 1(y_i = k) \log(p(y_i = k))$$

이다.

모델함수와 비용함수에서 각각 $K = 2$인 경우에는 로지스틱회귀와 동일하게 된다.

13.8 예제

[BANK] 데이터를 이용한 로지스틱회귀분석을 실제 코드와 함께 연습해보자.

13.8.1 필요한 패키지

```
# 필요한 패키지
import numpy as np
import pandas as pd
import matplotlib.pyplot as plt
import requests, zipfile, io
```

```
from sklearn.linear_model import LinearRegression
from sklearn.linear_model import LogisticRegression
from sklearn import metrics
from sklearn.model_selection import train_test_split

# 초기 설정
from settings import *

# 한글 출력
plt.rcParams['font.family'] = 'Malgun Gothic'
plt.rcParams['axes.unicode_minus'] = False
```

기본 패키지와 사이킷런의 로지스틱 모델을 이용한다.

13.8.2 데이터 불러오기

```
# 데이터 가져오기
path = 'https://archive.ics.uci.edu/ml/machine-learning-databases/00222/'
zip_url = path + 'bank.zip'

z = zipfile.ZipFile(io.BytesIO(requests.get(zip_url).content)) # 집파일 풀기
z.infolist() # 집파일 내의 구성 요소 보기
df = pd.read_csv(z.open('bank.csv'), sep=';') # 특정 요소 가져오기
```

집파일은 이진파일로 구성돼 있기 때문에 이를 변환하는 패키지가 필요하다. 이를 zipfile 패키지의 메소드를 이용했다.

13.8.3 데이터 전처리 및 분할

```
# 문자 변수를 숫자 변수로 치환하기
df['num_y'] = pd.get_dummies(df['y'], drop_first=True)
```

```
# 범주형 변수명 가져오기
categorical_vars = df.drop(['y', 'num_y'], axis=1).columns[df.drop(['y', 'num_
y'], axis=1).dtypes == 'object']

# 숫자형 변수명 가져오기
num_vars = df.drop(['y', 'num_y'], axis=1).columns[df.drop(['y', 'num_y'],
axis=1).dtypes != 'object']

# 범주형 변수에 대한 가변수 구성하기
dumm_data = pd.get_dummies(df[categorical_vars], prefix_sep='_', drop_first=True)

# 가변수와 숫자형 변수만을 이용한 입력 특징 데이터 구성하기
Xdf = df.join(dumm_data)[num_vars.tolist() + dumm_data.columns.tolist()]
X = Xdf.values

# 목표변수 구성하기
y = df['num_y'].values

# 데이터 분할
X_train, X_test, y_train, y_test = train_test_split(X, y, test_size=0.3)
```

사용되는 입력변수 또는 특징들은 숫자형 변수도 있지만 문자형 변수도 있다.
문자형 변수는 가변수 형식으로 변환돼야 한다. 이를 위해 사용한 메소드가 get_
dummies이다. 해당 메소드는 각 데이터의 서로 다른 값에 대해 각각 하나의 변수
를 구성하는 것을 의미한다. 이때 하나의 변수가 모든 값 중 첫 번째 값에 대한 변수
를 생략하는 것을 drop_first 옵션이라고 한다. 일종의 공선성을 해결하는 방법 가운
데 하나다.

13.8.4 모델 구성 및 적합

```
# 로지스틱함수 적합
logisticModel = LogisticRegression(random_state=123)
logisticModel.fit(X_train, y_train)
```

```
# 적합 결과
logisticModel.coef_
logisticModel.intercept_

# 예측
logisticModel.predict(X_test)
logisticModel.predict_proba(X_test)
df['num_y'].value_counts()
predicted = logisticModel.predict(X_test)
pd.Series(predicted).value_counts()
score = logisticModel.score(X_test, y_test)  # return mean accuracy, 정분류율 반환
# 0.8983050847457628
# prob = logisticModel.predict_proba(X_test)[:, 1]

# confusion matrix (분류 결과표)
metrics.confusion_matrix(y_test, predicted)
# array([[1171,   28],
#        [ 110,   48]], dtype=int64)
```

모델을 적합한 후 모델의 정분류율은 약 90%이다.

13.8.5 모델 평가(ROC)

분류 문제에서 대표적인 모델 평가 방법인 ROC 곡선을 그려보자.

```
# 모델에 의한 예측 확률 계산
y_pred_proba = logisticModel.predict_proba(X_test)[::, 1]

# fpr: 1-특이도, tpr: 민감도, auc 계산
fpr, tpr, _ = metrics.roc_curve(y_true=y_test,  y_score=y_pred_proba)
auc = metrics.roc_auc_score(y_test, y_pred_proba)

# ROC 그래프 생성
plt.figure(figsize=(6, 6))
plt.plot(fpr, tpr, label="로지스틱회귀\n곡선 밑 면적(AUC)=" + "%.4f" % auc)
plt.plot([-0.02, 1.02], [-0.02, 1.02], color='gray', linestyle=':', label='무작위
모델')
```

```
plt.margins(0)
plt.legend(loc=4)
plt.xlabel('fpr: 1-Specificity')
plt.ylabel('tpr: Sensitivity')
# plt.axhline(y=0.7, color='red', label='민감도 기준선')
# plt.axvline(x=0.2, color='green', label='1-특이도 기준선')
plt.title("ROC Curve", weight='bold')
plt.legend()
plt.savefig(png_path + '/logistic_ROC2.png')
plt.show()
```

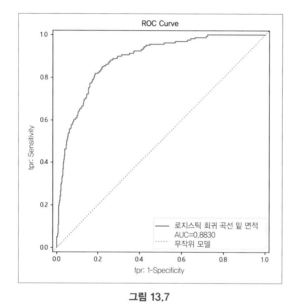

그림 13.7

14

모델 선택 및 정규화

14.1 개요

주어진 훈련 데이터로부터 다양한 모델을 적합하고 평가 데이터로부터 모델의 성능을 살펴보게 된다. 이때 어떠한 방법으로 모델을 선택하는지 살펴보자.

가령 주어진 데이터로부터 신경망, 서포트 벡터 머신, 로지스틱회귀 등이 적합된 경우 어떠한 모델을 선택하는지 살펴보자.

하나의 데이터로부터 학습된 모델들을 $M = \{M_1, ..., M_d\}$로 표기한다.

14.2 교차 검증

하나의 모델은 유연성이 높으면 높을수록 즉, 가령 선형회귀보다는 다항회귀가 훈련 데이터에 대해서는 편향-분산의 값이 작음을 보았다. 이런 이유에서 모델을 구성하는 데 사용되지 않은 데이터 일종의 검증 데이터가 필요하다. 검증 데이터를 이용해 모델을 선택하는 방법을 교차 검증에 의한 모델 선택 방법이라고 한다.

단순 교차 검증^{simple cross validation} 방법을 알아보자.

순서	내용	비고
1	데이터를 무작위로 분할한다. 분할한 데이터를 각각 S_{train}, S_{CV}로 한다.	일반적으로 훈련 데이터를 70%, 검증 데이터를 30%로 함
2	모든 후보 모델에 대해 M_i을 훈련 데이터인 S_{train}로 학습시킨 후 가설함수인 $\hat{h_i}$를 얻는다.	각 모델 즉, 가설함수에서 추정돼야 할 모수들을 추정
3	모든 가설함수를 검증 데이터인 S_{CV}에 적용해 가장 작은 오차를 주는 가설함수를 선택한다.	

이 방법은 주어진 데이터가 많은 경우 일반적으로 사용하는 방법이다.

데이터의 개수가 작은 경우에는 다음과 같은 k-곱 교차 검증^{k-fold cross validation} 방법을 사용한다.

순서	내용	비고
1	데이터를 무작위로 균등하게 k개로 분할한다. 단, 서로 데이터가 겹치지 않도록 해 S_1, ..., S_k를 구성한다.	데이터 개수가 100개이고 5등분한다면, 각 샘플의 개수는 20개
2	모든 후보 모델에 대해 S_j를 제외한 나머지 샘플의 합을 이용해 가설함수인 $\hat{h_{ij}}$를 얻고 일반화 오차를 얻는다. 이 과정을 모든 분할된 샘플에 적용하고 난 후 각 일반화 오차의 평균을 구한다.	각 모델 즉, 가설함수에서 추정돼야 할 모수들을 추정
3	일반화 오차의 평균 중에 가장 낮은 값을 주는 모델을 선택한다.	

이때 검증을 위해 남겨두는 데이터를 hold-out 데이터라고 하는데, 극단적으로 1개의 데이터를 남겨두고 나머지 모든 샘플로 모델을 적합하고 일반화 오류를 구하고 이러한 과정을 데이터 개수만큼 진행해 모델을 선택하는 방법을 leave-one-out

교차 검증LOOCV이라고 한다.

14.3 변수 선택

모델을 선택하는 방법 가운데 중요한 것 중 하나가 입력변수input variable 또는 특징feature 선택이다. 입력변수가 많아지면 일반적으로 나타나는 현상은 과적합overfitting, 차원의 저주 등과 같은 문제가 발생한다.

만약 입력변수가 10개라고 하면, 변수를 선택하는 가짓수는 $2^{10} = 1024$가 되고 변수가 많아질수록 기하학적으로 그 선택 방법의 수가 늘어난다. 그래서 일반적으로 모든 가능한 경우의 수를 고려해 변수를 선택하지 않는다.

지도 학습에서 변수를 선택한다는 것은 목표변수와 관련성이 떨어지는 변수를 제거하거나 관련성이 높은 변수를 선택하는 것이다.

변수를 선택하는 즉, 특징을 선택하는 방법 가운데 몇 가지 대표적인 법을 알아보자.

전진 단계 선택forward search, forward stepwise selection은 유의미한 변수를 1개씩 단계별로 선택하는 방법이다. 아래는 구체적인 알고리즘이며 [ISL]을 참조했다.

순서	내용	비고
1	초기화를 한다. 즉, $M_0 = \varnothing$	변수가 1개도 사용되지 않은 경우. 일반적으로 널 모델null model이라 함
2	모든 $k = 0, \ldots, p-1$에 대해 아래 과정을 반복한다. 1) 기존 모델인 M_k에 변수를 1개씩 추가해 $p-k$개의 모델을 구성한다. 2) 모델 중에서 훈련 데이터에서 가장 좋은 적합도를 주는 모델을 M_{k+1}로 정의한다.	적합도를 측정하기 위한 기준으로 MSE, RSS, R^2 등을 사용한다.
3	M_k 중에 교차 검증 결과 가장 좋은 적합도를 나타내는 모델을 최적 모델로 선택하며, 그 모델에 포함된 변수를 유의미한 변수로 선정한다.	

이 방법은 한 번 변수가 선택되고 나면 끝까지 유지되기 때문에 탐욕 알고리즘greedy algorithm 중의 하나다.

여기서 모델을 선택하는 기준이 되는 통계량 즉, 일종의 적합도goodness of fit에 대해 알아보기로 하자.

잔차제곱합residual sum of squares(RSS), sum of squared residuals, sum of squared errors(SSE)은 다음과 같이 정의된다.

$$RSS = \sum_{i=1}^{n} (y_i - \hat{h}(x_i))^2$$

잔차제곱합을 이용해 평균제곱오차average squared errors(ASE, MSE)는 다음과 같이 정의된다.

$$ASE = \frac{RSS}{n}$$

이와 유사하지만 조금은 다른 평균제곱오차mean squared errors(MSE_p)는 잔차제곱합이 갖고 있는 자유도를 이용해 다음과 같이 정의된다.

$$MSE_p = \frac{RSS}{n-p}, \ RMSE_p = \sqrt{MSE_p}$$

여기서 p는 회귀 문제에서 추정되는 모수의 개수(절편도 추정해야 할 하나의 모수로 정의)를 의미한다.

AICAkaike information criterion는 다음과 같이 정의된다.

$$AIC = -2l + 2p$$

여기서 l은 로그-우도log-likelihood를 의미한다. AIC의 구조를 보면 손실+벌점 형식으로 구성돼 있음을 알 수 있다. 즉, 모수가 주어진 데이터를 잘 설명하는 경우에 로그-우도는 증가하고 따라서 $-2l$은 감소한다. 일반적으로 변수를 많이 쓰면 적합도는 증가한다. 그러나 변수의 개수가 늘어날수록 값은 증가하게 되므로 적절한 변수의 개수를 갖는 모델이 적합도가 좋을 수밖에 없다.

AIC와 유사한 기준으로 BIC^{Bayesian information criterion, Schwarz criterion(SBC)}가 있다.

$$BIC = -2l + p \log n$$

AIC와 마찬가지로 모수의 수에 대한 벌점항을 가지고 있다.

Mallow의 C_p는 다음과 같이 정의된다.

$$C_p = \frac{SSE_p}{S^2} + 2p - n,$$ 여기서 S^2은 모든 변수를 사용한 모델의 MSE

이러한 모델 적합도 통계량을 이용해 모델 즉, 변수를 선택하게 된다.

다음은 후진 단계 제거^{backward search, backward stepwise elimination}에 대해 알아보자.

후진 단계 제거는 모든 변수가 들어간 전체 모델에서 변수를 하나씩 제거하면서 가장 모델 적합도가 좋은 모델을 선택하는 과정이다. 다음은 구체적인 알고리즘이며 [ISL]을 참조했다.

순서	내용	비고
1	초기화를 한다. 즉, M_p를 모든 변수를 이용한 모델로 정의한다.	M_p를 완전 모델^{full model}이라 한다.
2	모든 k=p, p−1, ..., 0 반복한다. 1) 기존 모델인 에 변수를 1개씩 제거하여 k개의 모델을 구성한다. 2) 모델 중에서 훈련 데이터에서 가장 좋은 적합도를 주는 모델을 M_{k-1}로 정의한다.	
3	M_k 중에 교차 검증 결과 가장 좋은 적합도를 나타내는 모델을 최고의 모델로 선택하며, 그 모델에 포함된 변수를 유의미한 변수로 선정한다.	

단계 선택^{stepwise selection}은 일종의 하이브리드 접근 방법이다. 각 단계별 변수 선

택은 전진 단계 선택 방법으로 시작하며 선택된 변수에 대한 제거는 후진 단계 선택 방법으로 진행한다.

위의 3가지 방법은 입력 변수의 부분집합으로 예측 모델을 적합시킨 후 교차검증 방법에 의한 모델적합도를 계산하여 변수 선택을 하는 방법이다. 이런 식으로 변수를 선택하는 것을 포장 방법(wrapper method)이라고 한다. 여기서 포장은 변수의 부분집합과 예측 모델이 하나로 포장돼 변수를 선택하는 것을 의미한다.

14.4 정규화 과정과 변수 선택

또 하나의 변수 선택 방법은 축소 방법(shrinkage method) 즉, 모수의 정규화(regularization) 과정을 통한 방법이 있다. 대표적으로 라쏘가 있다. 라쏘를 이해하기 위해 선형회귀모델에서 능형회귀에 대해 먼저 알아보기로 하자.

능형회귀는 다음과 같은 벌점을 갖는 비용함수를 갖고 있다.

$$J(\beta) = \sum_{i=1}^{n}\left(y_i - \beta_0 - \sum_{j=1}^{p}\beta_j x_{ij}\right)^2 + \lambda\sum_{j=1}^{p}\beta_j^2 = \text{RSS} + \lambda\sum_{j=1}^{p}\beta_j^2$$
$$= \text{RSS} + \text{shrinkage penalty}$$

여기서 $\lambda \geq 0$는 튜닝 모수(tuning parameter)라고 한다.

축소 벌점의 의미는 각 β_j들이 0에 가깝다는 의미가 0으로 축소되는 효과를 주기 때문이다. 비용함수를 최소화하기 위해서 만약 람다가 0이면 일반적인 선형회귀모델이 되며, 만약 람다가 무한대에 가까운 큰 값이면 $\sum_{j=1}^{p}\beta_j^2$은 0에 가까워야 하고 따라서 모든 회귀계수값은 0에 가까운 값이어야 한다.

다음 그림은 [ISL]의 Credit 데이터를 이용해 람다 값의 변화에 따른 표준화된 회귀계수의 변화를 예시했다. 여기서의 목표변수는 'Banlance'이다.

```
# 데이터 정의: ISL 데이터
infile = data_path + "/Credit.csv"
```

```
data = pd.read_csv(infile)
data.head( )
#      Income  Limit  Rating  Cards  Age  Education  Gender Student Married
Ethnicity  Balance
# 0   14.891   3606    283      2    34       11     Male     No     Yes
Caucasian   333
# 1  106.025   6645    483      3    82       15   Female    Yes     Yes
Asian       903
# 2  104.593   7075    514      4    71       11     Male     No      No
Asian       580
# 3  148.924   9504    681      3    36       11   Female     No      No
Asian       964
# 4   55.882   4897    357      2    68       16     Male     No     Yes
Caucasian   331

data.shape
# (400, 11)
```

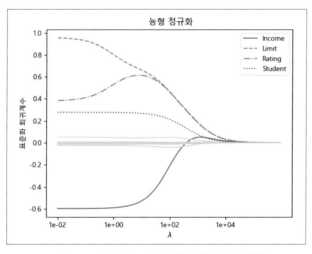

그림 14.1 람다 값에 따른 표준화된 회귀계수의 변화

    그림에서 보듯이 표준화된 회귀계수(입력변수와 목표변수 모두 표준화한 후 적합한 경우의 계수)의 람다 값이 0에서 점점 커짐에 따라 회귀계수의 값이 점점 0으로 축소됨을 알 수 있다.

이러한 능형회귀가 일반적인 최소 제곱법에 의한 모수 추정한 결과보다 좋은 이유는 앞에서 언급한 편향-분산 균형 관점에서 적절한 람다 값에 대해 즉, 적절한 유연성(적절한 입력 변수의 부분집합)에서 평균제곱오차^{MSE}가 가장 작기 때문이다.

능형회귀는 성능은 좋지만, 변수 선택의 관점에서는 단점을 갖고 있다. 즉, 회귀계수값이 정확히 0이 아니므로 사실상 모든 변수가 사용되는 것이나 다름이 없다. 이러한 단점에 대한 대안 중 하나가 라쏘다. 라쏘는 다음과 같은 비용함수를 갖고 있다.

$$J(\beta) = \sum_{i=1}^{n} \left(y_i - \beta_0 - \sum_{j=1}^{p} \beta_j x_{ij} \right)^2 + \lambda \sum_{j=1}^{p} |\beta| = \text{RSS} + \lambda \sum_{j=1}^{p} |\beta|$$
$$= \text{RSS} + \text{shrinkage penalty}$$

능형회귀와의 차이점은 회귀계수에 대해 L_2-벌점을 주는 것이 아니라 L_1-벌점을 주고 있다는 것이다. L_1-벌점을 주게 되면 람다 값이 충분히 큰 값에 대해서 회귀계수값이 정확히 0값으로 축소되게 된다.

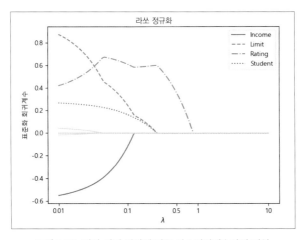

그림 14.2 람다 값의 변화에 따른 라쏘회귀계수값의 변화

그림에서 보듯이 람다 값이 커짐에 따라 정확히 0으로 가는 즉, 0으로 축소되는 회귀계수값이 있음을 알 수 있다. 그림에서는 회색 곡선, 파란색 곡선, 빨간색 곡선,

오렌지색 곡선, 초록색 곡선순으로 0으로 축소되고 있다.

왜 이렇게 되는지 간단히 그림으로 설명해보자.

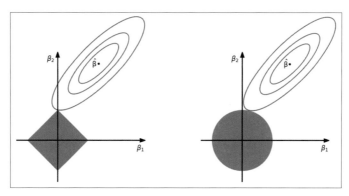

그림 14.3 라쏘 대 능형의 벌점함수 영역과 비용함수(출처: ISL)

그림의 왼쪽은 라쏘회귀, 오른쪽은 능형회귀의 비용함수 그래프(빨간색 곡선)이다. 라쏘회귀는 회귀계수에 대해 L_1-벌점 즉, $|\beta_1| + |\beta_2| \leq s$이므로 그림의 회색 영역인 마름모꼴이며, 능형회귀는 L_2-벌점 즉, $\beta_1^2 + \beta_2^2 \leq s$이므로 원이다.

주어진 람다, 즉, s에 대해 제약 조건에 속하는 회귀계수에 대해 최솟값을 구해야 하므로 빨간색 곡선이 제약 조건 영역 안으로 들어오는 곳이 최솟값이 된다. 이때 라쏘는 특정 회귀계수값이 0이 되는 영역이 존재하나(왼쪽 그림에서 $\beta_1 = 0$) 능형회귀에서는 0에 가까우나 정확히 0이 되는 회귀계수값이 존재하지 않는다.

이런 의미에서 라쏘는 변수 선택을 위한 연산자selection operator가 되는 것이다. 이러한 방법으로 변수를 선택하는 것을 내장 메소드embedded method라고 한다. 내장이라고 하는 이유는 예측 모델 안에서 변수를 선택하는 기능이 내장돼 있기 때문이다.

변수 선택의 마지막 유형은 여과 메소드filter method가 있다. 여과 변수 선택filter feature selection도 일종의 휴리스틱한 방법이지만, 포장 방법보다는 훨씬 덜 자원을 사용한다. 이 방법은 모든 입력변수와 목표변수 간의 관련성의 기준이라고 할 수 있는 점수를 계산하고 이 점수에 따라 적절하게 k개의 입력변수를 선택하는 것이다.

피어슨 상관계수$^{\text{Pearson correlation coefficient}}$도 하나의 기준 점수라고 할 수 있다. 더 잘 알려진 일반적인 방법은 상호 정보$^{\text{mutual information}}$이다.

$$I(\mathrm{X}; \mathrm{Y}) = \sum_{x \in \{0,1\}} \sum_{y \in \{0,1\}} p(x, y) \log_2 \frac{p(x, y)}{p(x)p(y)}$$

여기서 입력변수와 목표변수는 둘 다 이진 값만은 갖는 변수로 가정했으며, 각각의 확률은 훈련 데이터에서 추정된다.

상호 정보 점수의 의미에 대해 살펴보면, 만약 두 개의 변수가 서로 독립이라면, $p(x, y) = p(x)p(y)$이므로 상호 정보는 0이 되는 것이다. 또한 목표변수를 설명하는 데 입력변수가 일정 정도 기여를 한다면^{informative} $p(y|x) \geq p(y)$이므로 상호 정보는 0보다 큰 값이 되는 것이다.

14.5 예제

14.5.1 필요한 패키지

```
import numpy as np
import pandas as pd
import matplotlib.pyplot as plt
import requests, zipfile, io
from sklearn.model_selection import train_test_split
from sklearn.linear_model import LinearRegression
from sklearn.linear_model import LogisticRegression
from sklearn import metrics
from sklearn import preprocessing

from sklearn.linear_model import Ridge
from sklearn.linear_model import Lasso

# 초기 설정
from settings import *
```

```
# 한글 출력
plt.rcParams['font.family'] = 'Malgun Gothic'
plt.rcParams['axes.unicode_minus'] = False
```

사이킷런의 Ridge, Lasso 모듈을 추가한다.

14.5.2 데이터 불러오기

```
# 데이터 가져오기
path = 'https://archive.ics.uci.edu/ml/machine-learning-databases/00222/'
zip_url = path + 'bank.zip'

z = zipfile.ZipFile(io.BytesIO(requests.get(zip_url).content)) # 집파일 풀기
z.infolist() # 집파일 내의 구성 요소 보기
df = pd.read_csv(z.open('bank.csv'),sep=';') # 특정 요소 가져오기
```

데이터는 [BANK]를 사용한다.

14.5.3 데이터 전처리

```
# 문자 변수를 숫자 변수로 치환하기
df['num_y'] = pd.get_dummies(df['y'], drop_first=True)

# 범주형 변수명 가져오기
categorical_vars = df.drop(['y', 'num_y'], axis=1).columns[df.drop(['y', 'num_
y'], axis=1).dtypes == 'object']

# 숫자형 변수명 가져오기
num_vars = df.drop(['y', 'num_y'], axis=1).columns[df.drop(['y', 'num_y'],
axis=1).dtypes != 'object']
# 숫자형 변수에 대한 표준화
```

```
scaler = preprocessing.StandardScaler()
num_data= pd.DataFrame(scaler.fit_transform(df[num_vars]))
num_data.columns = num_vars

# 범주형 변수에 대한 가변수 구성하기
dumm_data = pd.get_dummies(df[categorical_vars], prefix_sep='_', drop_first=True)

# 가변수와 숫자형 변수만을 이용한 입력 특징 데이터 구성하기
Xdf = num_data.join(dumm_data)[num_vars.tolist() + dumm_data.columns.tolist()]
X = Xdf.values

# 목표변수 구성하기
y = df['num_y'].values

# 훈련, 평가용 데이터 분할하기
train_X, test_X, train_y, test_y = train_test_split(X, y, test_size=0.3 )
```

모델 평가를 위해 데이터를 분할한다.

능형회귀나 라쏘회귀는 기존과는 다른 벌점을 갖는 비용함수를 갖고 있기 때문에 이를 계산할 수 있는 함수를 정의한다.

```
# 손실함수의 정의
def cost (type, alpha, y_true, y_predict, coef, intercept):
    if type == 'Ridge':
        return np.sum((y_predict - y_true)**2) + alpha * (np.sum(coef**2) +
intercept**2)
    else:
        return np.sum((y_predict - y_true) ** 2) + alpha * (np.sum(np.abs(coef))
+ abs(intercept))
```

14.5.4 능형회귀 적합

```python
# 추정해야 할 모수(절편 제외)
nparams = train_X.shape[1]

# 람다 값의 범위
lambdas = np.logspace(-2, 6, 100, base=10)

# 모수 값을 넣기 위한 행렬 생성: 하나의 열이 동일한 람다 값
coefficients = np.zeros(shape=(nparams, len(lambdas)))

# 비용 값을 넣기 위한 벡터 생성
costs = np.zeros(shape=(len(lambdas,)))

# 능형회귀 적합 및 비용 계산
for i, l in enumerate(lambdas):
    ridge = Ridge(alpha=l, random_state=123)
    ridge.fit(train_X, train_y)
    coefficients[:, i] = ridge.coef_
    predicted = ridge.predict(test_X)
    costs[i] = cost('Ridge', l, test_y, predicted, ridge.coef_, 0)
```

람다 값은 로그 스케일로 균등하게 −100부터 1,000,000까지 생성한다. 이 값은 실제 적용할 때 결과를 보면서 조정을 하게 된다. 일단은 초깃값이라고 생각하자.

하나의 람다 값이 주어진 경우(모듈에서는 알파값이라고 명명함)에 Ridge 함수는 하나의 능형회귀를 적합한다. 따라서 모든 람다 값에 대한 비용함수값과 관련된 계수값을 저장해야 한다.

계산된 비용함수값에 의해 최소의 비용을 주는 인덱스와 람다 값을 계산할 수 있다.

```python
# 비용을 최소화하는 인덱스 및 람다 값
min_index = np.argmin(costs)
# 0
min_alpha =lambdas[min_index]
# 0.01
```

이에 대한 결과를 람다 값에 따른 표준화된 회귀계수의 그래프로 확인할 수 있다.

```python
# 큰 값을 주는 p개의 변수를 가져옴: 능형
num_infl_vars = 7
infl_index = np.argsort(np.abs(coefficients[:, min_index]), )[-num_infl_vars:]

plt.plot(costs)

# 표준화된 회귀계수 및 비용 그래프
plt.figure()
plt.title("능형회귀 정규화")
plt.xlabel("$\lambda$")
plt.ylabel("표준화 회귀계수값")
styles = ['-', '--', '-.', ':']

xticks = [0.01, 1, 100, 1e4]
labels = ['1e-02', '1e+00', '1e+02', '1e+04']

plt.gca().set_xscale("log", basex=10)
plt.gca().set_xticks(xticks)
plt.gca().set_xticks([], minor=True)
plt.gca().set_xticklabels(labels)
for i in np.arange(Xdf.shape[1]):
    s = styles[i % len(styles)]
    if i in infl_index:
        plt.plot(lambdas, coefficients[i], label=Xdf.columns[i], linestyle=s)
    else:
        plt.plot(lambdas, coefficients[i], color='lightgray')
plt.legend(loc='best')
plt.savefig(png_path + "/regularization_ridge.png")
plt.show()
```

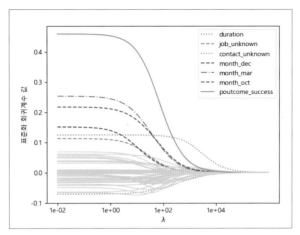

그림 14.4 람다 대 회귀계수

14.5.5 라쏘회귀 적합

```python
# 추정해야 할 모수( 절편 제외)
nparams = train_X.shape[1]

# 람다 값의 범위
lambdas = np.logspace(-2, 1, 100)

# 모수 값을 넣기 위한 행렬 생성: 하나의 열이 동일한 람다 값
coefficients = np.zeros(shape=(nparams, len(lambdas)))

# 비용 값을 넣기 위한 벡터 생성
costs = np.zeros(shape=(len(lambdas,)))

# lasso 회귀 적합 및 비용 계산
for i, l in enumerate(lambdas):
    lasso = Lasso(alpha=l, random_state=123)
    lasso.fit(train_X, train_y)
    coefficients[:, i] = lasso.coef_
    predicted = lasso.predict(test_X)
    costs[i] = cost('L', l, test_y, predicted, lasso.coef_, 0)
```

라쏘회귀의 람다 값의 범위는 능형회귀의 범위와는 차이가 있다. 이는 실제 결과를 보고 나면, 대부분 큰 값에서는 거의 모두가 0이므로 작은 값 범위 내에서 많은 변화를 보기 위해 값을 조정했다.

```python
# 비용을 최소화하는 인덱스 및 람다 값
min_index = np.argmin(costs)
# 20
min_alpha = lambdas[min_index]
# 0.0006428073117284319

sel_coeff = coefficients[:, min_index]
# array([ 2.81013190e-03,  3.54433191e-03,  2.38307419e-03,  1.23264570e-01,
#        -8.66293313e-05,  0.00000000e+00,  6.20467538e-03, -1.75392788e-02,
#        -2.33231431e-03, -0.00000000e+00, -0.00000000e+00,  6.39346850e-02,
#        -0.00000000e+00,  2.30037705e-03,  1.46437614e-02, -6.71395210e-03,
#        -2.36664772e-02,  4.18543539e-02, -3.07356245e-02, -2.71684114e-03,
#         4.36560578e-03,  1.92375478e-02, -0.00000000e+00,  0.00000000e+00,
#        -1.38497302e-02, -2.73921111e-02,  0.00000000e+00, -5.89690770e-02,
#        -1.52677422e-02,  0.00000000e+00,  1.89430410e-02, -5.28161310e-02,
#        -4.45953933e-02,  1.78356991e-02,  1.95995268e-01, -2.70652148e-02,
#        -5.41186323e-02,  1.72670085e-01,  0.00000000e+00,  5.02219874e-02,
#         4.44392675e-01, -1.17119140e-02])
```

회귀계수값에 대한 결과를 보면 정확히 0값을 주고 있음을 알 수 있다. 이런 의미에서 변수 선택을 할 수 있는 연산자라고 볼 수 있다.

```python
# 회귀계수값이 0이 아닌 인덱스
infl_index = np.argwhere(coefficients[:, min_index] != 0)

# 선택 변수 비율
len(infl_index)/len(coefficients[:, min_index])
# 0.7857142857142857

# 표준화된 회귀계수 및 비용 그래프
plt.figure()
plt.title("람다 대 회귀계수 (LASSO)")
plt.xlabel("$\lambda$")
```

```
plt.ylabel("표준화 회귀계수값")
styles = ['-', '--', '-.', ':']

xticks = [0.0001, 0.005, 0.01, 0.05, 0]
labels = [0.0001, 0.005, 0.01, 0.05, 0]


# labels = ['0.01', '1', ' 2']

plt.gca().set_xscale("log", basex=10)
plt.gca().set_xticks(xticks)
plt.gca().set_xticks([], minor=True)
plt.gca().set_xticklabels(labels)
for i in np.arange(Xdf.shape[1]):
    s = styles[i % len(styles)]
    if i in infl_index:
        plt.plot(lambdas, coefficients[i], label=Xdf.columns[i], linestyle=s)
    else:
        plt.plot(lambdas, coefficients[i], color='lightgray')
# plt.legend(loc='best')
plt.savefig(png_path + "/regularization_lasso.png")
plt.show()
```

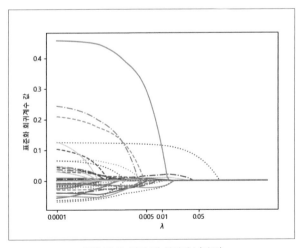

그림 14.5 람다 대 회귀계수(라쏘)

14.5.6 선택 모델 평가

선택된 라쏘 모델 즉, 7개의 입력변수를 갖는 모델에 대한 평가를 해보자. 평가는 정확도와 ROC 곡선에 의한 AUC 값을 살펴본다.

```
# 라쏘 모델에 의해 선택된 변수
Xdf.columns[infl_index.ravel()]
# Index(['age', 'balance', 'day', 'duration', 'campaign', 'previous', 'job_blue-
collar',
#        'job_entrepreneur', 'job_retired', 'job_services', 'job_student', 'job_
technician',
#        'job_unemployed', 'job_unknown', 'marital_married', 'marital_single',
'education_secondary',
#        'education_tertiary', 'housing_yes', 'loan_yes', 'contact_unknown',
'month_aug', 'month_feb',
#        'month_jan', 'month_jul', 'month_jun', 'month_mar', 'month_may', 'month_
nov', 'month_oct',
#        'poutcome_other', 'poutcome_success', 'poutcome_unknown'],
#        dtype='object')
```

```
# 로지스틱 모델 적합
logistic = LogisticRegression(random_state=123)
logistic.fit(train_X[:, infl_index.ravel()], train_y)
y_pred = logistic.predict(test_X[:, infl_index.ravel()])
y_pred_proba = logistic.predict_proba(test_X[:, infl_index.ravel()])[:, 1]

# 평가 데이터에 대한 적합 결과
logistic.score(test_X[:, infl_index.ravel()], test_y)
# 0.8997789240972734

# ROC 그래프 생성
fpr, tpr, _ = metrics.roc_curve(y_true=test_y,  y_score=y_pred_proba)
auc = metrics.roc_auc_score(test_y, y_pred_proba)
# 0.8666174655144652
plt.figure(figsize=(6, 6))
plt.plot(fpr, tpr, label="Lasso 회귀\n곡선 밑 면적(AUC)=" + "%.4f" % auc)
plt.plot([-0.02, 1.02], [-0.02, 1.02], color='gray', linestyle=':', label='무작위
모델')
```

```
plt.margins(0)
plt.legend(loc=4)
plt.xlabel('fpr: 1-Specificity')
plt.ylabel('tpr: Sensitivity')
plt.title("ROC Curve", weight='bold')
plt.legend()
plt.savefig(png_path + '/regularization_lasso_ROC.png')
plt.show()
```

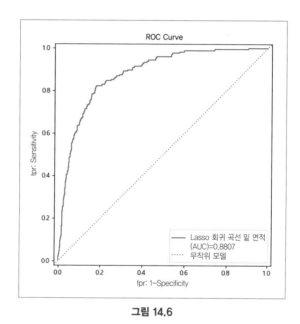

그림 14.6

결과를 보면, 전체 변수를 사용한 경우와 크게 다르지 않음을 알 수 있다.

15

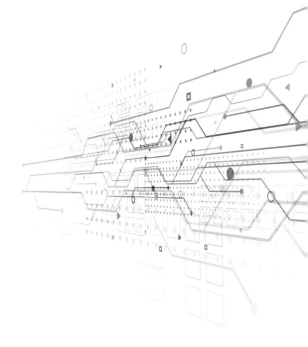

분류와 회귀 나무

15.1 개요

결정 나무$^{decision\ tree}$는 나무 모양의 그래프 또는 모델을 의미하며 입력변수의 공간을 서로 겹치지 않는 영역으로 구분한 후 각 영역에 평균값^{mean} 또는 최빈값^{mode}으로 목표변숫값을 예측하는 모델이다.

여기서 사용하는 데이터는 UCI Machine Learning Repository에 있는 https://archive.ics.uci.edu/ml/machine-learning-databases/housing/housing.data 이다.

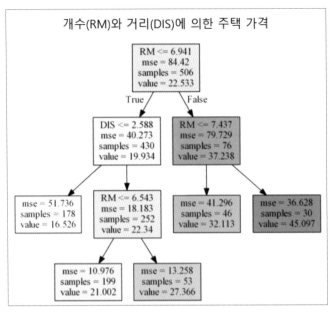

그림 15.1 회귀 나무의 예

　그림과 같이 목표변수가 주택 가격 금액인 경우에 방 개수와 중심가와의 거리에 따른 주택 가격을 예측한 것이다. 그림에서 제일 먼저 분할하는^{split} 변수는 개수이며 해당 조건이 참인 경우에는 왼쪽으로, 참이 아닌 경우는 오른쪽으로 분기한다. 왼쪽으로 분기된 경우에 분할하는 변수는 거리이며 이런 방식으로 계속 분기해 나간다. 15장에서 사용된 CART 알고리즘은 [ISL]을 참조하였다.

15.2 회귀 나무

회귀 문제는 목표변수가 연속형인 경우를 의미하며, 주택 가격은 연속형이므로 이 문제에 속한다고 볼 수 있다.

　나무를 구성할 때 사용되는 몇 가지 용어를 살펴보자.

　나무에 뿌리에 해당하는 즉, 출발점이 되는 노드^{node}를 뿌리 노드^{root node}라 하고 제일 마지막에 있는 노드를 말단 노드^{terminal node} 또는 잎^{leaf}이라고 한다. 사이에 있는 노드를 내부 노드라고 한다.

Housing 데이터에 대한 회귀 나무의 예를 입력변수 공간 관점에서 살펴보면, 그림과 같이 두 개의 입력변수에 대해 서로 겹치지 않은 공간으로 구분한 후 각 영역별로 적절한 값을 부여하는 것이다.

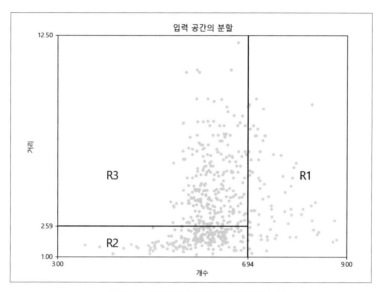

그림 15.2 회귀 나무에서의 입력 공간의 분할

따라서 회귀 나무를 구성한다는 것은 입력변수들의 공간을 구성하기 위해 각 변수의 가능한 값을 이용해 서로 겹치지 않은 공간 R_1, ..., R_J를 구성하고 같은 영역에 속하는 목표변숫값에 대해서는 같은 값 가령,

$$h_{R_j}(x_i) = \frac{1}{n_j} \sum_{x_i \in R_j} y_i, \text{ 여기서 } n_j = \sum_{i=1}^{n} 1\,(x_i \in R_j)$$

이것으로 예측하는 것이다. 다시 말해, 해당 영역에 속하는 목표변숫값들이 평균값으로 예측하는 것이다.

그러나 모든 가능한 값에 대해 R_1, ..., R_J를 구성하고 다음과 같은 RSS를 최소화하는 영역과 J를 구한다는 것은 계산적으로 볼 때 너무 많은 자원이 필요한 일이다.

$$\text{RSS} = \sum_{j=1}^{J} \sum_{x_i \in R_j} (y_i - \in h_{R_j}(x_i))^2$$

따라서 이러한 문제를 극복하기 위해 하향식top-down 탐욕 접근법을 사용해 반복적으로 이진 분할recursive binary splitting을 사용해 결정 나무를 구성한다. 이 접근법이 탐욕적인 이유는 전체 나무를 생각해 매번 분할에 사용하는 변수와 분할 값을 구성하는 것이 아니라 각 단계마다 그때 가장 최선의 변수와 그 변수의 분할 값을 사용하기 때문이다.

조금 더 상세하게 살펴보자.

먼저 입력변수 각각의 훈련 데이터에 있는 서로 다른 값, 즉 가능한 분할 값에 대해 다음과 같은 영역을 정의한다.

$$R_L(j, s) = \{X \,|\, X_j < s\}, R_R(j, s) = \{X \,|\, X_j \geq s\}$$

위에서 정의된 영역에 대해 RSS를 최소화하는 가설함수 즉, 모델 함수는 각 영역에 속하는 목표변숫값들이 평균이다(해당 함수에 대해 미분 후 값을 구하면 됨).

$$\min_{c_1,\, c_2} \sum_{x_i \in R_L} (y_i - c_2)^2 + \sum_{x_i \in R_R} (y_i - c_2)^2 = \sum_{x_i \in R_L} (y_i - h_{R_L}(x_i))^2 + \sum_{x_i \in R_R} (y_i - h_{R_R}(x_i))^2$$

따라서 모든 변수의 모든 가능한 분할 값에 대해 영역을 정의만 하면 어떤 변수의 어떤 분할 값이 RSS를 최소화하는지 쉽게 알 수가 있는 것이다.

첫 번째 변수와 첫 번째 분할 값에 의해 나무가 분기가 되면 각 분기된 줄기에서 다시 이런 과정을 반복적으로 적용하여 나무를 성장grow시킨다. 성장시킬 때마다 언제 멈출 것인지를 결정하는 기준stopping criterion을 확인 후 진행한다. 중단 기준 중에 대표적인 것인 말단 노드의 관측치 개수가 5개 이하 등이다.

15.3 최적 회귀 나무의 선택

편향-분산 균형에서 봤듯이 변수가 많을수록, 다시 말해 회귀 나무에서는 잎의 개수가 많을수록 좋은 모델이 아니다. 일반화 오차 관점에서 보면 과적합이라고 볼 수 있다. 적절한 잎의 개수를 갖는 나무가 일반화 오차를 가장 최소화하는 나무라고 볼 수 있다. 이러한 최적의 나무를 선택하는 과정을 나무 가지치기^{tree pruning}라고 한다.

나무 가지치기를 위한 비용함수는 다음과 같이 정의된다.

$$C_\alpha(T) = \sum_{m=1}^{|T|} n_m Q_m(T) + \alpha|T|$$

여기서, $T \subset T_0$는 가지치기 전 나무를 가지치기해 얻을 수 있는 하나의 나무이며, $|T|$는 하나의 나무의 잎의 개수 즉, 나무의 크기이다. n_m은 m 노드의 크기이고, $Q_m(T) = \frac{1}{n_m}\sum_{x_i \in R_m}(y_i - h_{R_m}(x_i))^2$이며 하나의 노드에서의 MSE 역할 즉, 적합도를 나타낸다. α는 RSS와 나무의 크기 간의 균형을 맞춰주는 일종의 튜닝 모수^{tuning parameter} 역할을 하고 있다. 노드가 많을수록 즉, 모델이 복잡해질수록 모델의 편향은 작아지면서 과적합의 우려가 있으므로 적절한 나무의 크기 즉, 적절한 말단 노드의 개수를 갖는 나무가 $C_\alpha(T)$를 최소화할 것이다.

만약 $\alpha = 0$이면, 가지 치지 않은 나무(완전 나무)가 되고 α값이 양의 값으로 증가하게 되면 RSS는 커지고 모델의 복잡성은 작아지게 된다. 만약 α값이 아주 크면 모델의 복잡성은 단순해야 하므로 뿌리 노드만을 갖는 나무가 된다.

주어진 $C_\alpha(T)$를 비용-복잡성 기준이라고 하는데, 이 기준을 이용해 최적의 크기를 갖는 나무를 찾는 과정을 간단히 살펴보자.

α값이 주어지면 비용-복잡성 기준을 최소화하는 유일한 나무 하나 가령 T_α가 대응된다. T_α를 찾기 위해 일반적으로 사용하는 방법은 가장 약한 연결 가지치기^{weakest link pruning} 방법이다. 완전 나무^{full tree}에서 말단 노드를 제외한 내부 노드 각각에 대해 각 노드당 가장 작은 RSS값을 주는 노드를 순차적으로 제거하게 되면 일련의 하위 나무^{subtree}들이 생성된다. 이 하위 나무 중에 하나가 바로 T_α가 된다. 즉, α값과는 무관한 나무 크기별로 최적의 나무의 열^{sequence}이 존재하게 된다.

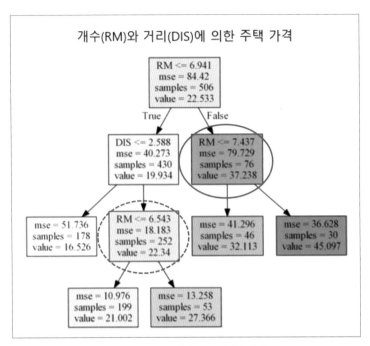

그림 15.3 가장 약한 노드 가지치기 예

그림에서 점선과 실선 노드 각각에 대해 노드당 RSS의 증가를 살펴보자.

실선 노드의 RSS의 증가는 $76 \times 79.729 - (46 \times 41.296 + 30 \times 36.628) =$ 3060.947, 점선 노드의 RSS의 증가는 $252 \times 18.183 - (199 \times 10.976 + 53 \times 13.258) = 1695.217$이므로 점선 노드가 제일 먼저 없어지고 이후 순차적으로 비교하는 과정을 통해 노드들을 하나씩 제거해 나간다.

이를 정리한 알고리즘은 다음과 같다.

순서	내용	비고
1	이진 나무를 잎의 크기와 같은 종료 조건을 충족시킬 때까지 성장시킨다.	
2	각 α에 대해 비용-복잡성 가지치기 방법으로 최적의 하위 나무를 생성한다. 이때 각 α에 대해 유일한 크기의 나무가 대응된다. 즉, 일련의 나무 크기별로 최적의 나무 열을 생성한다.	하나의 α에 대해, 완전 나무에 대한 가장 약한 연결 가지치기를 함으로써 발생하는 일련의 하위 나무 중에 하나가 대응된다.
3	최적의 α값을 선택하기 위해 K-겹으로 데이터를 분할한 후 모든 k=1,2, ⋯, K에 대해 1) k번째 겹을 제외한 겹들로 1과 2를 반복한다. 2) 각 α에 대해 k번째 겹으로 MSE를 평가한다. 각 α에 대해 MSE의 평균을 구한다. 이 값을 최소화하는 α값을 선택한다.	최적의 α값을 선택하는 것은 최적의 크기를 갖는 나무를 선택하는 것과 같은 의미이다.
4	3에서 선택된 최적의 α값 즉, 최적의 크기인 나무를 2에서 선택한다.	

15.4 분류 나무

분류 나무classification tree는 목표변수의 값이 이산형discrete, categorical인 경우에 적용할 수 있는 나무다. 회귀 나무에서는 분할된 입력변수 공간에서의 목표변수의 평균값으로 예측을 했지만, 분류 나무에서는 각 분할 영역에서의 목표변수가 가질 수 있는 값 중 가장 빈도가 높은 값(최빈값)으로 예측을 한다.

　나무의 성장이나 가지치기 과정도 회귀 나무와 동일하지만, 회귀 나무에서 사용됐던 일종의 손실함수인 RSS를 분류 문제에서 사용할 수가 없다. 대신에 분류 문제에서 사용할 수 있는 손실함수를 사용한다.

　분류 문제에서 사용할 수 있는 대표적인 손실함수는 오분류율misclassification rate이다. 하나의 영역에서의 오분류율은 다음과 같이 정의된다. 단, 목표변수의 값은

k = 1, 2, ..., K 중에 하나라고 정한다. $\hat{p}_{m,k}$를 특정 영역 R_m에서의 목표변숫값이 k인 비율이라고 표기하면 다음과 같다.

$$\hat{p}_{m,k} = \frac{1}{n_m} \sum_{x_i \in R_m} 1(y_i = k)$$

또한 특정 영역 R_m에서 최빈값을 $k(m) = \arg\max_k \hat{p}_{m,k}$이라고 표기한다.

회귀 문제의 특정 영역인 R_m의 MSE와 대응되는 분류 기준은 다음과 같이 유사하게 정의할 수 있다.

오분류율$^{misclassification\ rate}$: $\frac{1}{n_m}\sum_{x_i \in R_m} 1(y_i \neq k(m)) = 1 - \hat{p}_{m,k(m)}$

지니지수$^{Gini\ index}$: $\sum_{k=1}^{K} \hat{p}_{m,k}(1 - \hat{p}_{m,k})$

교차 엔트로피$^{cross\ entropy}$: $\sum_{k=1}^{K} -\hat{p}_{m,k} \log \hat{p}_{m,k}$

각각의 기준에 대해 살펴보면, 오분류율은 영역에서의 잘못 분류된 경우를 의미하는데, 대부분의 나무를 성장시키는 데 있어서 일반적으로 오분류율은 충분히 민감하지 않으므로 잘 사용하지 않는다. 지니지수는 일종의 각 범주별 분산의 합이라고 생각할 수 있으며, 하나의 값에 대한 빈도가 치우친 경우에 지니지수 값은 최소가 된다. 교차 엔트로피도 지니지수와 유사한 성능을 보인다. 기준에 대해 좀 더 잘 이해하기 위해 목표변수의 값이 2가지 범주만 있는 경우를 살펴보자. 이때 p를 특정 영역에서의 "1"값을 갖는 경우의 비율이라고 하면 1 − p는 "0"값을 갖는 경우의 비율이라고 할 수 있다.

이런 경우에 오분류율은 1 − max(p, 1 − p), 지니지수는 2p(1 − p) 그리고 교차 엔트로피는 −p log p − (1 − p)log(1 − p)가 된다. 교차 엔트로피는 크기가 조정된 ^{scaled} 경우는 $\frac{1}{2}(-p \log_2 p - (1-p)\log_2(1-p))$이다.

이를 그래프로 보면 다음과 같이 나타난다. 그림과 같이 특정 범주의 비율이 0이거나 1인 경우 즉, 순도^{purity}가 높은 경우에는 세 가지 기준이 전부 0이다. 그러나 특정 범주의 비율이 0.2인 경우를 보면 오분류율은 0.2, 지니지수는 0.32, 교차 엔트로피는 0.36로, 오분류된 경우 교차 엔트로피가 훨씬 더 큰 값을 보여주고 있다.

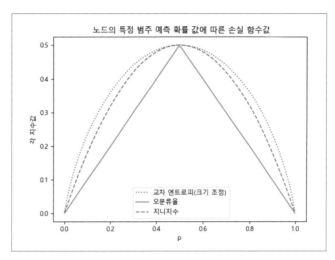

그림 15.4 특정 범주의 비율 p에 따른 기준들의 곡선

15.5 나무의 몇 가지 이슈

15.5.1 이진 나무

입력변수의 값에 따라서 각 분기마다 2개로 분할하는데, 반드시 2개로만 분할해야 하는 것은 아니다. 그러나 만약 2개로 분할하지 않고 여러 개로 분할하는 경우 하나의 변숫값에 따라서 그 나무의 깊이에서 각 노드의 크기는 2개의 노드보다는 작을 것이다. 따라서 다음 분할 시 어떤 변수가 선택되더라도 더욱 작은 샘플을 갖고서 나누게 된다. 즉, 한 번에 너무 많은 데이터를 사용해 그 다음에 사용할 데이터를 작게 만드는 문제를 야기한다. 이런 의미에서 이진 나무$^{binary\ tree}$가 선호된다.

15.5.2 나무의 불안정성

훈련 데이터를 2개로 나눈 후 각각 나무를 구성하면 일반적으로 같을 것이라 예상되지만, 매우 다른 모습을 하고 있다. 즉, 나무는 일반적으로 복잡하므로 분산이 크다. 데이터의 작은 변화에 매우 민감하다. 이는 나무의 계층적인 구조, 바로 처음 변수에 의해 분할이 되고 난 후 발생하는 오차에 대해 순차적으로 아래 방향으로 전파되기 때문이다. 이런 불안정성을 극복하기 위해 나온 대안 중의 하나가 여러 나무를 사용해 평균 또는 다수결 방식에 의한 예측을 하는 배깅^{bagging}이다.

15.6 예제

여기서 사용되는 데이터는 [BANK]이다.

15.6.1 필요한 패키지

```python
# 필요한 패키지
import numpy as np
import pandas as pd
import matplotlib.pyplot as plt
import requests, zipfile, io


from sklearn.model_selection import train_test_split
from sklearn import metrics

from sklearn.datasets import load_boston
import os
import pydot
from PIL import Image
from sklearn.tree import DecisionTreeRegressor, export_graphviz,
DecisionTreeClassifier

# 초기 설정
```

```python
from settings import *

# 한글 출력
plt.rcParams['font.family'] = 'Malgun Gothic'
plt.rcParams['axes.unicode_minus'] = False
```

15.6.2 데이터 불러오기

```python
# 데이터 .경로
path = 'https://archive.ics.uci.edu/ml/machine-learning-databases/00222/'
zip_url = path + 'bank.zip'

# 집파일 풀기
z = zipfile.ZipFile(io.BytesIO(requests.get(zip_url).content))
# 집파일 내의 구성 요소 보기
z.infolist()
# 특정 파일 가져오기
df = pd.read_csv(z.open('bank.csv'),sep=';')
df.shape
# (4521, 17)
```

15.6.3 데이터 전처리

```python
df.y.value_counts() # 목표변수 분포 확인
# no      4000
# yes      521
# df.y.value_counts()/df.shape[0]

# 변수 정의
feature_list = [name for name in df.columns if name !='y']
categorical_variables = df.columns[(df.dtypes =='object') & (df.columns != 'y')]
num_variables = [name for name in feature_list if name not in  categorical_
variables]

# 범주형 데이터를 숫자형 데이터로 전환
```

```
df_X_onehot = pd.get_dummies(df[categorical_variables], prefix_sep='_')
df_y_onehot = pd.get_dummies(df['y'], drop_first=True)

# 범주형 데이터와 숫자형 데이터 결합
X = np.c_[df[num_variables].values, df_X_onehot.values]
y = df_y_onehot.values
```

결정 나무 분류기의 입력으로 사용되는 변수들은 숫자형 데이터로 전환돼 입력이 돼야 하므로 이를 바꿔주는 전처리 과정이 필요하다.

15.6.4 데이터 분할

```
X_train, X_test, y_train, y_test = train_test_split(X, y, test_size=0.3)
```

15.6.5 결정 나무 적합

```
# 모델 구성
clf = DecisionTreeClassifier(random_state=123, min_samples_leaf=5,   max_depth= 5)
# DecisionTreeClassifier(class_weight=None, criterion='gini', max_depth=5,
#             max_features=None, max_leaf_nodes=None,
#             min_impurity_decrease=0.0, min_impurity_split=None,
#             min_samples_leaf=5, min_samples_split=2,
#             min_weight_fraction_leaf=0.0, presort=False, random_state=123,
#             splitter='best')

# 모델 적합
clf.fit(X_train, y_train)

# 모델 평가: 정확도
clf.score(X_test, y_test)
# 0.9027266028002948
```

결정 나무 분류기인 경우에 말단 노드 즉, 잎의 크기(예에서는 5개로 정의됨), 최대 깊이(예에서는 5로 정의됨) 등 다양한 옵션을 설정할 수 있다. 잎을 많이 사용할수록 과적합이 될 수 있으므로 최적의 결정 나무를 찾아보자.

15.6.6 최적의 결정 나무

```python
# 오분류율 벡터 초기화
miscl_rate = np.zeros(shape=(198,))

# 교차 검증을 위한 초기 세팅
n_splits = 3
kf =KFold(n_splits=n_splits, random_state=0)

# 잎의 개수에 따른 평가 데이터의 오분류율 계산
for i in np.arange(2, 200):
    clf = DecisionTreeClassifier(random_state=123, max_leaf_nodes=i, min_samples_leaf=5)
    cv_values =np.zeros(shape=(n_splits,))
    # 교차 검증 루틴
    j=0
    for train_idx, test_idx in kf.split(X_train):
        clf.fit(X_train[train_idx], y_train[train_idx])
        cv_values[j] = 1 - clf.score(X_train[test_idx], y_train[test_idx])
        j += 1
    # 평균 오류율 계산
    miscl_rate[i-2] = np.mean(cv_values)


# 오분류율의 최솟값을 주는 결정 나무 잎의 개수
min_index = np.argmin(miscl_rate)
num_leaves = min_index + 2
# 28
min_value = miscl_rate[min_index]
# 0.10240414159854432

# 잎의 개수에 따른 오분류율 그래프
plt.figure(figsize=(6, 6))
```

```
plt.plot(miscl_rate)
plt.xlabel('잎의 개수')
plt.ylabel('오분류율')
plt.title("잎의 개수 대 오분류율(교차 검증)", weight='bold')
plt.annotate("나무잎의 개수: %d" % num_leaves , xy=(min_index, min_value),
             xytext=(35, 15), textcoords='offset points',
             arrowprops={'arrowstyle': '->', 'color': 'r', 'lw': 1})
plt.savefig(png_path + '/cart_pruning_cv.png')
plt.show()
```

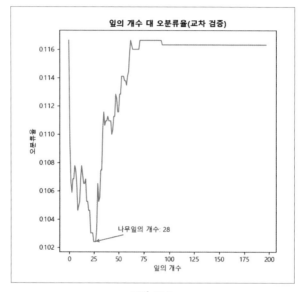

그림 15.5

나뭇잎의 개수에 따라 훈련 데이터를 적용하여 모델을 구성하고 평가 데이터로 모델의 오분률을 계산했다. 가장 작은 오분류율을 주는 최적의 나뭇잎의 개수(예에서 는 28개)를 구했다.

15.6.7 결정 나무 출력

```
# 최적의 나무 적합
clf = DecisionTreeClassifier(random_state=123, max_leaf_nodes=11, min_samples_
leaf=5)
clf.fit(X_train, y_train)
clf.score(X_test, y_test)
# 0.9078850405305822

# 문자열 데이터 정의: 메모리 저장
dot_data = io.StringIO()

# 문자열 데이터에 결정 나무 보내기
feature_names = num_variables + df_X_onehot.columns.tolist()
export_graphviz(clf, out_file=dot_data, feature_names=feature_names, class_
names=None, filled=True)

# 문자열 데이터로부터 그래프 생성
graph, = pydot.graph_from_dot_data(dot_data.getvalue())

# 결정 나무 출력
plt.figure(figsize=(15, 7))
plt.axis("off")
graph.set('dpi', 300)
graph.set('pad', 0.1)
plt.tight_layout()
plt.imshow(Image.open(io.BytesIO(graph.create_png())), interpolation='bilinear')
plt.savefig(png_path + '/cart_tree_example.png')
```

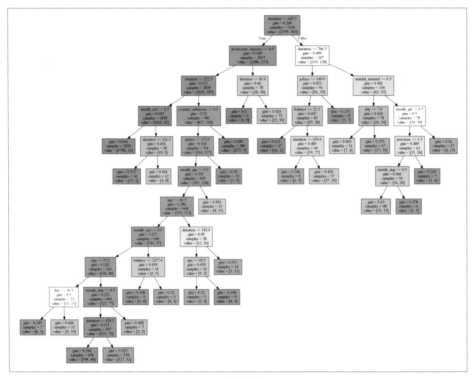

그림 15.6

15.6.8 결정 나무 평가

적합된 결정 나무에 대해 ROC 곡선을 그려보자.

```
# 모델에 의한 예측 확률 계산
y_pred_proba = clf.predict_proba(X_test)[::, 1]

# fpr: 1-특이도, tpr: 민감도, auc 계산
fpr, tpr, _ = metrics.roc_curve(y_true=y_test,  y_score=y_pred_proba)
auc = metrics.roc_auc_score(y_test, y_pred_proba)

# ROC 그래프 출력
plt.figure(figsize=(6, 6))
plt.plot(fpr, tpr, label=" 결정 나무\n곡선 밑 면적(AUC)=" + "%.4f" % auc)
```

```
plt.plot([-0.02, 1.02], [-0.02, 1.02], color='gray', linestyle=':', label='무작위
모델')
plt.margins(0)
plt.legend(loc=4)
plt.xlabel('fpr: 1-Specificity')
plt.ylabel('tpr: Sensitivity')
plt.title("ROC Curve", weight='bold')
plt.legend()
plt.savefig(png_path + '/cart_ROC.png')
plt.show()
```

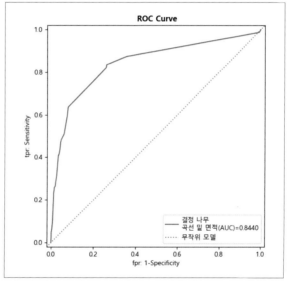

그림 15.7

16

랜덤 포레스트

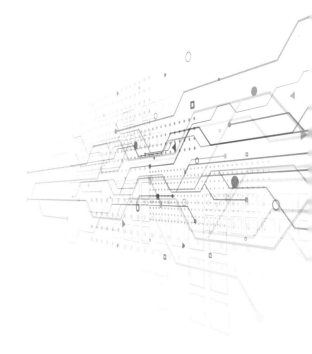

16.1 개요

하나의 나무가 갖는 불안정성을 극복하기 위해, 다시 말해 분산을 낮추기 위해서 아주 많은 나무들을 사용해 예측을 하는 방법 가운데 하나가 랜덤 포레스트$^{random forest}$다.

랜덤 포레스트 기법에서는 랜덤(무작위)의 의미를 이해하는 것이 중요하며, 특이 랜덤 포레스트의 출발점이 되는 배깅 기법을 이해해야 한다.

16.2 배깅

부트스트랩^{bootstrap}은 재표본 추출^{resampling} 방법 중의 하나로써, 주어진 표본의 중복을 허락해 표본의 개수만큼 추출하는 것을 의미한다. 배깅$^{bagging, bootstrap aggregating}$은 통계적인 방법 중의 하나로 분산을 줄이기 위한 일반적인 기법 가운데 하나다.

나무의 분산을 줄이기 위해 훈련 데이터를 부트스트랩 표본 추출을 통해 B개의 훈련 데이터를 독립적으로 구성한 후 각 훈련 데이터에 대해 나무를 적합한다. 이때 생성된 나무들을 $\hat{h}_1(x)$, ..., $\hat{h}_B(x)$라 하면, 이 나무들의 평균으로 새로운 모델을 구성해 예측하는 것을 의미한다. 물론 분류 문제에서는 다수결 투표 방식에 의해 예측한다. 이러한 방식을 배깅이라고 한다.

16.3 OOB 오차

배깅 방법에 사용된 각 나무는 평균적으로 원래 훈련 데이터의 2/3 정도의 샘플을 사용한다고 알려져 있다. 이때 이 나무 모델을 만들 때 사용되지 않는 데이터를 OOB^{out-of-bag} 관측치라고 한다. 하나의 관측치 관점에서 보면 자기 자신이 들어가지 않고서 만든 모델이 전체의 1/3개가 됨을 알 수 있다. 즉, 각 관측치는 전체의 1/3개의 모델, 한마디로 나무의 평가 데이터 역할을 할 수가 있는 것이다.

자기 자신이 들어가지 않은 1/3개의 나무에 대한 예측값을 얻을 수 있고 따라서 평균 또는 다수결 투표 방식에 의해 예측을 하게 된다. 이때 발생하는 오차를 OOB 오차^{out-of-bag error}라고 한다. 이 오차가 배깅 방식에서의 평가 데이터에 의한 오차의 추정치 역할을 하게 된다.

16.4 변수 중요도

나무의 좋은 점 중 하나는 해석을 쉽게 할 수 있다는 것이다. 그런데 아주 많은 나무를 사용한 배깅 방법을 사용하면 해석이 쉽지 않다. 즉, 나무들의 평균 또는 다수결 방식이기 때문이다. 또한 어떤 입력변수가 중요한지 직접적으로 알 길이 없다. 즉 예측의 정밀도를 높이기 위해서 사용된 방법이지 해석을 쉽게 하기 위한 방법이 아니다. 그럼에도 어떤 변수가 좀 더 중요한지는 다음과 같은 방법으로 찾아낼 수 있다.

가령 어떤 변수가 중요하다면 하나의 나무에서 그 변수가 분할변수로 사용되고 사용되고 난 후 불순도(오차제곱합 또는 지니지수 등)가 많이 감소돼야 한다. 즉, 하나의 변수가 사용된 모든 나무에서의 잔차제곱합 또는 지니지수 등의 감소 크기를 구한 후 평균을 구하는 것이다. 이런 방법에 의해 변수 중요도^{variable importance measure}를 구할 수 있다.

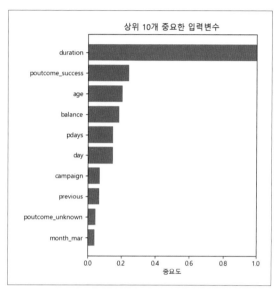

그림 16.1 [BANK] 데이터를 이용한 변수 중요도 예시

그림에서는 가장 중요한 입력변수의 변수 중요도를 최댓값으로 해 모든 변수의 변수 중요도를 최댓값으로 나눈 값이다.

16.5 랜덤 포레스트 알고리즘

배깅 방법이 갖고 있는 일부 비무작위 부분을 개선한 랜덤 포레스트에 대해 알아보자.

배깅 방법에서는 부트스트랩 방법에 의해 무작위로 훈련 데이터를 복원 추출했다. 이렇게 추출된 각 훈련 데이터 표본에 대해 정상적인 나무 모델을 적용했다. 그런데 문제는 나무 모델에서 중요한 입력변수들은 항상 분할 초기 또는 대부분의 분할에 사용된다. 이렇게 됨으로 나무 모델들 간의 상관관계를 갖게 되는 것이다.

랜덤 포레스트는 이러한 상관관계를 제거하기 위해, 각 나무의 성장 시 매 분할 시점에 무작위로 입력변수 p개 중에 m개를 선택해 그중 하나의 변수로 분할에 사용하는 것이다. 이때 $m \approx \sqrt{p}$(회귀 문제에서는 $\frac{p}{3}$)를 사용한다. 좀 더 상세한 알고리즘은 다음과 같다.

순서	내용	비고
1	각 b=1, ..., B에 대해 다음을 반복한다. 1) 훈련 데이터로부터 부트스트랩 표본을 추출한다. 2) 부트스트랩 표본으로부터 하나의 나무 h_b를 구성한다. 이때 분할 변수는 매 분할 시에 전체 입력변수 중에 m개만을 선택해 최적의 분할 변수와 분할 값을 구한다.	부트스트랩 표본은 훈련 데이터의 크기와 동일하다.
2	생성된 모든 나무 $\{h_b \mid b=1, ..., B\}$를 저장한다.	
3	회귀 문제에서는 $h(x) = \frac{1}{B}\sum_{b=1}^{B} h_b(x)$, 분류 문제에서는 다수결 투표로 예측한다.	

16.6 랜덤 포레스트에서의 변수 중요도

랜덤 포레스트에서는 또 하나의 변수 중요도가 있다. 이에 대해 상세히 알아보자.

랜덤 포레스트에서 하나의 나무가 구성되고 나면 그 나무에 대한 OOB 샘플이 있다. 즉, 나무 구성에 참여하지 않은 데이터다. 이 OOB 샘플을 구성된 나무에 통과시키면 RSS나 지니지수 등과 같은 예측 정확도를 계산할 수 있다. 이때 이 OOB 샘플의 변수 j가 갖고 있는 값을 무작위로 순서를 바꾼 후(이때 다른 변수의 값은 고정된 상태) 나무를 통과시키면 마찬가지로 예측 정확도를 계산할 수 있다. 이 두 개의 값이 차이가 클수록 변수 j가 중요함을 의미한다. 모든 나무에 대해 이 값을 구한 후 평균을 구하게 되면, 하나의 변수에 대한 변수 중요도가 된다.

16.7 예제

16.7.1 필요한 패키지

```python
# 필요한 패키지
import numpy as np
import pandas as pd
import matplotlib.pyplot as plt
import requests, zipfile, io

from sklearn.model_selection import train_test_split
from sklearn import metrics

from sklearn.ensemble import RandomForestClassifier
from sklearn.model_selection import GridSearchCV, KFold

# 초기 설정
from settings import *

# 한글 출력
plt.rcParams['font.family'] = 'Malgun Gothic'
plt.rcParams['axes.unicode_minus'] = False
```

16.7.2 데이터 불러오기

```python
# 데이터 경로
path = 'https://archive.ics.uci.edu/ml/machine-learning-databases/00222/'
zip_url = path + 'bank.zip'

# 집파일 풀기
z = zipfile.ZipFile(io.BytesIO(requests.get(zip_url).content))
# 집파일 내의 구성 요소 보기
z.infolist()
# 특정 파일 가져오기
df = pd.read_csv(z.open('bank.csv'),sep=';')
```

```
df.shape
# (4521, 17)
```

16.7.3 데이터 전처리

```
# 목표변수 분포 확인
df.y.value_counts()
# no      4000
# yes      521
base_dist = df.y.value_counts()/df.shape[0]
# no      0.88476
# yes     0.11524

# 변수 정의
feature_list = [name for name in df.columns if name !='y']
categorical_variables = df.columns[(df.dtypes =='object') & (df.columns != 'y')]
num_variables = [name for name in feature_list if name not in  categorical_
variables]

# 범주형 데이터를 숫자형 데이터로 전환
df_X_onehot = pd.get_dummies(df[categorical_variables], prefix_sep='_')
df_y_onehot = pd.get_dummies(df['y'], drop_first=True)

# 범주형 데이터와 숫자형 데이터 결합
X = np.c_[df[num_variables].values, df_X_onehot.values]
y = df_y_onehot.values.ravel()

# 모든 특징의 이름 리스트
feature_names = num_variables + df_X_onehot.columns.tolist()
```

16.7.4 데이터 분할

```
X_train, X_test, y_train, y_test = train_test_split(X, y, test_size=0.3)
```

16.7.5 랜덤 포레스트 적합

랜덤 포레스트를 적합하기 위해 하나의 랜덤 포레스트 모델을 구성하는 예를 살펴보자.

```
clf = RandomForestClassifier(random_state=123, n_estimators=100, min_samples_
leaf=5)
print(clf)
# RandomForestClassifier(bootstrap=True, class_weight=None, criterion='gini',
#             max_depth=None, max_features='auto', max_leaf_nodes=None,
#             min_impurity_decrease=0.0, min_impurity_split=None,
#             min_samples_leaf=5, min_samples_split=2,
#             min_weight_fraction_leaf=0.0, n_estimators=100, n_jobs=1,
#             oob_score=False, random_state=123, verbose=0, warm_start=False)

# 모델 적합
clf.fit(X_train, y_train)

# 모델 평가: 정확도
clf.score(X_test, y_test)
# 0.9019896831245394
```

랜덤 포레스트의 주요한 초모수 중에는 결정 나무의 개수(n_estimatros), 최소 잎의 크기(min_samples_leaf), 분기 시 사용하는 입력 특징의 개수(max_features) 등이 있다. 디폴트 값으로 수행할지 아니면 다른 값을 사용할지를 사전에 결정해야 한다. 이때 이 값을 사전에 시뮬레이션하고자 한다면 일종의 그리드 방식(모든 초모수 값의 조합의 수를 반영)으로 결정할 수 있다. 초모수 중에 몇 개의 논리 코어를 사용할지를 물어보는 항목(n_jobs)도 있다. 만약 n_jobs = −1로 정하면 모든 논리 코어를 사용한다.

16.7.6 초모수의 결정

```
# 초모수 집합 정의
param_grid = {'n_estimators': [100, 200, 300, 400, 500],
              'max_features':[2, 3, 5, 7, 10],
              'min_samples_leaf': [3,5]}

# 초모수 값의 조합에 의한 모델 적합
rf = RandomForestClassifier()
grid_search = GridSearchCV(estimator=rf, param_grid=param_grid, cv=3, n_jobs=-1)
grid_search.fit(X_train, y_train)

# 선택된 초모수 값
print(grid_search.best_params_)
# {'max_features': 10, 'min_samples_leaf': 3, 'n_estimators': 500}

# 선택된 초모수에 의한 적합
clf = RandomForestClassifier(random_state=123, n_estimators=500,
                             min_samples_leaf=3, max_features=10, n_jobs=-1)
clf.fit(X_train, y_train)
clf.score(X_test, y_test)
# 0.9034635224760501
```

초모수의 조합의 수는 5 × 5 × 2 = 50가지가 되면 각 경우에 대해 교차 검증으로 가장 좋은 초모수 값을 선택해준다. 이때 사용할 수 있는 모든 논리 코어를 사용해 실행한다. 초모수의 모든 조합의 수를 하지 않고 특정 조합만을 상정하여 즉, 일종의 실험 계획법과 같은 형식으로 초모수의 값을 결정할 수도 있다. 이 방법을 적용하면 조합의 수가 많은 경우에 아주 작은 수의 조합만으로도 전체 실험한 것과 유사한 결과를 얻을 수 있다.

16.7.7 최적 랜덤 포레스트

이 가운데 특히 나무의 개수 부분에 대해 교차 검증을 통해 최적의 개수를 찾아보자. 개수는 1개에서 200개까지만 확인했다.

```python
# 오분류율 벡터 초기화
num_trees = 200
miscl_rate = np.zeros(shape=(num_trees,))

# 교차 검증을 위한 초기 세팅
n_splits = 3
kf = KFold(n_splits=n_splits, random_state=0)

# 나무 개수에 따른 교차 검증 평가 데이터의 오분류율 계산
for i in np.arange(1, num_trees+1):
    clf = RandomForestClassifier(random_state=123, n_estimators=i,
                                 min_samples_leaf=3, max_features=10, n_jobs=-1)
    # 교차 검증 루틴
    cv_values = np.zeros(shape=(n_splits,))
    j=0
    for train_idx, test_idx in kf.split(X_train):
        clf.fit(X_train[train_idx], y_train[train_idx])
        cv_values[j] = 1 - clf.score(X_train[test_idx], y_train[test_idx])
        j += 1
    # 평균 오류율 계산
    miscl_rate[i-2] = np.mean(cv_values)

# 오분류율의 최솟값을 주는 나무의 개수
min_index = np.argmin(miscl_rate)
opt_trees = min_index + 1
# 7
min_value = miscl_rate[min_index]
# 0.10177372890755447
# 나무의 개수에 따른 오분류율 그래프
plt.figure(figsize=(6, 6))
plt.plot(miscl_rate)
plt.xlabel('나무의 개수')
plt.ylabel('오분류율')
plt.title("나무의 개수 대 오분류율", weight='bold')
plt.annotate("나무의 개수: %d" % opt_trees , xy=(min_index, min_value),
             xytext=(35, 35), textcoords='offset points',
             arrowprops={'arrowstyle': '->', 'color': 'r', 'lw': 1})
plt.savefig(png_path + '/random_forest_pruning.png')
plt.show()
```

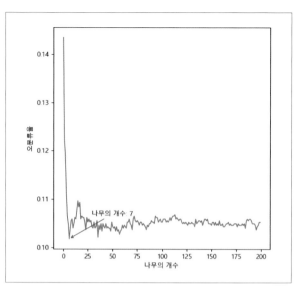

그림 16.2 나무의 개수 대 오분류율

16.7.8 입력 특징 중요도

선택된 최종 모델에 근거하여 입력 특징들의 중요도를 살펴보자.

```
# 최적 모델 적합
clf = RandomForestClassifier(random_state=123, n_estimators=7,
                             min_samples_leaf=3, max_features=10, n_jobs=-1)
clf.fit(X_train, y_train)
clf.score(X_test, y_test)
# 0.89240972733972

# 중요도 벡터
fimp = clf.feature_importances_

# 중요도 벡터의 오름차순 정렬 후 상위 20개 및 가장 중요한 변수의 중요도 값으로 나눔
ix = np.argsort(fimp)[::-1][:20]
imp_values = fimp[ix]/fimp[np.argmax(fimp)]

# 중요도 벡터의 각 요소 이름
```

```
imp_names = np.array(feature_names)[ix]

# 중요도 막대 그래프
y_pos = np.arange(len(imp_names))
fig = plt.figure(figsize=(6,6))
fig.subplots_adjust(left=0.3)
ax = fig.add_subplot(1,1,1)
ax.barh(y_pos, imp_values, align='center', color='orange', ecolor='black', tick_
label=imp_names)
ax.set_xlim(0,1)
ax.yaxis.label.set_size(40)
ax.set_yticks(y_pos)
ax.set_yticklabels(imp_names)
ax.invert_yaxis()  # labels read top-to-bottom
ax.set_xlabel('중요도')
ax.set_title('상위 20개 중요한 입력변수')
plt.savefig(png_path + '/random_forest_feature_importance.png')
plt.show()
```

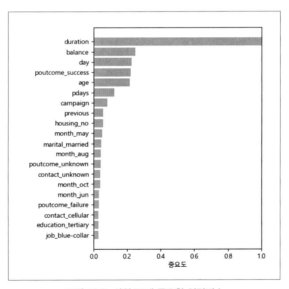

그림 16.3 상위 20개 중요한 입력변수

16.7.9 랜덤 포레스트 평가

적합된 랜덤 포레스트에 대해 ROC 그래프를 그려보자.

```python
clf = RandomForestClassifier(random_state=123, n_estimators=7,
                             min_samples_leaf=3, max_features=10, n_jobs=-1)
clf.fit(X_train, y_train)
clf.score(X_test, y_test)
# 0.89240972733972

# 모델에 의한 예측 확률 계산
y_pred_proba = clf.predict_proba(X_test)[::, 1]

# fpr: 1-특이도, tpr: 민감도, auc 계산
fpr, tpr, _ = metrics.roc_curve(y_true=y_test,  y_score=y_pred_proba)
auc = metrics.roc_auc_score(y_test, y_pred_proba)

# ROC 그래프 출력
plt.figure(figsize=(6, 6))
plt.plot(fpr, tpr, label="랜덤포레스트\n곡선 밑 면적(AUC)=" + "%.4f" % auc)
plt.plot([-0.02, 1.02], [-0.02, 1.02], color='gray', linestyle=':', label='무작위
모델')
plt.margins(0)
plt.legend(loc=4)
plt.xlabel('fpr: 1-Specificity')
plt.ylabel('tpr: Sensitivity')
plt.title("ROC Curve", weight='bold')
plt.legend()
plt.savefig(png_path + '/random_forest_ROC.png')
plt.show()
```

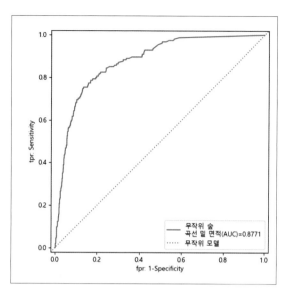

그림 16.4 ROC Curve

17

그래디언트 부스팅

17.1 개요

결정 나무가 갖고 있는 불안정성을 극복하기 위한 일반적인 방법 가운데 하나가 부스팅boosting이다. 물론 이 방법은 단지 결정 나무에만 적용되지 않는 일반적인 방법을 의미한다. 이러한 부스팅 방법 중에 분류 문제 적용에 성공적인 모델인 AdaBoost. M1 모델에 대해 살펴보고, 이를 일반적으로 정의한 그래디언트 부스팅 방법을 알아보자.

17.2 부스팅

배깅bagging에서는 각 결정 나무가 독립적으로 성장하고 그 결과를 합쳐서 예측하게 되지만 부스팅에서는 순차적으로sequentially 결정 나무를 성장시킨다. 즉, 하나의 결정 나무를 성장시키고 이 결과를 바탕으로 또 하나의 결정 나무를 순차적으로 성장시켜 나간다.

회귀 문제인 경우에 적용되는 부스팅 알고리즘([ESL] 참조)은 다음과 같다.

순서	내용	비고
1	$h(x_i)=0$, $r_i=y_i$, $\forall i=1, \ldots, n$	
2	각 b=1, ..., B에 대해 다음을 반복 1) 훈련 데이터인 $\{x_i, r_i\}_{i=1}^{n}$에 대해 d차 분할 ((d+1)개의 말단 노드)을 갖는 결정 나무 h_b를 적합한다. 2) h를 다음과 같이 갱신한다. $$h(x_i) \leftarrow h(x_i)+\lambda h_b(x_i)$$ 3) 오차(잔차)를 갱신한다. $$r_i \leftarrow r_i-\lambda h_b(x_i)$$	d, λ는 사전에 정의
3	다음과 같이 최종 모델을 정의한다. $$h(x)= \sum_{b=1}^{B} \lambda h_b(x)$$	

부스팅 모델에서 결정 나무의 개수인 B가 너무 많으면 과적합 문제가 발생할 수 있다. 따라서 교차 검증 기법을 이용해 적절한 B를 선택할 수 있다.

축소 모수shrinkage parameter인 λ는 보통 0.01, 0.001을 사용하며 부스팅 학습기의 학습되는 속도를 조절한다. 이 값이 작을수록 많은 결정 나무가 필요하다.

분할 차수인 d는 부스팅 학습기의 토대가 되는 결정 나무들의 복잡성을 결정한다. 가령 d = 1인 경우는 단 한 번만 분기를 한 결정 나무인 그루터기stump가 된다. d = 2이면 최대 2개의 입력변수가 사용된다. 이런 의미에서 d를 교호 작용 깊이interaction depth라고 명명하기도 한다.

17.3 AdaBoost.M1

분류 문제에서 가장 성공적이라고 얘기하는 부스팅 알고리즘인 AdaBoost.M1 알고리즘에 대해 알아보자. [BOOSTFA] 문헌에 정의된 알고리즘을 중심으로 살펴보자.

알고리즘을 설명하기 위해 몇 가지 사전에 정의해야 할 것들을 정리해보면, 목표 변수의 값은 $\{-1, 1\}$이며, 즉, 2개의 범주만을 갖으며, 훈련 데이터에 대한 오차율은 다음과 같이 정의한다.

$$\epsilon = \frac{1}{n} \sum_i 1\,(y_i \neq h(x_i))$$

이때 약분류기weak learner는 오차율이 무작위로 예측할 때보다 조금 좋은 분류기라고 생각한다. 즉, 오차율이 0.5보다 작은 경우를 의미한다.

이때 AdaBoost 알고리즘은 부스팅 알고리즘과 같이 순차적으로 약분류기인 $h_b(x)$, $b = 1, ..., B$를 적용하고 최종적으로 가중치가 있는 다수결 투표 방식으로 다음과 같이 예측한다.

$$h(x) = \text{sign}\left(\sum_{b=1}^{B} \alpha_b h_b(x)\right)$$

좀 더 상세한 알고리즘([BOOSTFA] 참조)을 살펴보자.

순서	내용	비고
1	훈련 데이터에 대해 초기 가중치를 정의한다. $$D_1(i),\ i=1,\ \ldots,\ n$$	초기 가중치는 일반적으로 균등하게 부여한다. 즉, $1/n$
2	각 b=1, ..., B에 대해 다음을 반복한다. 1) 데이터 가중치 $D_b(i)$를 갖는 훈련 데이터에 대해 약분류기 $h_b(x)$를 적합한다. 2) 오차율을 계산한다. $$\epsilon_b = \frac{\sum_{i=1}^{n} D_b(i) 1(y_i \neq h_b(x_i))}{\sum_{i=1}^{n} D_b(i)}$$ 3) 약분류기 가중치를 계산한다. $$\alpha_b = \frac{1}{2} \log \frac{1-\epsilon_b}{\epsilon_b}$$ 4) 데이터 가중치를 갱신한다. $$D_b(i) \leftarrow \frac{D_b(i) \exp(-\alpha_b y_i h_b(x_i))}{z_b},$$ 여기서 z_b는 정규화 상수	약분류기 가중치는 0보다 크기 때문에 따라서 오분류된 데이터 $(y_i h_b(x_i) = -1)$는 기존 가중치보다 높은 값을 갖게 된다.
3	다음과 같이 최종 모델을 정의한다. $$h(x) = \text{sign}\left(\sum_{b=1}^{B} a_b h_b(x) \right)$$	

회귀 문제에서는 각 관측치에 대한 잔차를 계산하고 이에 대해 연속적으로 부스팅 학습기를 적용했는데, 분류 문제에서는 오분류된 관측치에 대해 데이터 가중치를 높여준 후 부스팅 학습기를 적용했다.

[BOOSTFA] 문헌에서 제시하는 예를 통해 알고리즘을 이해해보자.

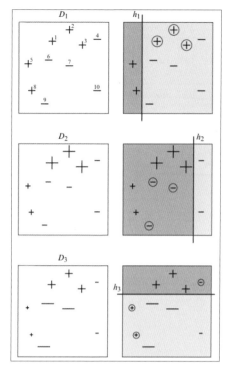

그림 17.1 AdaBoost 알고리즘 이해를 위한 예시

그림에서 D_1은 1번째 초기 가중치를 준 상태이며, h_1은 1번째 약분류기(여기에서는 기저 학습기로 그루터기를 사용)를 적합한 상태를 의미한다. h_1을 적합하고 나면, ⊕는 오분류된 데이터이며 따라서 상대적으로 높은 데이터 가중치를 갖는다. 이를 조정한 상태가 D_2이며 이에 따른 약분류기는 h_2가 된다. 마찬가지 방법으로 D_3, h_3가 순차적으로 적용된다.

계산되는 과정 및 값은 다음과 같다.

	1	2	3	4	5	6	7	8	9	10	
$D_1(i)$	0.10	0.10	0.10	0.10	0.10	0.10	0.10	0.10	0.10	0.10	$\epsilon_1 = 0.30,\, \alpha_1 \approx 0.42$
$e^{-\alpha_1 y_i h_1(x_i)}$	1.53	1.53	1.53	0.65	0.65	0.65	0.65	0.65	0.65	0.65	
$D_1(i)\, e^{-\alpha_1 y_i h_1(x_i)}$	0.15	0.15	0.15	0.07	0.07	0.07	0.07	0.07	0.07	0.07	$Z_1 \approx 0.92$
$D_2(i)$	0.17	0.17	0.17	0.07	0.07	0.07	0.07	0.07	0.07	0.07	$\epsilon_2 \approx 0.21,\, \alpha_2 \approx 0.65$
$e^{-\alpha_2 y_i h_2(x_i)}$	0.52	0.52	0.52	0.52	0.52	1.91	1.91	0.52	1.91	0.52	
$D_2(i)\, e^{-\alpha_2 y_i h_2(x_i)}$	0.09	0.09	0.09	0.04	0.04	0.14	0.14	0.04	0.14	0.04	$Z_2 \approx 0.82$
$D_3(i)$	0.11	0.11	0.11	0.05	0.05	0.17	0.17	0.05	0.17	0.05	$\epsilon_3 \approx 0.14,\, \alpha_3 \approx 0.92$
$e^{-\alpha_3 y_i h_3(x_i)}$	0.40	0.40	0.40	2.52	2.52	0.40	0.40	2.52	0.40	0.40	
$D_3(i)\, e^{-\alpha_3 y_i h_3(x_i)}$	0.04	0.04	0.04	0.11	0.11	0.07	0.07	0.11	0.07	0.02	$Z_3 \approx 0.69$

그림 AdaBoost 알고리즘에 의한 계산 결과

따라서 최종적인 분류기와 분류된 결과는 다음과 같다.

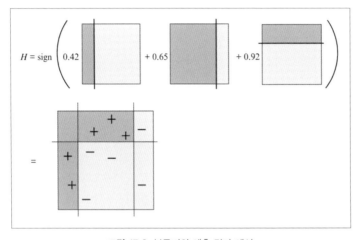

그림 17.2 분류기와 예측 결과 예시

17.4 부스팅과 가법 모델

부스팅 방법을 체계적으로 설명하는 방법 중의 하나가 가법 모델^{additive model}이다. 가법 모델은 기저 함수^{basis function}의 합으로 하나의 모델을 구성하는 것을 말한다.

$$h(x) = \sum_{i=1}^{M} \beta_m b(x; \gamma_m)$$

여기서 b는 기저 함수, γ_m는 기저 함수의 모수, β_m은 팽창 계수expansion coefficient 이다.

부스팅에서는 기저 함수 중 하나인 결정 나무를 사용했고, 결정 나무의 모수는 분할 변수와 분할 값 등이다.

팽창 계수나 기저의 모수 값들은 전형적으로 특정한 손실함수(RSS, 교차 엔트로피 등)를 정의하고 이를 최소화하는 방향으로 추정된다.

$$\min_{\{\beta_m, \gamma_m\}} \sum_{i=1}^{n} L\left(y_i, \sum_{i=1}^{M} \beta_m b(x; \gamma_m) \right)$$

그런데 이 식에서 한 번에 기저 함수의 모든 모수와 팽창 계수값을 구하기가 어려우므로 순차적인 접근법이 필요하다.

17.5 전진 순차방식 가법 모델링

이 방법은 새로운 기저 함수와 팽창 계수값을 순차적으로 구하는 방식이다. 좀 더 자세하게 알고리즘([ESL] 참조)을 살펴보자.

순서	내용	비고
1	학습기를 초기화한다. $$h_0(x) = 0$$	
2	각 $m=1, \ldots, M$에 대해 다음을 반복한다. 1) $(\beta_m, \gamma_m) = \arg\min_{\beta, \gamma} \sum_{i=1}^{n} L(y_i, h_{m-1}(x_i) + \beta b(x_i; \gamma))$ 2) $h_m(x) = h_{m-1}(x) + \beta_m b(x; \gamma_m)$	
3	다음과 같이 최종 모델을 정의한다. $$h(x) = \left(\sum_{i=1}^{M} \beta_m b(x; \gamma_m) \right)$$	

이 알고리즘에서 가령 회귀 문제인 경우의 손실함수는 RSS이므로

$$L(y_i, h_{m-1}(x_i) + \beta b(x_i; \gamma)) = (y_i, h_{m-1}(x_i) - \beta b(x_i; \gamma))^2 = (r_{im} - \beta b(x_i; \gamma))^2$$

이다. 즉, 직전 모델에서 설명하지 못한 잔차에 대해 새로운 모델을 순차적으로 적합하고 있는 것이다. 물론 분류 문제에서는 직전 모델에서 설명하지 못한 데이터에 대해 데이터 가중치를 조절하여 순차적으로 적합하는 것을 의미한다.

이때 순차방식stagewise이라는 것은 한 번 적합된 기저 함수와 팽창 계수는 더해질 뿐 바뀌지 않는 것을 의미한다.

17.6 지수 손실함수와 적응 부스팅

적응 부스팅adaptive boosting 방법(예를 들어 AdaBoost)에 의해 생성된 모델은 전진 순차 방식 가법 모델링과 지수 손실함수를 이용해 똑같은 결과를 얻을 수 있다.

지수 손실함수는

$$L(y, h(x)) = exp(-yh(x))$$

이다. $yh(x)$는 분류 문제에서 이미 알려져 있는 함수 마진이며 자세한 유도 과정은 생략한다.

다만, 분류 문제에서 이 손실함수를 최소화하는 분류기는 다음과 같다.

$$h^*(x) = \arg \min_{h(x)} \mathrm{E}_{(Y|x)}(e^{-Yh(x)}) = \frac{1}{2} \log \frac{\Pr(Y=1|x)}{\Pr(Y=-1|x)}$$

즉 로그-오즈의 반을 추정하고자 하는 것이며, $\Pr(Y=1|x) \geq \Pr(Y=-1|x)$이며 로그-오즈의 값은 양수가 되고 따라서 부호로 분류하고자 하는 문제와 일치한다.

분류 문제에서 지수 손실함수는 다른 손실함수와 어떠한 관계가 있는지를 알아보자.

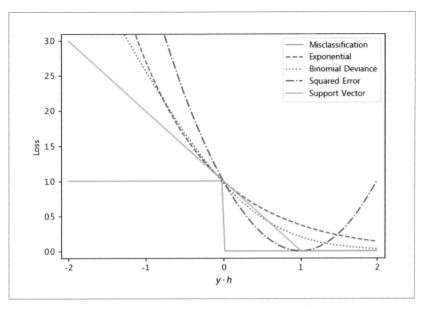

그림 17.3 분류 문제에서의 마진에 따른 손실 함수 비교(ESL 참조)

그림에서 오분류율은 $1(y \neq \text{sign}(h))$, 지수 손실함수는 $\exp(-yh)$, 교차 엔트로피(binomial deviance와 동일)는 $\log(1 + \exp(-2yh))$, 제곱오차는 $(y-h)^2$, 서포트 벡터 손실함수는 $\max(0, 1-yh)$이며 크기가 조정돼 (0,1)점을 통과하게 했다.

제곱오차는 정분류가 된 경우 가령 마진이 1보다 큼에도 손실이 커져 감을 알 수 있다. 이런 의미에서 제곱오차는 분류 문제에서 손실함수로 적당하지 않다.

지수 손실함수는 오분류가 된 경우 즉, 마진이 0보다 작은 경우에 매우 가혹한 손실 값을 주고 있다. 그러나 만약에 노이즈 또는 이상치가 있는 경우에 매우 민감하게 반응할 수 있다.

17.7 부스팅의 확장

회귀 문제나 분류 문제에서의 부스팅 모델을 확인했다. 여기에 사용한 손실함수는 RSS나 지수 손실함수를 사용했는데, 이를 미분 가능한 모든 손실함수로 확장한 것이 그래디언트 부스팅이다. 알고리즘([ESL] 참조)은 다음과 같이 정리할 수 있다.

순서	내용	비고
1	학습기를 초기화한다. $$h_0(x) = \arg\min_{\gamma} \sum_{i=1}^{n} L(y_i, \gamma)$$	
2	각 $m = 1, \ldots, M$에 대해 다음을 반복한다. 1) 유사 잔차pseudo-residual 잔차를 계산한다. $$r_{im} = -\left[\frac{\partial L(y_i, h(x_i))}{\partial h(x_i)}\right]_{h(x) = h_{m-1}(x)}, \; i = 1, \ldots, n$$ 2) 유사 잔차에 대해 기저 학습기(가령 결정 나무) $h_m(x)$를 적합한다. 즉, 훈련 데이터는 $\{(x_i, r_{im}) \mid i = 1, \ldots, n\}$이 된다. 3) 다음과 같은 승수 γ_m을 계산한다. $$\gamma_m = \arg\min_{\gamma} \sum_{i=1}^{n} L(y_i, h_{m-1}\gamma(x_i) + \gamma h_m(x_i))$$ 4) 학습기를 갱신한다. $$h_m(x) = h_{m-1}(x) + \gamma_m h_m(x)$$	음 그래디언트가 유사 잔차를 의미한다.
3	다음과 같이 최종 모델을 정의한다. $$h_M(x) = \sum_{i=1}^{M} \gamma_m h_m(x) + h_0(x)$$	

회귀 문제인 경우, 손실함수는 RSS이므로 $r_{im} = -\left[\dfrac{\partial L(y_i, h(x_i))}{\partial h(x_i)}\right]_{h(x) = h_{m-1}(x)} = -[2$ $(y_i - h(x_i)) \cdot (-1)]_{h(x) = h_{m-1}(x)} = 2(y_i - h_{m-1}(x_i))$가 되므로 유사 잔차가 된다.

분류 문제인 경우, 지수 손실함수일 때 $r_{im} = y_i \exp(-y_i h_{m-1}(x_i)) = y_i w_{im}$가 되며 w_{im}은 정분류가 된 경우엔 e^{-1}, 오분류가 됐을 땐 e^1이 된다. 즉, 오분류된 데이터에 대해 더욱 큰 가중치를 주고 나서 다음 단계로 진행하게 되는 것이다.

즉, 음 그래디언트는 일종의 잔차이므로 부스팅의 일반화는 손실함수가 정의된 경우 최대 경사법steepest descent에 따라 손실함수를 최소화하는 과정이다.

이런 의미에서 그래디언트 부스팅 머신이라고 한다.

17.8 부스팅의 초모수 조정

결정 나무의 크기(J)는 말단 노드의 수로 정의한다. 부스팅에서 사용하는 기저 학습기로써 결정 나무의 크기는 $4 \leq J \leq 8$가 적당하다고 한다. 결정 그루터기는 $J = 2$이며 입력변수 간의 교호 작용은 적용하지 않는 결정 나무다.

17.9 부스팅의 정규화

정규화^{regularization}는 일반적으로 과적합을 방지하기 위한 방법이다. 부스팅에서는 결정 나무의 개수(M), 학습률$^{learning\ rate}$, 확률 그래디언트 부스팅$^{stochastic\ gradient\ boosting}$ 등을 이용해 과적합을 방지하고 있다.

결정 나무의 개수가 클수록 훈련 데이터의 적합도가 높게 나타나므로 적절한 평가 데이터를 활용해 결정해야 한다.

학습률 값을 조정하는 것은 일종의 축소 방법에 의한 정규화 방법이다. 즉, 추가되는 기저 학습기의 기여도를 일부러 축소하여 진행하는 방법이다.

$$h_m(x) = h_{m-1}(x) + v \cdot \gamma_m h_m(x),\ 0 < v \leq 1$$

경험적으로 학습률이 0.1보다 작으면 일반화 오차가 많이 줄어든다고 한다.

확률 그래디언트 부스팅은 기저 학습기를 적합할 때 전체 훈련 데이터를 사용하는 것이 아니라 비복원 추출 방법으로 훈련 데이터의 일부만을 사용해 적합하는 것을 의미한다. 이렇게 함으로써 과적합을 방지할 수 있다고 한다. 이 방법을 제안한 프리드먼^{Friedman}은 대략 비율(f)이 $0.5 \leq f \leq 0.8$이며 좋은 결과를 얻을 수 있다고 한다.

17.10 예제

17.10.1 필요한 패키지

```python
# 필요한 패키지
import numpy as np
import pandas as pd
import matplotlib.pyplot as plt
import requests, zipfile, io

from sklearn.model_selection import train_test_split
from sklearn import metrics

from sklearn.ensemble import GradientBoostingClassifier
from sklearn.model_selection import GridSearchCV, KFold

# 초기 설정
from settings import *

# 한글 출력
plt.rcParams['font.family'] = 'Malgun Gothic'
plt.rcParams['axes.unicode_minus'] = False
```

17.10.2 데이터 불러오기

```python
# 데이터 경로
path = 'https://archive.ics.uci.edu/ml/machine-learning-databases/00222/'
zip_url = path + 'bank.zip'

# 집파일 풀기
z = zipfile.ZipFile(io.BytesIO(requests.get(zip_url).content))
# 집파일 내의 구성 요소 보기
z.infolist()
# 특정 파일 가져오기
df = pd.read_csv(z.open('bank.csv'), sep=';')
```

```
df.shape
# (4521, 17)
```

17.10.3 데이터 전처리

```python
# 목표변수 분포 확인
df.y.value_counts()
# no     4000
# yes     521
base_dist = df.y.value_counts() / df.shape[0]
# no     0.88476
# yes    0.11524

# 변수 정의
feature_list = [name for name in df.columns if name != 'y']
categorical_variables = df.columns[(df.dtypes == 'object') & (df.columns != 'y')]
num_variables = [name for name in feature_list if name not in categorical_
variables]

# 범주형 데이터를 숫자형 데이터로 전환
df_X_onehot = pd.get_dummies(df[categorical_variables], prefix_sep='_')
df_y_onehot = pd.get_dummies(df['y'], drop_first=True)

# 범주형 데이터와 숫자형 데이터 결합
X = np.c_[df[num_variables].values, df_X_onehot.values]
y = df_y_onehot.values.ravel()

# 모든 특징의 이름 리스트
feature_names = num_variables + df_X_onehot.columns.tolist()
```

17.10.4 데이터 분할

```python
X_train, X_test, y_train, y_test = train_test_split(X, y, test_size=0.3)
```

17.10.5 디폴트 그래디언트 부스팅 모델

```
# 디폴트 그래디언트 부스팅 모델
clf = GradientBoostingClassifier()
print(clf)
# GradientBoostingClassifier(criterion='friedman_mse', init=None,
#               learning_rate=0.1, loss='deviance', max_depth=3,
#               max_features=None, max_leaf_nodes=None,
#               min_impurity_decrease=0.0, min_impurity_split=None,
#               min_samples_leaf=1, min_samples_split=2,
#               min_weight_fraction_leaf=0.0, n_estimators=100,
#               presort='auto', random_state=None, subsample=1.0, verbose=0,
#               warm_start=False)

# 모델 적합
clf.fit(X_train, y_train)

# 모델 평가: 정확도
acc = clf.score(X_test, y_test)
print("모델 정확도: {:.4f}".format(acc))
# 모델 정확도: 0.8902
```

디폴트 세팅을 보면 최대 깊이는 3, 학습률은 0.1, 표본에 대한 재표본의 비율은 1, 기저 결정 나무 학습기의 개수는 100으로 돼 있다.

이러한 초모수의 세팅에 대해 교차 학습 방법에 의한 최적의 초모수 세팅을 결정해보자.

17.10.6 초모수의 결정

```
# 초모수 집합 정의
param_grid = {'n_estimators': [100, 200],
              'max_depth': [2, 3],
              'subsample': [0.5, 1],
```

```
                  'learning_rate': [0.1, 0.01]}

# 초모수 값의 조합에 의한 모델 적합
gb = GradientBoostingClassifier()
grid_search = GridSearchCV(estimator=gb, param_grid=param_grid, cv=3, n_jobs=-1)
grid_search.fit(X_train, y_train)

# 선택된 초모수 값
print(grid_search.best_params_)
# {'learning_rate': 0.1, 'max_depth': 3, 'n_estimators': 100, 'subsample': 1}

# 선택된 초모수에 의한 적합
opt_param = grid_search.best_params_
opt_param.update({'random_state': 123})

clf = GradientBoostingClassifier(**opt_param)
clf.fit(X_train, y_train)
acc = clf.score(X_test, y_test)
print("Accuracy: {:.4f}".format(acc))
# 0.8902
```

17.10.7 손실함수를 이용한 최적 그래디언트 부스팅 모델

최적의 그래디언트 부스팅 모델은 과적합을 방지하기 위해 적절한 수의 기저 나무를 갖는 모델을 말한다. 최적 모델은 손실함수를 이용하는 방법과 일반적인 교차 검증 방법을 이용해 구할 수 있다.

```
# 초모수 정의
param_grid = {'n_estimators': 700,
              'max_depth': 3,
              'learning_rate': 0.1,
              'random_state': 123}

# 나무의 최대 수 지정
n_estimators = 700
```

```python
# 모델 정의
clf = GradientBoostingClassifier(**param_grid)
clf.fit(X_train, y_train)

# 손실함수값 구하기
loss = np.zeros((n_estimators,))
for i, y_pred in enumerate(clf.staged_decision_function(X_test)):
    loss[i] = clf.loss_(y_test, y_pred)

# 최저 손실함수값을 주는 나무의 수 찾기
min_index = np.argmin(loss)
min_value = loss[min_index]
print(min_value)
# 0.4996184773708032
opt_trees = min_index +1
print(opt_trees)
# 67

# 나무의 개수에 따른 손실함수값 그래프
plt.figure(figsize=(6, 6))
plt.plot(loss)
plt.xlabel('나무의 개수')
plt.ylabel('손실값')
plt.title("나무의 개수 대 손실함수값(평가 데이터 이용)", weight='bold')
plt.annotate("나무의 개수: %d" % opt_trees, xy=(min_index, min_value),
            xytext=(-35, 35), textcoords='offset points',
            arrowprops={'arrowstyle': '->', 'color': 'r', 'lw': 1})
plt.savefig(png_path + '/gradient_boosting_optimal_loss.png')
plt.show()
```

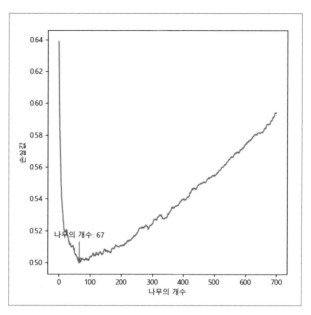

그림 17.4 나무의 개수 대 손실함수값(평가 데이터 이용)

```
# 최적 모델의 정확도
param_grid = {'max_depth': 3,
              'n_estimators': 67,
              'random_state': 123}
clf = GradientBoostingClassifier(**param_grid)
clf.fit(X_train, y_train)
acc = clf.score(X_test, y_test)
print("모델 정확도: {:.4f}".format(acc))
# 모델 정확도: 0.8939
```

17.10.8 교차 검증에 의한 최적 그래디언트 부스팅 모델

```
# 나무의 최대 수 지정
num_trees = 100

# 오분류율 벡터 초기화
miscl_rate = np.zeros(shape=(num_trees,))
```

```python
# 교차 검증을 위한 초기 세팅
n_splits = 3
kf = KFold(n_splits=n_splits, random_state=0)

# 나무 개수에 따른 교차 검증 평가 데이터의 오분류율 계산
param_grid = {'max_depth': 3,
              'random_state': 123}


for i in np.arange(1, num_trees + 1):
    clf = GradientBoostingClassifier(n_estimators=i, **param_grid)
    # 교차 검증 루틴
    cv_values = np.zeros(shape=(n_splits,))
    j = 0
    for train_idx, test_idx in kf.split(X_train):
        clf.fit(X_train[train_idx], y_train[train_idx])
        cv_values[j] = 1 - clf.score(X_train[test_idx], y_train[test_idx])
        j += 1
    # 평균 오류율 계산
    miscl_rate[i - 1] = np.mean(cv_values)

# 오분류율의 최솟값을 주는 나무의 개수
min_index = np.argmin(miscl_rate)
min_value = miscl_rate[min_index]
opt_trees = min_index + 1
print(opt_trees)
# 66

# 나무의 개수에 따른 오분류율 그래프
plt.figure(figsize=(6, 6))
plt.plot(miscl_rate)
plt.xlabel('나무의 개수')
plt.ylabel('오분류율')
plt.title("나무의 개수 대 오분류율(교차 검증)", weight='bold')
plt.annotate("나무의 개수: %d" % opt_trees, xy=(min_index, min_value),

xytext=(-35, 100), textcoords='offset points',

arrowprops={'arrowstyle': '->', 'color': 'r', 'lw': 1})
plt.savefig(png_path + '/gradient_boosting_optimal_cv.png')
plt.show()
```

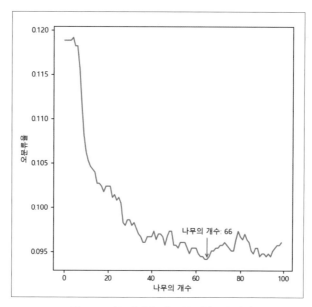

그림 17.5 나무의 개수 대 오분류율(교차 검증)

```
# 최적 모델의 정확도
param_grid = {'max_depth': 3,
              'n_estimators': 66,
              'random_state': 123}
clf = GradientBoostingClassifier(**param_grid)
clf.fit(X_train, y_train)
acc = clf.score(X_test, y_test)
print("모델 정확도: {:.4f}".format(acc))
# 모델 정확도: 0.8931
```

17.10.9 입력 특징 중요도

```
# 최적 모델 적합
param_grid = {'max_depth': 3,
              'n_estimators': 66,
              'random_state': 123}
clf = GradientBoostingClassifier(**param_grid)
clf.fit(X_train, y_train)
```

```python
acc = clf.score(X_test, y_test)
print("모델 정확도: {:.4f}".format(acc))
# 0.8931

# 중요도 벡터
fimp = clf.feature_importances_

# 중요도 벡터의 오름차순 정렬 후 상위 20개 및 가장 중요한 변수의 중요도 값으로 나눔
ix = np.argsort(fimp)[::-1][:20]
imp_values = fimp[ix] / fimp[np.argmax(fimp)]

# 중요도 벡터의 각 요소 이름
imp_names = np.array(feature_names)[ix]

# 중요도 막대 그래프
y_pos = np.arange(len(imp_names))
fig = plt.figure(figsize=(6, 6))
fig.subplots_adjust(left=0.3)
ax = fig.add_subplot(1, 1, 1)
ax.barh(y_pos, imp_values, align='center', color='orange', ecolor='black', tick_
label=imp_names)
ax.set_xlim(0, 1)
ax.yaxis.label.set_size(40)
ax.set_yticks(y_pos)
ax.set_yticklabels(imp_names)
ax.invert_yaxis()  # labels read top-to-bottom
ax.set_xlabel('중요도')
ax.set_title('상위 20개 중요한 입력변수')
plt.savefig(png_path + '/gradient_boosting_feature_importance.png')
plt.show()
```

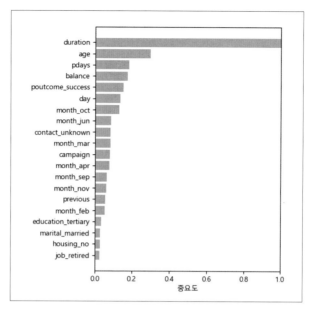

그림 17.6 상위 20개 중요한 입력변수

17.10.10 그래디언트 부스팅 모델 평가

적합된 그래디언트 부스팅 모델에 대해 ROC 그래프를 그려보자.

```python
# 최적 모델 적합
param_grid = {'max_depth': 3,
              'n_estimators': 66,
              'random_state': 123}
clf = GradientBoostingClassifier(**param_grid)
clf.fit(X_train, y_train)
acc = clf.score(X_test, y_test)
print("모델 정확도: {:.4f}".format(acc))
# 0.8931

# 모델에 의한 예측 확률 계산
y_pred_proba = clf.predict_proba(X_test)[::, 1]
```

```python
# fpr: 1-특이도, tpr: 민감도, auc 계산
fpr, tpr, _ = metrics.roc_curve(y_true=y_test, y_score=y_pred_proba)
auc = metrics.roc_auc_score(y_test, y_pred_proba)

# ROC 그래프 출력
plt.figure(figsize=(6, 6))
plt.plot(fpr, tpr, label="그래디언트부스팅\n곡선 밑 면적(AUC)=" + "%.4f" % auc)
plt.plot([-0.02, 1.02], [-0.02, 1.02], color='gray', linestyle=':', label='무작위
모델')
plt.margins(0)
plt.legend(loc=4)
plt.xlabel('fpr: 1-Specificity')
plt.ylabel('tpr: Sensitivity')
plt.title("ROC Curve", weight='bold')
plt.legend()
plt.savefig(png_path + '/gradient_boosting_ROC.png')
plt.show()
```

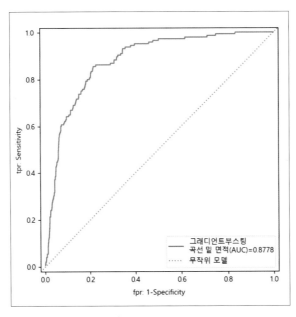

그림 17.7 ROC Curve

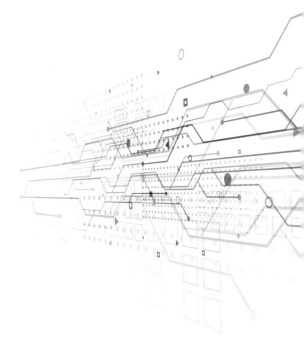

18

서포트 벡터 머신

18.1 개요

서포트 벡터 머신^{Support Vector Machine} 즉 SVM은 [SVN]에서 처음으로 발표된 뒤 가장 많이 적용된 머신 러닝 알고리즘 중 하나다. 서포트 벡터 머신 또는 서포트 벡터 네트워크라고 부르기도 한다.

SVM은 분류 및 회귀 둘 다에 적용되기기도 하지만, 이진 분류^{binary classification}에 주로 사용된다.

SVM에서 가장 중요한 개념은 마진^{margin}이며 이를 이용한 최적 마진 분류기^{optimal margin classifier}를 정의할 것이다. 또한 선형으로 분류되지 않은 경우에 원래 공간을 무한 확장할 수 있는 커널 속임수^{kernel trick}에 대한 설명도 포함하며, 실제 모수를 추정하는 하나의 방법에 대해서도 간단히 설명할 것이다.

18.2 로지스틱회귀와 초평면

로지스틱회귀에서 가설함수는 $h_\theta(x) = g(\theta^T x) = \frac{1}{1+e^{-\theta^T x}}$이다. 이 가설함수를 이용해 만약 관측값의 가설함수값이 0.5보다 크거나 같으면 1로 분류하고, 그렇지 않으면 0으로 분류한다. 이와 동일하게 $\theta^T x$값이 0보다 크거나 같으면 1로 분류하고 그렇지 않으면 0으로 분류한다. 또한 $\theta^T x$값이 크면 클수록 더욱 더 확신을 가지고 1로 분류할 수 있다.

실제 모수를 적합하고자 할 때 모든 훈련 데이터에 대해 $y_i = 1$인 경우에 $\theta^T x_i \gg 0$이도록, $y_i = 0$인 경우에는 $\theta^T x_i \ll 0$이 되게 적합하면 좋은 추정량이 될 것이다.

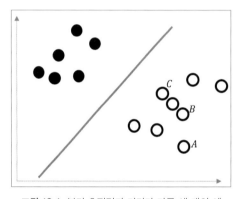

그림 18.1 분리 초평면과 거리가 다른 세 개의 예

추정된 모수에 의해 만들어진 평면은 $\theta^T x = 0$가 되며 이 평면은 원래 입력 데이터 벡터의 차원보다 1차원 작은 초평면hyperplane이 된다. 그림에서 보듯이 A라는 점은 결정경계선이라고 할 수 있는 초평면으로부터 멀리 떨어져 있어 확실히 −1로 분류된다. 또한 B는 C보다는 더 확신을 갖고 −1로 분류할 수 있다. 초평면과 가까운 C 점은 만약 초평면의 조금이라도 바뀌게 된다면 즉, 기울기나 절편 값이 변화가 발생하면 잘못하여 0으로 분류될 수 있다. 따라서 초평면을 통해 분류를 하고자 할 때 초평면과 각 데이터의 거리가 매우 중요한 기준이 된다.

18.3 표기법

SVM에서는 자체적으로 잘 알려진 표기법을 사용한다. 18장에서는 이 표기법을 사용해 진행하기로 한다.

SVM에서는 이진 목표변수의 클래스 레이블 값이 {0,1}로 인코딩하지 않고 {−1,1}로 인코딩한다. 모수의 경우도 θ를 사용하지 않고 w, b를 사용한다. 즉, $h_{w,b}(x) = g(w^T x + b)$를 가설함수로 사용한다. 여기서 g 함수는 $g(z) = 1$ if $z \geq 0$, $g(z) = -1$ otherwise이다. 즉, 부호 값을 돌려주는 함수다. 결과적으로 직접적으로 z값을 보고 1에 속하는지 −1에 속하는지를 알려준다.

18.4 마진과 최적 마진 분류기

이진 분류 문제에서 데이터가 선형으로 분리가 가능하다는 것은 그림과 같이 적절한 초평면이 존재하는 것을 의미한다. 초평면은 입력 데이터 벡터보다 1차원 작은 평면을 의미한다.

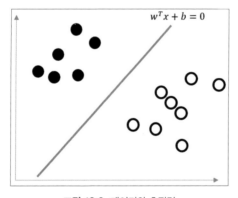

그림 18.2 데이터와 초평면

단, 초평면은 다음의 조건을 충족해야 한다.

$$w^T x + b \geq 1, \text{if } y_i = 1$$
$$w^T x + b \leq -1, \text{if } y_i = -1$$

선형으로 분리가 가능한 경우에 조건을 충족하는 초평면은 그림과 같이 무한히
많다.

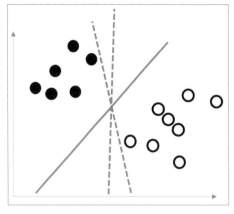

그림 18.3 초평면의 예

조건을 충족하는 초평면 중에는 까만 점과 하얀 점 사이의 여백 즉 마진이 넓은
초평면과 마진이 매우 얇은 초평면이 있다. 그림에서 실선 초평면은 여백이 많지만,
점선 초평면은 마진이 매우 작다.

즉 마진은 분리 초평면이 존재하는 경우에 모든 데이터를 분리 초평면에 각각 정
사영을 했을 때 점과 직선과의 거리라고 정의할 수 있다.

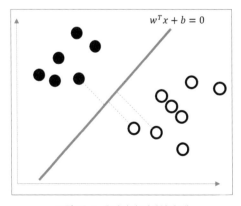

그림 18.4 초평면과 정사영의 예

그림에서 점선의 길이가 기하 마진이라고 한다.

점선의 길이는 초평면과 수직인 벡터가 $\frac{w}{\|w\|}$이므로 다음 그림과 같이 d의 길이는 $\frac{|x^T w|}{\|w\|}$이 된다.

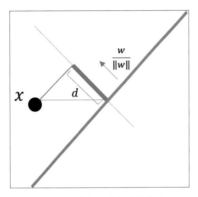

그림 18.5 정사영의 점과 직선과의 거리

이때 많은 초평면 중에서 최적의 분류기를 고르고자 한다면, 가장 큰 기하 마진을 주는 분류기를 선택하는 것이 가장 좋은 방법이다.

따라서 최적 마진 분류기^{optimal margin classifier}는 아래와 같은 조건을 충족하면서,

$$w^T x + b \geq 1, \text{ if } y_i = 1$$
$$w^T x + b \leq -1, \text{ if } y_i = -1$$

값이 최대가 되는 분류기이다.

$$\rho(w, b) = \min_{\{y_i = 1\}} \frac{x^T w}{\|w\|} - \max_{\{y_i = -1\}} \frac{x^T w}{\|w\|}$$

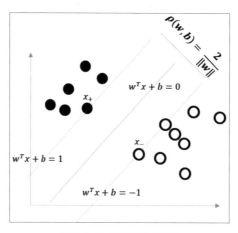

그림 18.6 최적 마진 분류기

그림은 다음과 같이 설명된다.

$$1 = w^T x + b = w^T(x_- + cw) + b = -1 + cw^T w$$

$$\Rightarrow c = \frac{2}{w^T w}$$

$$\Rightarrow \|cw\| = \frac{2}{\|w\|}$$

따라서 최적 마진 분류기는 $\frac{2}{\|w\|}$를 최대로 해주는 분류기 즉, 초평면을 찾는 것이다.
다르게 표현하면 주어진 문제는 아래와 같이 정의할 수 있다.

$$\min_{w,b} \frac{1}{2}\|w\|^2$$
$$\text{s.t. } y_i(w^T x_i + b) \geq 1, \forall i = 1, ..., n$$

$y_i(w^T x_i + b)$를 함수 마진이라고 한다.

위와 같이 문제를 정의하게 되며, 일반적인 볼록 이차 형식^{convex quadratic form}의 목
적함수와 선형 제약 조건을 갖는 이차 프로그래밍^{QP, quadratic programming} 문제이며, 이
에 대한 해가 최적 또는 최대 마진 분류기가 되는 것이다.

18.5 라그랑지 쌍대성

다음과 같은 원시 최적화^{primal optimization} 문제가 있다고 가정하자.

$$\min_w f(w)$$
$$\text{s.t. } g_i(w) \leq 0, \, i = 1, ..., k$$
$$h_i(w) = 0, \, i = 1, ..., l$$

이때 일반화 라그랑지 함수^{generalized Lagrangian}는 다음과 같이 정의된다.

$$\mathcal{L}(w, \alpha, \beta) = f(w) + \sum_{i=1}^{k} \alpha_i g_i(w) + \sum_{i=1}^{l} \beta_i h_i(w), \, \alpha_i \geq 0$$

여기서 α_i, β_i를 라그랑지 승수^{Lagrange multiplier}라고 한다.

여기서 다음과 같은 함수를 고려해보자.

$$\theta_P(w) = \max_{\alpha, \beta : \alpha_i \geq 0} \mathcal{L}(w, \alpha, \beta)$$

여기서 함수의 아래첨자인 P는 원시^{primal}함수의 의미를 뜻한다.

만약에 w가 원시 최적화 조건에 위배된다고 하면, 다시 말해 어떤 i에 대해 $g_i(w)$ > 0이거나 $h_i(w) \neq 0$이면 $\theta_P(w) = \infty$가 된다.

역으로 만약에 w가 원시 최적화 조건을 충족한다고 하면 $\theta_P(w) = f(w)$가 된다. 따라서 원시 문제^{primal problem}는 다음과 같은 문제를 푸는 해와 일치하게 된다.

$$\min_w \theta_P(w) = \min_w \max_{\alpha, \beta : \alpha_i \geq 0} \mathcal{L}(w, \alpha, \beta)$$

$p^* = \min_w \theta_P(w)$로 정의하면 이 값은 원시 문제의 값^{value}이라고 부른다.

다음은 이와 다른 접근 방법을 알아보자.

다음과 같이 하나의 함수를 정의하자.

$$\theta_D(\alpha, \beta) = \min_w \mathcal{L}(w, \alpha, \beta)$$

이 함수에서 사용된 아래첨자인 D는 쌍대^{dual}를 의미한다.

위의 함수를 이용해 쌍대 최적화 문제^{dual optimization problem}를 정의해보자.

$$\max_{\alpha,\beta:\alpha_i \geq 0} \theta_D(\alpha, \beta) = \max_{\alpha,\beta:\alpha_i \geq 0} \min_w \mathcal{L}(w, \alpha, \beta)$$

이 문제는 원시 문제의 min과 max 위치만 바꾼 것과 동일하다. $d^* = \max_{\alpha,\beta:\alpha_i \geq 0} \theta_D(\alpha, \beta)$ 라고 정의하면 쌍대 문제의 값이라고 부를 수 있다.

원시 문제와 쌍대 문제의 값 사이의 관계는 다음과 같이 계산될 수 있다.

$$d^* = \max_{\alpha,\beta:\alpha_i \geq 0} \min_w \mathcal{L}(w, \alpha, \beta) = \min_w \max_{\alpha,\beta:\alpha_i \geq 0} \mathcal{L}(w, \alpha, \beta) = p^*$$

즉, max min 문제는 항상 min max보다 작거나 같다.

이때 어떤 가정과 조건하에서는 원시 문제 값과 쌍대 문제 값이 같아지게 된다. 따라서 이 조건을 적용함으로써 원시 문제를 쌍대 문제로 환원하여 풀 수 있게 된다.

적용되는 가정은 다음과 같다.

f와 g는 볼록 함수, h는 어파인^{affine} 함수이며 모든 i에 대해 $g_i(w) < 0$인 w가 존재한다(이 조건을 g_i에 대한 feasible 조건이라 함)는 가정을 한다. 이러한 가정을 만족한다면, w^*, α^*, β^*인 해가 존재하며, w^*는 원시 문제의 해이며, α^*, β^*는 쌍대 문제의 해가 된다. 이때 쌍대값과 원시 값이 서로 같게 된다. 뿐만 아니라 w^*, α^*, β^*는 다음과 같은 KKT^{Karush-Kuhn-Tucker} 조건도 만족시킨다.

$$\frac{\partial}{\partial w_i} \mathcal{L}(w^*, \alpha^*, \beta^*) = 0, \forall i \qquad (1)$$

$$\frac{\partial}{\partial \beta_i} \mathcal{L}(w^*, \alpha^*, \beta^*) = 0, \forall i \qquad (2)$$

$$\alpha_i^* g_i(w^*) = 0, \forall i \qquad (3)$$

$$g_i(w^*) \leq 0, \forall i \qquad (4)$$

$$\alpha^* \geq 0 \qquad (4)$$

역으로 w^*, α^*, β^*가 KKT 조건을 만족시키면 이 해는 원시 문제와 쌍대 문제의 해가 된다.

위 조건 중에 (3)번 조건을 특히 KKT 쌍대 상보성^{complementarity} 조건이라 한다. 이 의미는 만약 $\alpha_i^* > 0$이면 $g_i(w^*) = 0$이어야 한다.

18.6 라그랑지 쌍대성을 이용한 최대 마진 분류기

앞에서 얘기한 원시 문제를 이용한 최대 마진 분류기는 다음 조건을 만족한다.

$$\min_{w,b} \frac{1}{2}\|w\|^2$$
$$\text{s.t. } y_i(w^T x_i + b) \geq 1, \forall i = 1, ..., n$$

여기서 라그랑지 함수 형식으로 보면 제약 조건은 $g_i(w) = -y_i(w^T x_i + b) + 1 \leq 0$ 가 되면, 라그랑지 쌍대 상보성 조건에 의해서 $\alpha_i > 0$인 즉, $g_i(w) = 0$인 훈련 데이터 만 최적화 문제에 관여하게 된다. 즉, $y_i(w^T x_i + b) = 1$인 데이터들이다.

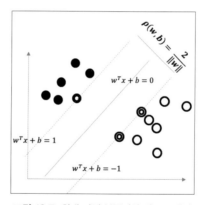

그림 18.7 최대 마진 분류기와 서포트 벡터

그림에서 보면 점선에 걸쳐 있는 3개의 점만이 $y_i(w^T x_i + b) = 1$인 즉, $g_i(w) = 0$ 인 훈련 샘플이다. 이 3개의 점이 분리 초평면을 만드는 점이며 서포트 벡터라고 부른다.

서포트 벡터들은 일반적으로 훈련 데이터의 개수보다 항상 작기 때문에 더욱 효율적으로 알고리즘을 구성할 수 있고 계산 성능을 향상시킬 수 있다.

원시 문제를 쌍대 문제로 변환하는 과정을 살펴보자.

원시 문제를 라그랑지 함수로 표현하면 다음과 같다.

$$\mathcal{L}(w, b, \alpha) = \frac{1}{2}\|w\|^2 - \sum_{i=1}^{n} \alpha_i (y_i(w^T x_i + b) - 1)$$

쌍대 문제로 변환하기 위해서는 라그랑지 함수를 먼저 w와 b에 최솟값을 구한 후 α에 대해 최댓값을 구해야 한다. 이는 w와 b에 대해 미분한 후 그 결괏값을 적용한 뒤 α에 대해 최댓값을 구하면 된다.

$$\frac{\partial}{\partial w}\mathcal{L}(w, b, \alpha) = w - \sum_{i=1}^{n} \alpha_i y_i x_i = 0$$

$$\frac{\partial}{\partial b}\mathcal{L}(w, b, \alpha) = w - \sum_{i=1}^{n} \alpha_i y_i = 0$$

따라서 $w = \sum_{i=1}^{n} \alpha_i y_i x_i$이고 이를 대입하면 다음과 같다.

$$\mathcal{L}(w, b, \alpha) = \sum_{i=1}^{n} \alpha_i - \frac{1}{2}\sum_{i=1}^{n}\sum_{j=1}^{n} \alpha_i \alpha_j y_i y_j x_i^T x_j - b\sum_{i=1}^{n} \alpha_i y_i$$

여기서 $\sum_{i=1}^{n} \alpha_i y_i = 0$이므로 아래에 보이는 것처럼 된다.

$$W(\alpha) = \sum_{i=1}^{n} \alpha_i - \frac{1}{2}\sum_{i=1}^{n}\sum_{j=1}^{n} \alpha_i \alpha_j y_i y_j x_i^T x_j$$

$$\text{s.t.} \, \alpha_i \geq 0, \, \forall i$$

$$\sum_{i=1}^{n} \alpha_i y_i = 0$$

따라서 $\max_{\alpha} W(\alpha)$를 구하면 원시 문제가 쌍대 문제로 전환하게 돼 문제가 더욱 단순해지게 된다.

이 문제에 의해 적합된 $w^* = \sum_{i=1}^{n} \alpha_i y_i x_i$을 이용해 b^*을 구하면, $y_i(w^T x_i + b) \geq 1$, $\forall i$이므로 $y_i = 1$인 경우에는 $\min_{y_i=1} w^T x_i + b = 1$이고 $y_i = -1$인 경우에는 $\max_{y_i-1} w^T x_i +$

$b = -1$이다. 이를 이용하면 다음과 같다.

$$b^* = \frac{\min_{y_i = 1} w^{*T}x_i + \max_{y_i = -1} w^{*T}x_i}{2}$$

즉, α만 구하면 우리가 원하는 최대 마진 분류기를 구할 수 있는 것이다.

최대 마진 분류기의 형식에서 눈여겨봐야 할 몇 가지를 살펴보자.

$$w^T x + b = \left(\sum_{i=1}^{n} \alpha_i y_i x_i \right)^T x + b$$

$$= \sum_{i=1}^{n} \alpha_i y_i \langle x_i, x \rangle + b$$

$$= \sum_{i \in \{support\ vectors\}} \alpha_i y_i \langle x_i, x \rangle + b$$

즉, 새로운 샘플인 x가 있을 경우에 분류기는 서포트 벡터의 모든 값과 x와의 내적 inner product을 구한다. 물론 모든 훈련 데이터가 아니라 서포트 벡터들과 내적을 구한다. 서포트 벡터가 아닌 경우에는 $\alpha_i = 0$이기 때문이다. 중요한 점은 내적만을 사용한다는 것이다.

18.7 커널

최대 마진 분류기는 분류에 있어서 선형 분류기 즉, 초평면으로 분류가 된다는 가정을 하고 있다. 만약에 초평면으로 분류되지 않고 다항함수 등으로 분류된다고 한다면 어떻게 이 개념을 확장할 수가 있을까?

가령 입력 속성이 X인 경우에 X, X^2, X^3을 입력 특징으로 사용해 적합하고자 한다면 어떻게 될까?

즉, 원래 X를 사용하지 않고 다음과 같은 입력 특징을 사용한다.

$$\phi(X) = \begin{bmatrix} X \\ X^2 \\ X^3 \end{bmatrix}$$

라그랑지 쌍대 함수에서의 $W(\alpha) = \sum_{i=1}^{n} \alpha_i - \frac{1}{2}\sum_{i=1}^{n}\sum_{j=1}^{n} \alpha_i \alpha_j y_i y_j \langle x_i, x_j \rangle$와 실제 예측 함수인 $w^T x + b = \sum_{i=1}^{n} \alpha_i y_i \langle x_i, x \rangle + b$는 전부 입력 특징 간의 내적만을 사용하고 있다. 따라서 앞에서 사용한 모든 알고리즘의 $\langle x, z \rangle$를 $\langle \phi(x), \phi(z) \rangle$로 대체하기만 하면 된다.

이때, 주어진 입력 특징 매핑 함수인 ϕ에 대해 커널^{kernel}은 다음과 같이 정의한다.

$$K(x, z) = \langle \phi(x), \phi(z) \rangle = \phi(x)^T \phi(z)$$

원래 특징 공간을 특징 매핑 함수에 의해 확장한 후 모수를 구하는 것은 많은 자원을 낭비하는 것이기 때문에 (심지어 무한 공간까지 확장 가능하므로) 더 간단한 방법을 알아보자.

가령 다음과 같은 커널을 생각해보자.

$$K(X, Z) = (X^T Z)^2, \text{ 여기서 } X, Z \in \mathbb{R}^p$$

이런 경우,

$$K(X, Z) = \left(\sum_{i=1}^{p} X_i Z_i\right)\left(\sum_{j=1}^{p} X_j Z_j\right)$$

$$= \sum_{i=1}^{p}\sum_{j=1}^{p} X_i X_j Z_i Z_j$$

$$= \sum_{i,j=1}^{p} (X_i X_j)(Z_i Z_j)$$

이다. 앞과 같이 커널을 직접 정의하지 않고 매핑 함수를 이용해 정의해보자. 만약 $p = 3$인 경우에 입력 특징 매핑 함수는 다음과 같다.

$$\phi(X) = \begin{bmatrix} X_1X_1 \\ X_1X_2 \\ X_1X_3 \\ X_2X_1 \\ X_2X_2 \\ X_2X_3 \\ X_3X_1 \\ X_3X_2 \\ X_3X_3 \end{bmatrix}$$

보는 바와 같이 입력 특징 매핑 함수를 계산 후 커널을 구하는 것은 $3^2 + 3^2 + 3^2$번의 계산이 필요하다. $K(X, Z) = (X^TZ)^2$로 직접 정의하는 경우는 3번만 필요하므로 매핑 후 계산 방법은 매우 비효율적이라고 할 수 있다. 따라서 커널을 매핑 함수를 이용해 구하지 말고 약간의 속임수를 이용해^{kernel trick} 직접 정의하는 방법이 매우 효율적이다.

커널을 정의하기 위해서는 커널이 갖고 있는 직관적인 의미를 살펴볼 필요가 있다. 커널은 일종의 내적으로 정의된 것이므로 커널 값이 크다는 것은 매핑 공간에서의 두 개의 점이 가깝다는 것을 의미한다.

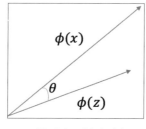

그림 18.8 커널의 의미

그림에서 만약 두 개의 매핑 벡터가 서로 직각이면 코사인 값이 0이 되고 서로 일치하면 코사인 값은 1이 된다. 따라서 커널은 일종의 두 개의 데이터 값이 서로 가까이 있음을 또는 유사함을 나타내는 값이라고 할 수 있다.

이러한 커널 가운데 대표적인 가우시안 커널^{Gaussian kernel}을 살펴보자.

$$K(x, z) = \exp\left(\frac{\|x - z\|^2}{-2\sigma^2} \right)$$

다음과 같이 z가 A, B, C 세 가지 위치에 따라 어떤 값을 갖는지 알아보자.

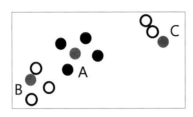

그림 18.9 가우시안 커널 적용 예

그림에서 만약에 A 위치에 있는 경우에는 까만 돌만이 커널 계산에 대부분 영향을 준다. 나머지 하얀 돌과의 거리가 크므로 $\|x_{B \text{ 근처의 하얀 돌}} - A\|^2 \approx \infty$, $\|x_{C \text{ 근처의 하얀 돌}} - C\|^2 \approx \infty$이므로 $K(x_{x_B \text{ 근처의 하얀 돌}}, A) = 0$, $K(x_{x_B \text{ 근처의 하얀 돌}}, A) = 0$이다. 또한 B나 C 위치에 있는 경우에는 각각 주변의 하얀 돌만 대부분의 영향을 미친다고 볼 수 있다.

즉, 그림에서 선형 커널로는 분류할 수 없는 문제지만 적절한 커널을 사용해 분류가 가능할 수 있음을 알 수 있다.

그런데 이러한 커널은 무조건 적절히 정의만 하면 되는 것인가? 유효한 커널이 될 수 있는가? 유효한 커널은 정의된 커널에 대해 적절한 입력 특징 매핑 함수인 ϕ가 존재하는 것을 의미한다. 이러한 유효한 커널을 머셔^{Mercer} 커널이라고 하며 커널 행렬이 양반정치행렬^{positive semi-definite matrix}이어야 한다고 알려져 있다.

대표적으로 많이 사용되는 커널은 다음과 같다.

$K(x_i, x_j) = \langle x_i, x_j \rangle$: 선형 커널

$K(x_i, x_j) = \exp\left(-\dfrac{\|x_i - x_j\|^2}{2\sigma^2}\right) = \exp(-\gamma\|x_i - x_j\|^2)$: 가우시안 커널

$K(x_i, x_j) = \tanh(p_1\langle x_i, x_j \rangle + p_2), p_1 > 0, p_2 < 0$: 쌍곡탄젠트^{hyperbolic tangent} 커널

$K(x_i, x_j) = (\langle x_i, x_j \rangle + 1)^p$: 다항 커널

18.8 정규화와 비분리 경우

최대 마진 분류기인 경우에 선형으로 또는 매핑 공간에서 분류가 가능하다는 가정이 있다. 그러나 만약에 분리가 불가능한 경우^{non-separable}는 어떻게 할 것인가? 또는 우리가 찾은 분리 초평면이 이상치^{outlier}에 의해 쉽게 변경이 된다면 과연 바람직한 초평면이라고 할 수가 있는가?

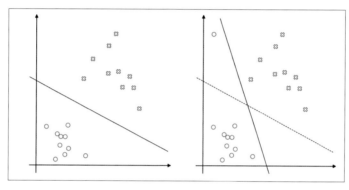

그림 18.10 초평면과 이상치

그림에서 보듯이 이상치가 나타나 새로운 초평면 구성 시 마진이 매우 작아짐을 알 수가 있다. 새로운 값이 등장할 때마다 초평면이 쉽게 변하게 됨을 느낄 수 있다.

이러한 문제를 해결하기 위해 L_1 정규화^{regularization}를 도입한다. 여기서의 정규화는 모수에 대해 일정한 규제를 가한다는 의미다.

$$\min_{\gamma,w,b} \frac{1}{2}\|w\|^2 + C\sum_{i=1}^{n}\xi_i$$
$$\text{s.t. } y_i(w^Tx_i + b) \geq 1 - \xi_i, \forall i = 1, ..., n$$
$$\xi_i \geq 0, \forall i = 1, ..., n$$

이 식에서 보면, 함수 마진 $y_i(w^Tx_i + b)$이 1보다 작음을 알 수 있다. 즉, 하나의 관측값 또는 예가 1보다 작은 마진을 허용하고 있으며 그런 경우에 목적함수에 $C\xi_i$라는 벌점^{penalty}을 주고 있다. 일종의 초모수라고 할 수 있는 즉, 사전에 정의돼야 하는 C는 $\|w\|^2$을 최소화해야 하는 것과 대부분의 훈련 데이터들이 함수 마진이 1보다 커

야 하는 것과의 상대적인 가중치라고 볼 수 있다.

위와 같이 원시 문제를 정의한 후 쌍대 라그랑지 함수를 적용하면 다음과 같은 문제로 요약할 수 있다.

$$W(\alpha) = \sum_{i=1}^{n} \alpha_i - \frac{1}{2} \sum_{i=1}^{n} \sum_{j=1}^{n} \alpha_i \alpha_j y_i y_j x_i^T x_j$$

$$\text{s.t.} \, \alpha_i \leq C, \forall i$$

$$\sum_{i=1}^{n} \alpha_i y_i = 0$$

여기서 $\max_{\alpha} W(\alpha)$인 모수를 구하게 된다. $L_1 -$ 조건으로 변화된 것은 모수 값들이 C보다 작거나 같아야 하는 조건이다.

18.9 여유 변수와 초모수 C

초평면으로 분리되지 않는 경우에 도입된 모수가 여유 변수$^{\text{slack variable}}$인 ξ_i이다. 이 변수의 의미를 살펴보자.

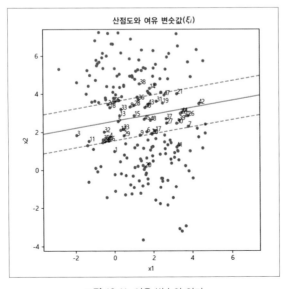

그림 18.11 여유 변수의 의미

그림의 빨간색 점 중에 3번과 11번은 여유 변숫값이 0보다 크지만 1보다 작다. 즉, 정분류됐지만, 마진 사이에 데이터가 있는 경우다. 13, 15 등은 오분류된 경우이며, 1보다 크지만 2보다 작은 경우다. 38, 14는 2보다 큰 경우다. 이런 조건을 갖는 모든 점들에 대해 벌점을 주는 것이다. 정분류되고 마진 밖에 있는 점은 벌점이 없다.

$$\min_{\gamma,w,b} \frac{1}{2}\|w\|^2 + C\sum_{i=1}^{n}\xi_i$$

L_1 정규화가 포함된 목적함수에서 만약 C가 0이면 여유 변수는 어떠한 값이라도 가질 수 있다. 즉, 마진이 크더라도 별 문제가 없다. 만약 C가 무한대이면 모든 여유 변숫값이 0이어야 한다. 즉, 분리 가능한 최대 마진 분류기와 같은 목적함수가 되고 이런 경우에 하드 마진hard margin이라고 한다. 따라서 C값이 크면 클수록 마진은 점점 작아지게 된다. 그런 의미에서 위와 같은 목적함수를 갖는 마진을 소프트 마진soft margin이라고 한다.

18.10 비용함수

하드 마진에서 사용되는 목적함수는 다음과 같이 정의했다.

$$\min_{\gamma,w,b} \frac{1}{2}\|w\|^2$$
$$\text{s.t. } y_i(w^T x_i + b) \geq 1, \forall i = 1, ..., n$$

이 식은 일반적인 손실 + 벌점 형식으로 정의된 형식은 아니다. 서포트 벡터 머신도 손실 + 벌점 형식으로 표현하면 다음과 같이 정의할 수 있다.

$$\min_{w,b}\left\{\sum_{i=1}^{n}\max[0,1-y_i h_{w,b}(x_i)] + \lambda\sum_{j=1}^{p}w_j^2\right\}$$

여기서 사용된 손실함수를 경첩 손실함수hinge loss라고 한다. 이런 의미에서 보면 서포트 벡터 머신은 경첩 손실함수를 비용함수로 갖는 분류기라고 볼 수 있다.

경첩 손실함수의 의미를 살펴보면,

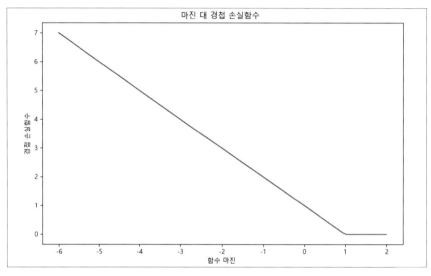

그림 18.12 경첩 손실함수

그림과 같이 마진이 1보다 크거나 같을 때는 손실이 0이지만, 1보다 작은 경우는 직선으로 손실이 커져 감을 알 수 있다.

18.11 서포트 벡터 머신의 모수 추정

쌍대 최적화 문제에서 결국은 다음의 식을 만족하는 모수를 구해야 한다.

$$Minimize_\alpha \ W(\alpha)\left(= \sum_{i=1}^{n} \alpha_i - \frac{1}{2} \sum_{i=1}^{n} \sum_{j=1}^{n} \alpha_i \alpha_j y_i y_j x_i^T x_j \right)$$

$$\text{s.t.} \ 0 \le \alpha_i \le C, \ \forall i$$

$$\sum_{i=1}^{n} \alpha_i y_i = 0$$

추정하는 방법 가운데 잘 알려진 방법은 좌표 상승^{coordinate ascent}에 의한 순차 최소 최적화$^{\text{SMO, sequential minimal optimization}}$ 방법이 있다.

좌표 상승 방법은 나머지 축은 고정하고 하나의 축에 대해서만 W를 최대화하고 이 방법을 반복하는 것이다. 그런데, $\Sigma_{i=1}^{n}\alpha_i y_i = 0$ 조건에 의해 나머지 축을 고정하면, 또 하나의 축은 자동적으로 $\alpha_1 y_1 = -\Sigma_{i=2}^{n}\alpha_i y_i \rightarrow \alpha_1 = -y_1\Sigma_{i=2}^{n}\alpha_i y_i$이므로 자동으로 결정된다. 따라서 하나의 축만 변동시킬 수가 없게 된다. 따라서 한 번에 2개의 모수를 선택하고 나머지를 고정하여 좌표 상승 방법에 의해 해를 찾는 과정이 SMO 방법이다. 자세한 알고리즘은 [SMO]를 참조한다.

18.12 예제: 커널 함수로 분리 가능한 경우(하드 마진)

18.12.1 필요한 패키지

```python
# 필요한 패키지
import numpy as np
import pandas as pd
import matplotlib.pyplot as plt
import requests, zipfile, io

from sklearn.model_selection import train_test_split
from sklearn import metrics

from sklearn.model_selection import GridSearchCV, KFold
from sklearn.svm import SVC
from sklearn.datasets.samples_generator import make_blobs

# 3차원 그래프
from mpl_toolkits.mplot3d import Axes3D

# 초기 설정
from settings import *

# 한글 출력
plt.rcParams['font.family'] = 'Malgun Gothic'
plt.rcParams['axes.unicode_minus'] = False
```

18.12.2 데이터 구성

```
# 데이터 만들기
X, y = make_blobs(n_samples=100, centers=2, cluster_std=0.7, random_state=0)

# 데이터 구성 확인
plt.figure(figsize=(6,6))
plt.scatter(X[:,0], X[:,1], c=y, cmap='rainbow')
plt.xlabel('x1')
plt.ylabel('x2')
plt.title('산점도', weight='bold')
plt.savefig(png_path + '/svm_scatter.png')
plt.show()
```

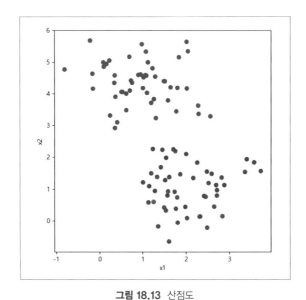

그림 18.13 산점도

구성된 데이터는 보는 바와 같이 하나의 직선으로 2개의 그룹으로 분류될 수 있는 모양이다.

18.12.3 데이터 분할

```
# 데이터 분할
X_train, X_test, y_train, y_test = train_test_split(X, y, test_size=0.3)
```

18.12.4 서포트 벡터 머신 적합

```
# 하드 마진인 경우에 벌점 상수 C를 크게 해야 함
clf = SVC(kernel='linear', C=1000)
clf.fit(X_train, y_train)
clf.score(X_test, y_test)
# 1.0

# 적합된 결정함수
clf.intercept_
# array([6.09562784])
clf.coef_
# array([[ 0.41403294, -2.48273044]])

# 서포트 벡터
clf.support_vectors_
# array([[2.56509832, 3.28573136],
#        [0.35482006, 2.9172298 ],
#        [1.23408114, 2.25819849]])
```

  하드 마진은 벌점 상수 값을 크게 해줌으로써, 비용함수를 작게 하기 위해서는 여유 변수들의 값이 0에 가까워야 함으로 소프트 마진을 주지 않는다.

  커널 함수는 선형함수로 적합했으며, 적합된 결정함수는 $6.09 + 0.414x_1 - 2.482x_2$가 된다.

  이 결정함수에 영향을 주는 서포트 벡터는 세 개임을 확인할 수 있다.

  그래프상으로 어떻게 구분되는지 확인해보자.

18.12.5 마진과 결정경계선 그래프

```
# 그리드 생성
x_min = np.min(X)
x_max = np.max(X)
x_space = np.linspace(x_min, x_max, 50)
y_space = np.linspace(x_min, x_max, 50)
X_grid, Y_grid = np.meshgrid(x_space, y_space)
xy = np.c_[X_grid.ravel(), Y_grid.ravel()]

# 그리드에 의한 결정함수값
dvalue = clf.decision_function(xy).reshape(X_grid.shape)

# 마진과 결정경계선 그래프
plt.figure(figsize=(6,6))
plt.scatter(X_train[:, 0], X_train[:, 1], c=y_train, cmap='rainbow')
plt.contour(X_grid, Y_grid, dvalue, colors='k',
            levels=[-1, 0, 1], alpha=0.5,
            linestyles=['--', '-', '--'])
plt.scatter(clf.support_vectors_[:, 0], clf.support_vectors_[:, 1],
            s=200, linewidths=1, facecolors='none', edgecolors='k',
            label='서포트 벡터')

plt.xlabel('x1')
plt.ylabel('x2')
plt.title('마진과 결정경계선', weight='bold')
plt.legend()
plt.savefig(png_path + '/svm_ex_hard_margin.png')
plt.show()
```

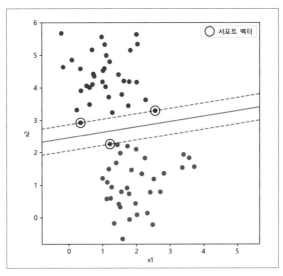

그림 18.14 마진과 결정경계선

그림에서 보면, 3개의 서포트 벡터에 의해 직선이 결정돼 있고, 결정경계선에 의해 2개의 그룹이 정확히 나누어져 있음을 알 수 있다.

18.13 예제: 커널 함수로 분리가 불가능한 경우(소프트 마진)

18.13.1 데이터 구성

데이터는 클러스터의 표준편차를 크게 함으로써 겹치게 만들었다.

```python
# 데이터 만들기
X, y = make_blobs(n_samples=100, centers=2, cluster_std=1.2, random_state=0)

# 데이터 구성 확인
plt.figure(figsize=(6,6))
plt.scatter(X[:,0], X[:,1], c=y, cmap='rainbow')
plt.xlabel('x1')
plt.ylabel('x2')
```

```
plt.title('산점도', weight='bold')
plt.savefig(png_path + '/svm_scatter_soft.png')
plt.show()
```

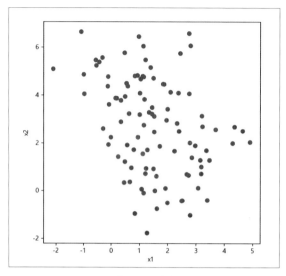

그림 18.15 산점도

18.13.2 서포트 벡터 머신 적합

```
# SVM 적합
clf = SVC(kernel='linear', C=1000)
clf.fit(X_train, y_train)
clf.score(X_test, y_test)
# 0.9333333333333333

# 서포트 벡터의 수 (클래스별)
clf.n_support_
# array([8, 8])

# 결정경계선 그래프
# 그리드 생성
x_min = np.min(X)
x_max = np.max(X)
```

```
x_space = np.linspace(x_min, x_max, 50)
y_space = np.linspace(x_min, x_max, 50)
X_grid, Y_grid = np.meshgrid(x_space, y_space)
xy = np.c_[X_grid.ravel(), Y_grid.ravel()]

# 그리드에 의한 결정함수값
dvalue = clf.decision_function(xy).reshape(X_grid.shape)

# 마진과 결정경계선 그래프
plt.figure(figsize=(6,6))
plt.scatter(X_train[:, 0], X_train[:, 1], c=y_train, cmap='rainbow')
plt.contour(X_grid, Y_grid, dvalue, colors='k',
            levels=[-1, 0, 1], alpha=0.5,
            linestyles=['--', '-', '--'])
plt.scatter(clf.support_vectors_[:, 0], clf.support_vectors_[:, 1],
            s=200, linewidths=1, facecolors='none', edgecolors='k',
            label='서포트 벡터')

plt.xlabel('x1')
plt.ylabel('x2')
plt.title('마진과 결정경계선(소프트마진)', weight='bold')
plt.legend()
plt.savefig(png_path + '/svm_ex_soft_margin.png')
plt.show()
```

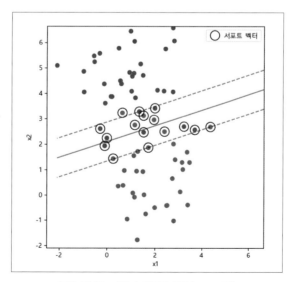

그림 18.16 마진과 결정경계선(소프트마진)

초기 세팅에서 벌점 상수 값을 크게 해줘 반드시 분리되도록 주었지만, 그럼에도 선형으로 분리할 수가 없어서 소프트 마진 형태로 결과가 나왔다. 결과를 보면 서포트 벡터는 오분류되거나, 마진 내에 있는 모든 점으로 정의돼 있음을 알 수 있다.

18.14 예제: 선형 이외의 커널 함수 적용

앞의 예에서 적용된 데이터를 단지 커널 함수를 가우시안 커널만 바꾸게 되면, 다음과 같은 결과를 얻을 수 있다.

```
# SVM 적합
clf = SVC(kernel='rbf', C=1000)
clf.fit(X_train, y_train)
clf.score(X_test, y_test)
# 0.8333333333333334

# 서포트 벡터의 수(클래스별)
clf.n_support_
# array([17, 18])

# 결정경계선 그래프
# 그리드 생성
x_min = np.min(X)
x_max = np.max(X)
x_space = np.linspace(x_min, x_max, 50)
y_space = np.linspace(x_min, x_max, 50)
X_grid, Y_grid = np.meshgrid(x_space, y_space)
xy = np.c_[X_grid.ravel(), Y_grid.ravel()]

# 그리드에 의한 결정함수값
dvalue = clf.decision_function(xy).reshape(X_grid.shape)

# 마진과 결정경계선 그래프
plt.figure(figsize=(6,6))
plt.scatter(X_train[:, 0], X_train[:, 1], c=y_train, cmap='rainbow')
plt.contour(X_grid, Y_grid, dvalue, colors='k',
            levels=[-1, 0, 1], alpha=0.5,
```

```
              linestyles=['--', '-', '--'])
plt.scatter(clf.support_vectors_[:, 0], clf.support_vectors_[:, 1],
            s=200, linewidths=1, facecolors='none', edgecolors='k',
            label='서포트 벡터')
plt.xlabel('x1')
plt.ylabel('x2')
plt.title('마진과 결정경계선(가우시안 커널)', weight='bold')
plt.legend()
plt.savefig(png_path + '/svm_ex_soft_margin_rbf.png')
plt.show()
```

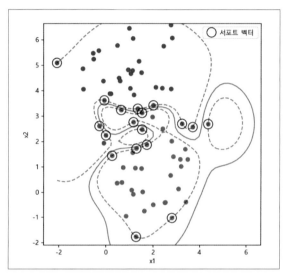

그림 18.17 마진과 결정경계선(가우시안 커널)

가우시안 커널이면서, 벌점 상수 값을 크게 준 경우에는 오히려 모델 정확도는 선형보다 작다. 물론 훈련 데이터에 대해서는 보는 바와 같이 완벽하게 분리했다.

```
# 마진과 결정경계선 그래프(평가 데이터 이용)
plt.figure(figsize=(6,6))
plt.scatter(X_test[:, 0], X_test[:, 1], c=y_test, cmap='rainbow')
plt.contour(X_grid, Y_grid, dvalue, colors='k',
            levels=[-1, 0, 1], alpha=0.5,
            linestyles=['--', '-', '--'])
```

```
plt.xlabel('x1')
plt.ylabel('x2')
plt.title('마진과 결정경계선(가우시안 커널, 평가 데이터)', weight='bold')
plt.savefig(png_path + '/svm_ex_soft_margin_rbf_test_data.png')
plt.show()
```

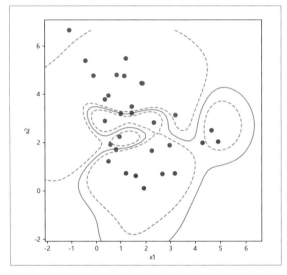

그림 18.18 마진과 결정경계선(가우시안 커널, 평가 데이터)

그림과 같이 평가 데이터에 적용한 결과는 약 83% 정도의 정확도를 보였다.

18.15 초모수의 결정

서포트 벡터 머신에서 중요한 초모수는 커널 함수와 벌점 상수 값을 지정하는 것이다. 커널 함수가 정의되고 나면 각 커널 함수에 대한 초모수인 스케일 및 차수 값 등이 정의돼야 한다.

이를 그리드 방식에 의해 결정하는 과정을 살펴보자.

```
# 초모수 집합 정의
param_grid = {'kernel': ['linear', 'poly', 'rbf'],
```

```
                        'C': [1, 10, 100]}

# 초모수 값의 조합에 의한 모델 적합
sv = SVC(random_state=0)
grid_search = GridSearchCV(estimator=sv, param_grid=param_grid, cv=3, n_jobs=-1)
grid_search.fit(X_train, y_train)

# 선택된 초모수 값
print(grid_search.best_params_)
# {'C': 10, 'kernel': 'linear'}

# 선택된 초모수에 의한 적합
opt_param = grid_search.best_params_
opt_param.update({'random_state': 0})

clf = SVC(**opt_param)
clf.fit(X_train, y_train)
acc = clf.score(X_test, y_test)
print("모델 정확도: {:.4f}".format(acc))
# 모델 정확도: 0.8667
```

18.16 예제: [BANK] 데이터 적용

18.16.1 데이터 구성

```
# 데이터 경로
path = 'https://archive.ics.uci.edu/ml/machine-learning-databases/00222/'
zip_url = path + 'bank.zip'

# 집파일 풀기
z = zipfile.ZipFile(io.BytesIO(requests.get(zip_url).content))
# 집파일 내의 구성 요소 보기
z.infolist()
# 특정 파일 가져오기
df = pd.read_csv(z.open('bank.csv'), sep=';')
```

```python
df.shape
# (4521, 17)
```

18.16.2 데이터 전처리 및 데이터 분할

```python
# 목표변수 분포 확인
df.y.value_counts()
# no      4000
# yes      521
base_dist = df.y.value_counts() / df.shape[0]
# no      0.88476
# yes     0.11524

# 변수 정의
feature_list = [name for name in df.columns if name != 'y']
categorical_variables = df.columns[(df.dtypes == 'object') & (df.columns != 'y')]
num_variables = [name for name in feature_list if name not in categorical_variables]

# 범주형 데이터를 숫자형 데이터로 전환
df_X_onehot = pd.get_dummies(df[categorical_variables], prefix_sep='_')
df_y_onehot = pd.get_dummies(df['y'], drop_first=True)

# 범주형 데이터와 숫자형 데이터 결합
X = np.c_[df[num_variables].values, df_X_onehot.values].astype(np.float64)
y = df_y_onehot.values.ravel()

# 모든 특징의 이름 리스트
feature_names = num_variables + df_X_onehot.columns.tolist()

# 데이터 표준화
from sklearn.preprocessing import StandardScaler
scaler = StandardScaler()
scaler.fit(X)
X_scaled = scaler.transform(X)

# 데이터 분할
X_train, X_test, y_train, y_test = train_test_split(X_scaled, y, test_size=0.3)
```

입력 특징들에 대해 가변수화한 뒤 표준화를 실시했다. 표준화 방법은 평균을 빼고 표준편차로 나눠주는 방식으로 진행했다.

18.16.3 초모수 정의

```
# 초모수 집합 정의
param_grid = {'kernel': ['linear', 'poly', 'rbf'],
              'C': [1, 10, 100]}

# 초모수 값의 조합에 의한 모델 적합
sv = SVC(random_state=0)
grid_search = GridSearchCV(estimator=sv, param_grid=param_grid, cv=3, n_jobs=-1)
grid_search.fit(X_train, y_train)

# 선택된 초모수 값
print(grid_search.best_params_)
# {'C': 10, 'kernel': 'linear'}
```

초모수 중 일부 값에 대해서만 그리드 방식에 의해 결정했다.

18.16.4 모델 적합 및 모델 평가

```
# 최적 모델 적합
param_grid = {'kernel': 'linear',
              'C': 10,
              'probability': True,
              'random_state': 0}
clf = SVC(**param_grid)
clf.fit(X_train, y_train)
acc = clf.score(X_test, y_test)
print("모델 정확도: {:.4f}".format(acc))
# 모델 정확도: 0.8961
```

```python
# 모델에 의한 예측 확률 계산
y_pred_proba = clf.predict_proba(X_test)[::, 1]

# fpr: 1-특이도, tpr: 민감도, auc 계산
fpr, tpr, _ = metrics.roc_curve(y_true=y_test, y_score=y_pred_proba)
auc = metrics.roc_auc_score(y_test, y_pred_proba)

# ROC 그래프 출력
plt.figure(figsize=(6, 6))
plt.plot(fpr, tpr, label="서포트 벡터머신\n곡선 밑 면적(AUC)=" + "%.4f" % auc)
plt.plot([-0.02, 1.02], [-0.02, 1.02], color='gray', linestyle=':', label='무작위 모델')
plt.margins(0)
plt.legend(loc=4)
plt.xlabel('fpr: 1-Specificity')
plt.ylabel('tpr: Sensitivity')
plt.title("ROC Curve", weight='bold')
plt.legend()
plt.savefig(png_path + '/svm_ROC.png')
plt.show()
```

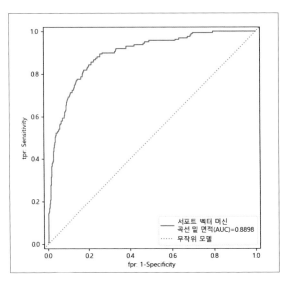

그림 18.19 ROC Curve

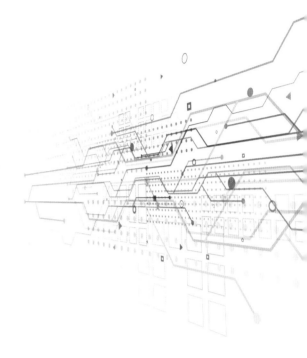

19

다층 신경망

19.1 개요

(인공) 신경망은 생물학적인 신경망으로부터 영감을 받은 계산 시스템이라고 정의할 수 있다. 신경망은 데이터에 의해 하나의 업무를 학습한다.

하나의 생물학적인 신경세포^{neuron}의 구조는 [NNR]에서 그림과 같이 표현된다.

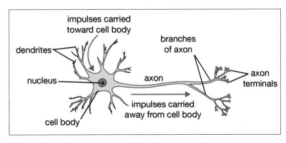

그림 19.1 신경세포의 구조(NNR)

각 신경세포는 연접^{synapse}으로 연결되며 연결된 부위를 시작점으로 해 수상돌기

dendrite로부터 연결돼 자극을 받고 활성화되며 축색돌기axon를 통해 전달된다.

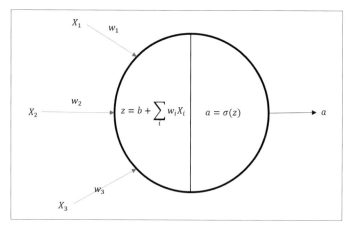

그림 19.2 노드의 구조

그림은 신경세포의 구조와 유사하게 설계된 노드다. 즉, 이전 노드로부터 자극을 받고 자극을 받은 후 어파인 변환affine transformation으로 값을 저장 후 활성함수인 σ을 통해 다른 노드로 전달해주는 구조다.

19.2 표기법

$l = 1, ..., L$: 층layer을 나타내는 첨자다. 1은 입력층을 의미하며 L은 출력층을 의미한다.

    n_l : l층의 노드의 개수다.

    $w_{ij}^{(l)}$: l층의 i노드가 직전 노드인 $(l-1)$층의 j노드로부터 받는 가중값이다.

    $b_j^{(l)}$: l층의 j노드가 갖는 편향bias이다. 일종의 절편intercept항이라고 볼 수 있다.

    $z_j^{(l)}$: l층의 j노드가 갖는 입력값이다.

    $a_j^{(l)}$: l층의 j노드가 갖는 출력값이다.

    $\sigma^{(l)}$: 활성함수activation function이다.

    $W^{(l)}$: l층의 가중값 행렬

$b^{(l)}$: l층의 절편값 벡터

$z^{(l)}$: l층의 입력값 벡터

19.3 전진 패스

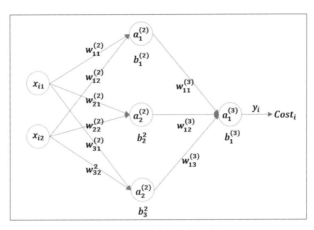

그림 19.3 신경망 표기법 예시

그림은 1개의 은닉층을 갖는 신경망의 예다. 그림에서 전진 패스^{forward pass} 또는 피드 포워드^{feed forward}가 진행돼 하나의 비용을 계산하기까지의 과정을 살펴보자.

그림에서는 2개의 입력 특징을 갖는 데이터가 입력 노드에서 입력이 된다. 이 값은 2번째 노드에서 각각의 가중값과 곱해지고 절편을 더해서 입력값 역할을 한다. 즉, $z_j^{(2)} = b_j^{(2)} + \sum_k w_{jk}^{(2)} x_{ik}$는 2번째 층의 j번째 노드의 입력값이 된다. 이 입력값은 활성 함수에 입력돼 해당 노드의 출력값이 된다. 즉, $a_j^{(2)} = \sigma(z_j^{(2)})$이다. 이와 같은 방식으로 전진 패스가 진행된다.

$$a^{(1)} \rightarrow W^{(2)}, b^{(2)} \rightarrow z^{(2)}, a^{(2)} \rightarrow W^{(2)}, b^{(2)} \rightarrow z^{(3)}, a^{(3)} \rightarrow \cdots$$

와 같은 방식으로 전진 패스가 진행된다. 이를 행렬로 표시해보자.

$$z^{(l)} = W^{(l)} a^{(l-1)} + b^{(l)}, l = 2, ..., L$$
$$a^{(l)} = \sigma^{(l)}(z^{(l)})$$

여기서 활성함수는 각 요소별^{elementwise}로 활성함수가 적용됨을 의미하며, $a^{(1)}$은 입력층을 의미한다.

마지막 출력값을 갖는 층을 출력층이라 하며, 출력층에서 나온 값과 목표값을 이용해 비용을 계산하게 된다. 비용함수는 연속형인 목표값인 경우는 RSS를 사용하며 이산형인 경우는 업무 목적에 따라 다양한 비용함수 가령 교차 엔트로피, 지니지수 등을 사용하게 된다.

그림 19.4 전진 패스 예시

그림은 이러한 과정을 요약한 것이다.

19.4 활성함수

활성함수는 노드에서 입력을 받아 활성값을 만들어내는 함수다. 여기서 입력값은 직전층에서 사전 정의된 규칙에 의해 정의된 값을 의미한다. 완전 연결$^{fully\ connected}$인 경우는 직전 노드의 모든 노드의 가중치 합(절편 포함 여부는 하나의 선택 사항)이다.

대표적인 활성함수와 도함수^{derivative}는 다음의 표와 같다.

이름	활성함수	도함수
항등^{Identity}	$\sigma(z)=z$	$\sigma'(z)=1$
시그모이드^{Sigmoid}	$\sigma(z)=\dfrac{1}{1+e^{-z}}$	$\sigma'(z)=\sigma(z)(1-\sigma(z))$
쌍곡탄젠트$^{hyperbolic\ tangent}$	$\sigma(z)=\dfrac{e^{z}-e^{-z}}{e^{z}+e^{-z}}$	$\sigma'(z)=1-\sigma^{2}(z)$
교정선형단위$^{ReLU,\ rectified\ linear\ unit}$	$\sigma(z)=\max(0,\ z)$	$\sigma'(z)=1$ if $z\geq0$ else 0

19.5 전진 패스의 예시

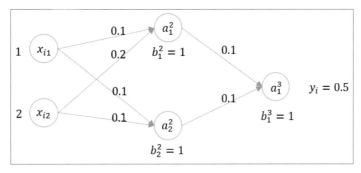

그림 19.5

그림에서 신경망의 입력값과 모수 값을 이용해 비용함수값을 계산해보자.

$$a^{(1)} = \begin{bmatrix} 1 \\ 2 \end{bmatrix}$$

$$W^{(2)} = \begin{bmatrix} 0.1 & 0.2 \\ 0.1 & 0.1 \end{bmatrix}$$

$$b^{(2)} = \begin{bmatrix} 1 \\ 1 \end{bmatrix}$$

$$W^{(3)} = \begin{bmatrix} 0.1 & 0.1 \end{bmatrix}$$

$$b^{(3)} = \begin{bmatrix} 1 \end{bmatrix}$$

이며, 비용함수는 sigmoid와 identity를 사용한다.

$$z^{(2)} = W^{(2)} a^{(1)} + b^{(2)}$$

이므로

$$z^{(2)} = \begin{bmatrix} 1.5 \\ 1.3 \end{bmatrix}$$

$$a^{(2)} = \sigma^{(2)}(z^{(2)}) = \begin{bmatrix} 0.8175 \\ 0.7858 \end{bmatrix}$$

$$z^{(3)} = W^{(3)} a^{(2)} + b^{(3)} = [1.1603]$$

$$a^{(3)} = \sigma^{(3)}(z^{(3)}) = [1.1603]$$

비용함수를 $C_i = \frac{1}{2}(y_i - a_i^{(L)})^2$으로 정의하면, $C_i = \frac{1}{2}(0.5 - 1.1603)^2 = 0.2180$이
된다.

19.6 후진 패스

후진 패스^{backward pass}는 비용함수의 결괏값을 이용해 모수 값(가중값과 절편값)을 갱신
하는 과정이다. 이를 후진 전파^{backward propagation}라고도 한다.

모수 값을 갱신하기 위해서는 모든 은닉층과 출력층의 가중값과 절편값의 변화에
따른 비용함수값의 변화가 계산돼야 한다.

$$\frac{\partial C}{\partial b_j^{(l)}}, \frac{\partial C}{\partial b_{ij}^{(l)}}, \forall i, j, l$$

이 값이 계산된다면,

$$b_j^{(l)} := b_j^{(l)} - \alpha \frac{\partial C}{\partial b_j^{(l)}}$$

$$w_{ij}^{(l)} := w_{ij}^{(l)} - \alpha \frac{\partial C}{\partial w_{ij}^{(l)}}$$

와 같은 방식으로 모수 값을 갱신하게 된다. 단, 여기서 $\alpha > 0$은 학습률이다.

이때 계산 과정을 쉽게 표현하기 위해 하나의 노드에서 입력값에 따른 비용함수
의 편미분 값을 해당 노드의 오류율이라고 정의하자.

$$dz_j^{(l)} = \frac{\partial C}{\partial z_j^{(l)}}$$

가령 출력층에서의 노드의 오류율을 계산해보면,

$$\frac{\partial C}{\partial z_j^{(L)}} = \frac{\partial a_j^{(L)}}{\partial z_j^{(L)}} \frac{\partial C}{\partial a_j^{(L)}} = (\sigma^{(L)})'(z_j^{(L)}) \cdot \frac{\partial C}{\partial a_j^{(L)}}$$

이 된다. 만약 비용함수가 RSS이고 활성함수가 항등함수라면 $1 \cdot \{-(y_{ij} - a_j^{(L)})\}$가

된다.

따라서 이를 행렬 표시로 하면,

$$dz^{(L)} = \frac{\partial C}{\partial z^{(L)}} = (\sigma^{(L)})'(z^{(L)}) \odot \frac{\partial C}{\partial a^{(L)}}$$

이다. 여기서 $\odot$는 아다마르^{Hadamard} 곱, 즉 요소별 곱을 의미한다. 즉, $(A \odot B)_{ij} = A_{ij}B_{ij}$이다.

출력층의 절편과 가중치에 대한 편미분 값은 다음과 같다.

$$db_j^{(L)} = \frac{\partial C}{\partial b_j^{(L)}} = \frac{\partial z_j^{(L)}}{\partial b_j^{(L)}} \frac{\partial C}{\partial z_j^{(L)}} = 1 \cdot dz_j^{(L)} = dz_j^{(L)}$$

$$dw_{jk}^{(L)} = \frac{\partial C}{\partial w_{jk}^{(L)}} = \frac{\partial z_j^{(L)}}{\partial w_{jk}^{(L)}} \frac{\partial C}{\partial z_j^{(L)}} = a_k^{(L-1)} dz_j^{(L)}$$

이를 행렬로 표시하면 다음과 같다.

$$db^{(L)} = dz^{(L)}$$
$$dW^{(L)} = dz^{(L)} \cdot (a^{(L-1)})^T$$

즉, 다음과 같은 방식으로 후진 패스를 진행하게 된다.

$$\frac{\partial C}{\partial a^{(L)}}, (\sigma^{(L)})'(z_j^{(L)}), dz^{(L)} \to \frac{\partial C}{\partial b^{(L)}}, \frac{\partial C}{\partial W^{(L)}}$$

$$\to (a^{(L-1)})'(z_j^{(L-1)}), dz^{(L-1)} \to \frac{\partial C}{\partial b^{(L-1)}}, \frac{\partial C}{\partial w^{(L-1)}} \to \cdots$$

위와 같은 방식으로 후진 패스가 진행되는데, 일반적인 l 은닉층에서 j번째 노드와 연결돼 있는 모수인 w_{jk}^l, b_j^l이 어떻게 표현되는지 확인해보자.

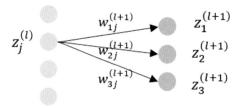

그림 19.6 직전 층의 입력 노드의 변화가 이후 노드의 영향 범위 예시

그림에서

$$dz_j^{(l)} = \frac{\partial C}{\partial z_j^{(l)}} = \frac{\partial a_j^{(l)}}{\partial z_j^{(l)}} \frac{\partial C}{\partial a_j^{(l)}} = (\sigma^{(l)})'(z_j^{(l)}) \cdot \frac{\partial C}{\partial a_j^{(l)}} = (\sigma^{(l)})'(z_j^{(l)}) \cdot \left(\sum_m w_{mj}^{(l+1)} dz_m^{(l+1)} \right)$$

이다. 이를 행렬로 표현하면 다음의 식이 된다.

$$dz^{(l)} = (\sigma^{(l)})'(z_j^{(l)}) \odot (W^{(l+1)})^T dz^{(l+1)}$$

따라서 다음처럼 된다.

$$\frac{\partial C}{\partial b^{(l)}} = dz^{(l)}$$

$$\frac{\partial C}{\partial W^{(l)}} = dz^{(l)}(a^{(l-1)})^T$$

19.7 후진 패스의 예시

학습률이 0.1이라고 가정하며, 전진 패스의 가정과 결과를 이용하자.

$$\frac{\partial C}{\partial a^{(3)}} = -(0.5 - 1.1603) = 0.6603$$

$$(\sigma^{(3)})'(z^{(3)}) = 1$$

$$dz^{(L)} = 1 \cdot 0.6603 = 0.6603$$

이므로

$$\frac{\partial C}{\partial b^{(3)}} = dz^{(3)} = 0.6603$$

$$\frac{\partial C}{\partial w^{(3)}} = dz^{(3)}(a^{(2)})^T = 0.6603 \cdot [0.8175 \quad 0.7858] = [0.53987 \quad 0.5189]$$

이다. 따라서

$$b^{(3)} := b^{(3)} - \alpha \frac{\partial C}{\partial b^{(3)}} = 1 - 0.1 \cdot 0.6603 = 0.9339$$

$$w^{(3)} := w^{(3)} - \alpha \frac{\partial C}{\partial w^{(3)}} = [0.1 \quad 0.1] - [0.53987 \quad 0.5189] = [0.0460 \quad 0.0481]$$

이다.

이와 같은 방식으로 모수를 갱신하게 된다.

이때 $w_1^{(3)} < w_2^{(3)}$인 이유를 살펴보면, 오차가 발생한 경우에 오차를 많이 발생시키는 쪽의 가중치를 낮춰 주는 것이다.

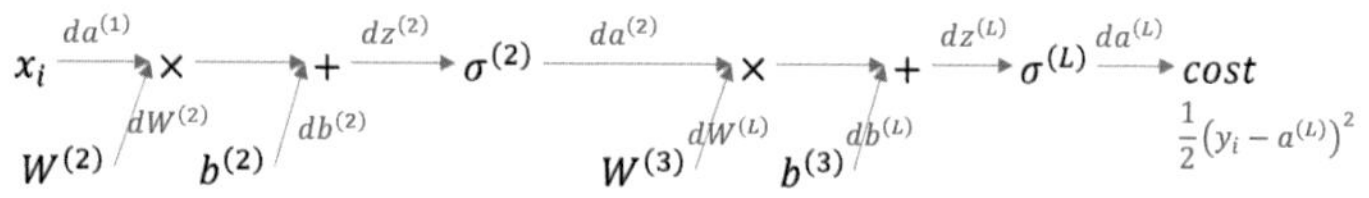

그림 19.7 후진 패스 예시

그림은

$$\frac{\partial C}{\partial a^{(L)}} := da^{(L)}, \; \frac{\partial C}{\partial z^{(L)}} := dz^{(L)}, \; \frac{\partial C}{\partial b^{(L)}} := db^{(L)}, \; \frac{\partial C}{\partial W^{(L)}} := dW^{(L)}$$

과 같이 정의한 경우에 어떻게 후진 패스되는지를 예시한 것이다.

예컨대 $\dfrac{\partial C}{\partial W^{(2)}} := dW^{(2)} = dz^{(2)} \times (a^{(1)})^T$이고

$\dfrac{\partial C}{\partial z^{(2)}} := dz^{(2)} = (\sigma^{(2)})'(z^{(2)}) \odot da^{(2)}$와 같은 방식으로 계산된다.

19.8 초깃값 주기

비용함수가 모수에 대한 볼록 함수가 아닌 경우에는 초깃값에 따라 많은 국소 최솟값을 가질 수 있다. 또한 초깃값에 따라서 국소 최솟값에도 도달하지 못하고 모수가 발산하는 경우도 있다. 이런 문제를 해결하기 위해 체계적으로 초깃값을 줄 필요가 있다.

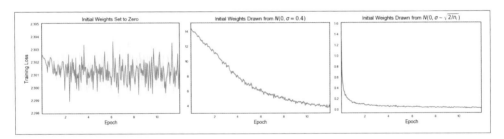

그림 19.8 초깃값에 따른 손실함수의 변화(출처: NNWI)

[NNWI]에 의하면 그림과 같이 초깃값을 모두 0으로 준 경우, 정규분포(표준편차 = 0.4)인 경우와 각 노드가 받는 입력 노드의 개수에 반비례하게 값을 준 경우를 예시했다. 보는 바와 같이 세 번째 경우가 훨씬 안정적으로 매우 빠르게 손실함수가 수렴하는 것을 볼 수 있다.

대표적인 초깃값을 주는 방법 중의 하나인 Glorot 초기화^{initialization}를 알아보도록 하자.

$$dz_j^{(l)} = \frac{\partial C}{\partial z_j^{(l)}} = (\sigma^{(l)})'(z_j^{(l)}) \cdot \frac{\partial C}{\partial a_j^{(l)}} = (\sigma^{(l)})'(z_j^{(l)}) \cdot \left(\sum_m w_{mj}^{(l+1)} dz_m^{(l+1)} \right)$$

$$\frac{\partial C}{\partial w_{jk}^{(l)}} = a_k^{(l-1)} dz_j^{(l)}$$

식은 후진 패스인 경우에 모수를 갱신하는 방법이다. 이 식에서 보듯이 만약 직전 은닉층에서 출력값이 0에 가까우면 다음 층이 $\frac{\partial C}{\partial w_{jk}^{(l)}}$값이 0에 가깝기 때문에 따라서 모수를 갱신할 수가 없게 된다. 또한 하나의 노드의 오류율($dz_j^{(l)}$)은 만약 입력값이 커지게 되면 S자 활성함수의 편미분 값이 극한 값을 받아서 0에 수렴하게 된다. 이런 이유로 모수를 갱신할 수가 없게 된다. 만약 선형함수거나 ReLU인 경우에는 미분값이 0또는 1이지만, 출력값이 큰 값이므로 손실함수값이 커지게 돼 모수 값이 발산할 경우가 있다.

이런 이유로 모든 은닉층에서의 출력값의 분산들이 서로 동일하게 유지될 필요가 있다. 이를 적용한 것이 Glorot 가중치 초기화 방법이다.

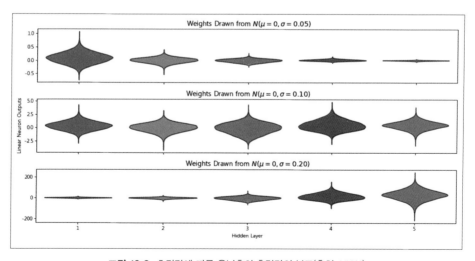

그림 19.9 초깃값에 따른 은닉층의 출력값의 분포(출처: NNWI)

그림은 MNIST의 DIGITS 데이터에 대해 5개의 은닉층에 각 100개의 노드를 완전 연결하여 아키텍처를 구성했고, 1,000번을 1개의 배치로 해 수행한 후 각 은닉층의 출력값 분포를 표현한 그림이다. 각 층의 활성함수는 항등함수를 사용했다.

그림에서 보면 초깃값에 따라 마지막 은닉층의 값이 0으로 수렴하는 경우, 동일한 분산을 유지하는 경우 그리고 값이 점점 커지는 경우를 볼 수 있다.

다음의 표는 각 은닉층의 활성함수에 따른 해당 층의 가중값의 초깃값을 주는 방법이다.

활성함수	초깃값	비고
항등, 시그모이드, 쌍곡탄젠트	$\sigma = \sqrt{\dfrac{2}{n_{l-1}+n_l}}$ $a = \sqrt{\dfrac{6}{n_{l-1}+n_l}}$	정규분포인 경우는 표준편차이며, 균등분포인 경우에는 $U(-a,\ a)$를 의미한다. 초깃값은 $w^{(l)}$에 주는 것을 의미한다.
교정선형단위	$\sigma = \sqrt{\dfrac{2}{n_{l-1}}}$ $a = \sqrt{\dfrac{6}{n_{l-1}}}$	

19.9 기울기 소멸 문제

$$dz_j^{(l)} = \frac{\partial C}{\partial z_j^{(l)}} = (\sigma^{(l)})'(z_j^{(l)}) \cdot \frac{\partial C}{\partial a_j^{(l)}} = (\sigma^{(l)})'(z_j^{(l)}) \cdot \left(\sum_m w_{mj}^{(l+1)} dz_m^{(l+1)} \right)$$

식에서 보듯이 은닉층의 하나의 노드에서의 오류율은 자기 자신의 활성함수의 미분값과 이후의 영향을 미치는 모든 노드의 오류율의 곱의 합이다. 다음 층의 노드의 오류율도 자기 자신의 활성함수의 미분값을 곱하게 되므로 결국 은닉층이 개수가 많아지면 출력층으로부터 멀어질수록 오류율 값은 활성함수의 미분값들의 연속적인 곱으로 표현된다. 이때 활성함수 미분값이 0과 1 사이라면 연속적인 곱은 점점 작아지게 된다. 따라서 해당 은닉층의 가중값은 더 이상 갱신할 수 있는 값을 받기가 어려워지게 되는데 이를 기울기 소멸$^{gradient\ vanishing}$ 문제라고 한다.

이런 문제를 해결하기 위해서는 미분값이 사라지지 않아야 하는데, 이 가운데 대표적인 해결 방법 중의 하나가 ReLU 활성함수를 사용하는 것이다. 이 함수는 미분값이 0 또는 1이므로 점차 사라지는 일이 발생하지 않는다.

19.10 입력변수의 표준화

$$\frac{\partial C}{\partial w_{jk}^{(l)}} = a_k^{(l-1)} dz_j^{(l)}$$

$$w_{jk}^{(l)} := w_{jk}^{(l)} - \alpha \frac{\partial C}{\partial w_{jk}^{(l)}}$$

식은 하나의 가중값이 갱신되기 위해서 계산해야 하는 값이다. 이때 가중값에 대한 비용함수의 미분값을 계산하기 위해서는 직전 노드의 출력값이 사용돼야 한다. 만약 $l = 2$이라면 입력층의 값은 출력값이 된다. 입력 특징이 표준화^{normalization}가 돼 있지 않다면 앞 층의 하나의 노드의 오류율을 공통으로 사용해 출력값을 곱하기 때문에 가중값이 갱신되는 속도가 서로 틀리게 된다. 즉, 입력 특징 중에 작은 값을 갖는 변수와 연결된 가중값이 크게 갱신된다. 이런 경우에 수렴하는 속도와 수렴 여부등에 영향을 미치므로 표준화해야만 한다.

19.11 과적합 문제

신경망은 많은 은닉층과 노드를 갖고 있기 때문에 일반적으로 훈련 데이터에 대한 과적합^{overfitting} 문제에 직면하게 된다. 이를 해결하기 위해 사용되는 모드 모수인 $w_{ij}^{(l)}$, $b_j^{(l)}$에 대해 정규화^{regularization}를 하게 된다. 이 가운데 L$_2$ 정규화를 weight decay 방법이라 부른다. 이 방법은 비용함수가 정의되면 비용함수에 정규화를 위한 벌점항을 추가하는 것이다.

$$C := C + \lambda \left(\sum_{i,j,l} (w_{ij}^{(l)})^2 + \sum_{i,j,l} (b_i^{(l)})^2 \right)$$

여기서 λ는 튜닝 모수라고 한다.

과적합 문제를 해결하기 위한 단순한 방법 중의 하나는 드롭아웃^{dropout}이 있다.

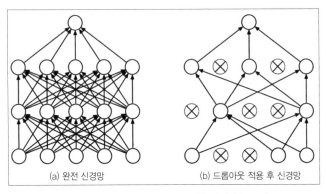

(a) 완전 신경망   (b) 드롭아웃 적용 후 신경망

그림 19.10 완전 신경망과 드롭아웃 신경망(DROT)

그림을 보면, 완전 신경망은 모든 노드가 다 연결돼 있지만, 드롭아웃이 적용된 신경망은 훈련 시에 각 노드가 매번 성공 확률이 1인 베르누이 확률분포를 무작위로 추출하여 그 값을 보고 참여할지 여부를 결정한다. 이렇게 함으로 과적합을 피할 수 있다고 한다.

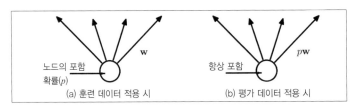

(a) 훈련 데이터 적용 시   (b) 평가 데이터 적용 시

그림 19.11 평가 데이터 적용 방법(DROT)

이렇게 훈련된 가중값들은 실제 평가 데이터를 적용할 때에는 모든 노드는 탈락^{dropout} 시키지 않고 단지 가중값만 pw로 조정하여 적용한다.

19.12 예제: [BANK] 데이터 적용

19.12.1 데이터 구성

```
# 데이터 경로
path = 'https://archive.ics.uci.edu/ml/machine-learning-databases/00222/'
zip_url = path + 'bank.zip'

# 집파일 풀기
z = zipfile.ZipFile(io.BytesIO(requests.get(zip_url).content))
# 집파일 내의 구성 요소 보기
z.infolist()
# 특정 파일 가져오기
df = pd.read_csv(z.open('bank.csv'), sep=';')
df.shape
# (4521, 17)
```

19.12.2 데이터 전처리 및 데이터 분할

```
# 목표변수 분포 확인
df.y.value_counts()
# no     4000
# yes     521
base_dist = df.y.value_counts() / df.shape[0]
# no      0.88476
# yes     0.11524

# 변수 정의
feature_list = [name for name in df.columns if name != 'y']
categorical_variables = df.columns[(df.dtypes == 'object') & (df.columns != 'y')]
num_variables = [name for name in feature_list if name not in categorical_variables]

# 범주형 데이터를 숫자형 데이터로 전환
df_X_onehot = pd.get_dummies(df[categorical_variables], prefix_sep='_')
df_y_onehot = pd.get_dummies(df['y'], drop_first=True)
```

```
# 범주형 데이터와 숫자형 데이터 결합
X = np.c_[df[num_variables].values, df_X_onehot.values].astype(np.float64)
y = df_y_onehot.values.ravel()

# 모든 특징의 이름 리스트
feature_names = num_variables + df_X_onehot.columns.tolist()

# 데이터 표준화
from sklearn.preprocessing import StandardScaler
scaler = StandardScaler()
scaler.fit(X)
X_scaled = scaler.transform(X)

# 데이터 분할
X_train, X_test, y_train, y_test = train_test_split(X_scaled, y, test_size=0.3)
```

입력 특징들에 대해 가변수화한 후에 표준화를 실시했다. 표준화 방법은 평균을 빼고 표준편차로 나눠주는 방식으로 진행했다.

19.12.3 초모수 정의

다층 신경망의 초모수는 많지만 이 가운데 학습률, 드롭아웃, 배치 크기를 결정하는 예를 살펴보기로 하자.

```
# 그리드 기초 모델 정의
def grid_base_model(learning_rate=0.01, dropout_flag=True):
    input_dims = 51
    model = Sequential()
    model.add(InputLayer(input_shape=(input_dims,), name='input'))

    # 과적합 방지를 위한 가중치와 편향에 대한 벌점항 추가
    model.add(Dense(100, activation='relu',
                    kernel_regularizer=l2(0.01),
                    bias_regularizer=l2(0.01),
                    name='hidden-1'))
```

```python
    # model.add(Dense(100, activation='relu', name='hidden-1'))
    # 과적합 방지를 dropout 추가
    if dropout_flag :
        model.add(Dropout(0.1, name='hidden-1-drop'))
    model.add(Dense(1, activation='sigmoid', name='output'))
    model.summary()

    # 최적화 방법, 손실, 평가 방법 등을 정의
    optimizer = Adam(lr=learning_rate)
    model.compile(optimizer=optimizer, loss='binary_crossentropy', metrics=['accuracy'])
    return model

# 모델 구성
model = KerasClassifier(build_fn=grid_base_model, epochs=50, verbose=0)

# 초모수 그리드 정의
param_grid = dict(learning_rate=[0.01, 0.1], dropout_flag = [True, False], batch_
size=[50, 100])
grid_search = GridSearchCV(estimator=model, param_grid=param_grid, return_train_
score=True)

# 초모수 그리드 적합
grid_search.fit(X_train, y_train)

# 초모수 결정
grid_search.best_params_
# {'batch_size': 100, 'dropout_flag': True, 'learning_rate': 0.01}

# 초모수 결정을 위한 근거
grid_search.cv_results_
```

내용을 보면, 우선적으로 초모수의 값들로 구성된 격자^{grid}를 만들기 전에 기본이 되는 모델을 정의한다. 정의된 모델을 기초로 해 초모수의 값들을 정의한 후 이를 적합시킨다.

새로운 모델을 구성한 후에 이를 케라스가 인식하기 위해서는 분류 문제인 경우에는 KerasClassifier 모듈을 이용해 등록해야 한다. 이때 그리드 이외의 추가적으로 설정하고 싶은 모수 값이 있으면 설정할 수 있다. 가령 프로그램에서는 epochs

= 50이다.

최종적으로 결정된 결과를 볼 수가 있으며, 결정된 결과에 대한 근거도 또한 볼 수 있다. 디폴트는 3겹 교차 검증 방법을 사용한다.

19.12.4 모델 적합 및 모델 평가

결정된 초모수 값으로 모델을 적합해보자.

```
# 초모수 정의
# {'batch_size': 100, 'dropout_flag': True, 'learning_rate': 0.01}

# 모델 적합
input_dims =X_train.shape[1]
model = Sequential()
model.add(InputLayer(input_shape=(input_dims,), name='input'))

# 과적합 방지를 위한 가중치와 편향에 대한 벌점항 추가
model.add(Dense(100, activation='relu',
                kernel_regularizer=l2(0.01),
                bias_regularizer=l2(0.01),
                name='hidden-1'))
# 과적합 방지를 dropout 추가
model.add(Dropout(0.1, name='hidden-1-drop'))
model.add(Dense(1, activation='sigmoid', name='output'))
model.summary()

# 최적화 방법, 손실, 평가 방법 등을 정의
optimizer = Adam(lr=0.01)
model.compile(optimizer=optimizer, loss='binary_crossentropy',
metrics=['accuracy'])

# 모델 적합
hist = model.fit(X_train, y_train, validation_split=0.1, batch_size=100,
epochs=200)

# 모델 평가
scores = model.evaluate(X_test, y_test, batch_size=100)
model.metrics_names
```

```
# ['loss', 'acc']
print('손실함수값=', scores[0], '\n정확도=', scores[1])
# 손실함수값= 0.32632701504116296
# 정확도= 0.8909358897890866

# 손실 값의 변화를 살펴봄
hist.history.keys()
# dict_keys(['val_loss', 'val_acc', 'loss', 'acc'])

# 손실 및 정확도 그래프
# 최소 손실을 주는 에포크
opt_epoch = np.argmin(hist.history['val_loss'])
min_value = np.min(hist.history['val_loss'])
max_acc = hist.history['val_acc'][opt_epoch]

fig = plt.figure(figsize=(12, 5))
ax1 = fig.add_subplot(1, 2,1)
ax1 = plt.plot(hist.history['loss'], label='훈련 데이터 손실')
ax1 = plt.legend()
ax2 = fig.add_subplot(1, 2, 2)
ax2 = plt.plot(hist.history['val_loss'], c='orange', label='검증 데이터 손실')
ax2 = plt.annotate("에포크 수: %d" % opt_epoch, xy=(opt_epoch, min_value),
            xytext=(35, 35), textcoords='offset points',
            arrowprops={'arrowstyle': '->', 'color': 'r', 'lw': 1})
ax2 = plt.legend()
fig.suptitle('훈련 데이터 대 검증 데이터 손실', weight='bold')
plt.savefig(png_path + '/mlp_loss_train_validate.png')
plt.show()
```

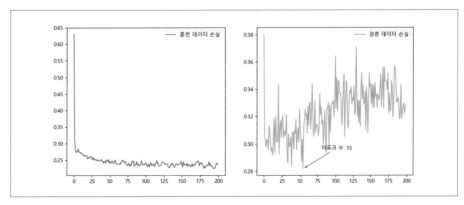

그림 19.12 훈련 데이터 대 검증 데이터 손실

그림을 보면 에포크 수가 55일 때 검증 데이터 기준으로 손실이 최소가 됨을 알 수 있다.

마찬가지로 ROC 기준으로 모델을 평가하면 다음과 같다.

```python
# 모델에 의한 예측 확률 계산
y_pred_proba = model.predict_proba(X_test)

# fpr: 1-특이도, tpr: 민감도, auc 계산
fpr, tpr, _ = metrics.roc_curve(y_true=y_test, y_score=y_pred_proba)
auc = metrics.roc_auc_score(y_test, y_pred_proba)

# ROC 그래프 출력
plt.figure(figsize=(6, 6))
plt.plot(fpr, tpr, label="신경망\n곡선 밑 면적(AUC)=" + "%.4f" % auc)
plt.plot([-0.02, 1.02], [-0.02, 1.02], color='gray', linestyle=':', label='무작위
모델')
plt.margins(0)
plt.legend(loc=4)
plt.xlabel('fpr: 1-Specificity')
plt.ylabel('tpr: Sensitivity')
plt.title("ROC Curve", weight='bold')
plt.legend()
plt.savefig(png_path + '/mlp_ROC.png')
plt.show()
```

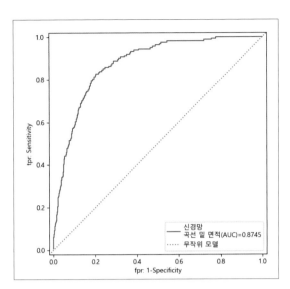

그림 19.13 ROC Curve

20

합성곱 신경망

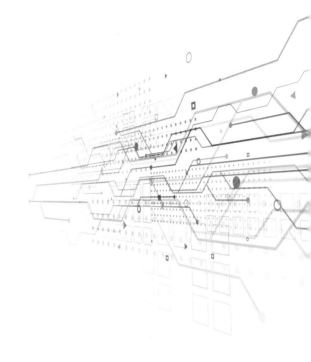

20.1 개요

합성곱^{convolution} 신경망은 동물이 갖고 있는 시각 피질^{visual cortex}에 의한 사물의 인식 과정으로부터 영향을 받은 신경망이다.

시각 피질의 각 신경세포는 수용 영역^{receptive field}이라 알려진 시각 영역의 제한된 부분에서만 자극에 반응한다. 신경세포에 의해 받아들여진 수용 영역들은 서로 부분적인 중첩을 통해 전체적인 시각 영역을 구성하게 된다. 이러한 부분을 구현한 것이 합성곱 신경망의 합성곱층이다.

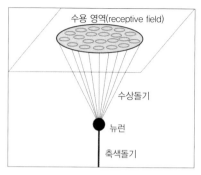

그림 20.1 신경세포의 수용 영역(출처: RFN)

합성곱 신경망은 위치 무관^{shift invariant, space invariant} 인공 신경망^{SIANN}이라고 부르기도 한다. 이는 합성곱 신경망에서 사용되는 하나의 필터는 위치에 관계없이 똑같은 가중값을 사용하기 때문이다.

합성곱 신경망은 입력층과 출력층과 함께 많은 은닉층을 갖고 있다. 은닉층은 합성곱층, 결합^{pooling}층, 완전 연결층 그리고 정규화층으로 구성돼 있다.

20.2 합성곱층

합성곱층^{convolutional layer}의 각 노드는 자신의 수용 영역에서만 데이터를 처리한다.

이미지 처리 분야에서 완전 연결 신경망은 엄청나게 많은 모수를 필요로 한다. 예를 들어 100×100 크기가 작은 이미지라고 하더라도 평탄화 작업(일렬로 세우는 작업)을 한 후 연결하게 되면 다음 층의 하나의 노드에 10,000개의 가중값을 필요로 한다. 합성곱 연산은 바로 이러한 문제점을 해결해주며 심층 신경망을 만드는 것을 가능하게 해준다. 가령 이미지 크기에 상관없이 크기가 작은 타일로 이 문제를 해결할 수 있다고 한다면, 다시 말해 같은 가중값을 공유하는 이 타일로 해결이 가능하다면 25개의 모수만으로도 문제를 해결할 수가 있는 것이다. 즉, 다음 층의 하나의 노드는 앞 층의 수용 영역 바로 일종의 타일 영역의 값만을 대상으로 하면 되는 것이다.

합성곱층의 입력층은 높이^{height}, 폭^{width} 그리고 깊이^{depth} 형식으로 정의한다. 가령 CIFAR-10(https://www.cs.toronto.edu/~kriz/cifar.html) 이미지는 $32 \times 32 \times 3$으로 표현된다.

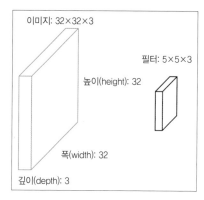

그림 20.2 이미지와 필터

그림과 같은 이미지에 대해 하나의 수용 영역이라고 할 수 있는 필터 또는 커널이 정의된다. 필터는 이미지의 모든 영역을 필터 크기만큼 중복해 탐색한다. 이때 탐색하는 필터는 모수로써 가중값과 편향값을 갖는다. 필터는 탐색 시 이미지와 겹치는 영역의 각 위치의 값과의 내적$^{inner\ product}$을 구하고 편향값을 더해 하나의 값을 생성한다. 이 값은 다음 층의 하나의 노드의 입력값이므로 활성함수를 통과한 후 출력값으로 표현된다.

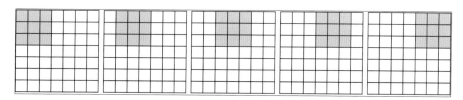

그림 20.3 이미지에 대한 필터 탐색

그림은 $7 \times 7 \times 1$ 이미지에 대해 $3 \times 3 \times 1$ 필터를 통해 탐색하는 과정의 일부다. 그림에서 보면 한 칸씩 이동하므로 이때 보폭^{stride}의 크기는 1이라고 한다. 하나의 필터에 대해 하나의 출력값이 생성된다. 이와 같은 탐색 과정을 거치게 되면 최종적으로 $(7-3)$/보폭$+1$개의 출력값이 나오게 된다. 그림에서는 $(7-3)/1+1$이므로 5×5 크기의 활성 지도$^{activation\ map}$ 또는 특징 지도$^{feature\ map}$가 생성된다. 만약에 보폭 크기가 2이면 $(7-3)/2+1$이므로 3×3 크기의 활성 지도가 생성된다. 여기서 특징 지도라고 하는 이유는 입력 특징 값을 받아서 은닉층으로써 활성 지도 역할이 라기보다는 일종의 데이터 전처리 과정을 밟는 과정이라고도 생각할 수 있기 때문이 다. 즉 커널을 만들고 이미지에서 커널과 유사한 부분을 추출하는 일 자체가 전처리 과정이기 때문이다.

일반적으로 보폭의 크기를 s, 입력층의 크기가 $i_1 \times i_2 \times i_3$이고 필터 크기를 $k_1 \times k_2 \times k_3$이라고 하면 활성 지도의 크기는 $\left(\frac{(i_1 - k_1)}{s} + 1\right) \times \left(\frac{(i_2 - k_2)}{s} + 1\right)$이 된다.

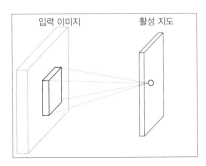

그림 20.4 활성 지도

그림은 하나의 필터가 입력층을 탐색해 활성 지도의 하나의 노드 즉, 신경세포를 구성하는 모습이다.

이미지와 필터의 합성곱을 수식으로 표현해보자.

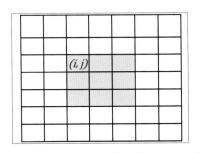

그림 20.5 이미지와 필터의 특정 위치의 표시 예

위의 이미지에서 특정 위치 (i, j)인 경우에 필터(3×3)로 검색할 영역은 다음과 같 이 정의된다.

$$(i, j) \qquad (i, j+1) \qquad (i, j+2)$$
$$(i+1, j) \qquad (i+1, j+1) \qquad (i+1, j+2)$$
$$(i+2, j) \qquad (i+2, j+1) \qquad (i+2, j+2)$$

그러나 필터의 값은 위치에 상관없이 같은 값이므로 이미지와 필터의 교차상관 cross-correlation은 다음과 같이 정의될 수 있다.

$$(K \star I)_{i,j} = \sum_{m=0}^{k_1-1} \sum_{n=0}^{k_2-1} K_{m,n} \cdot I_{i+m, j+n}$$

여기서 $I_{i_1 \times i_2 \times i_3}$는 이미지이며, $K_{k_1 \times k_2}$는 하나의 필터 또는 커널이다. $\star$는 교차상관 연산자이다.

합성곱 연산자는 이에 반하여 다음과 같이 정의된다.

$$(K * I)_{i,j} = \sum_{m=0}^{k_1-1} \sum_{n=0}^{k_2-1} K_{m,n} \cdot I_{i-m, j-n}$$

$$= \sum_{m=0}^{k_1-1} \sum_{n=0}^{k_2-1} K_{-m,-n} \cdot I_{i+m, j+n}$$

이므로 교차상관 연산은 합성곱 연산자의 커널을 각각의 축으로 뒤집기flip한 경우를 의미한다. 즉, 180° 회전한 경우와 동일하다. 이런 의미에서

$$(K \star I)_{i,j} = \mathrm{rot}_{180°}\{K_{m,n}\} * I_{i,j}$$

로 표기한다.

계산상에서 주의할 점은 공식에서 $(i, j) = (0, 0)$인 경우에 원래 이미지에는 $I_{(-2, -2)}$가 존재하지 않는다. 따라서 계산 시에는 해당 위치에 값을 채워야 한다. 즉, 필터 크기 -1 만큼 0값으로 채운 후 계산해야 한다.

교차상관 연산자의 계산에 대한 간단한 예를 알아보자.

다음과 같은 이미지와 필터가 있다고 가정하자.

이미지 데이터는 다음과 같다.

$$\begin{bmatrix} 0 & 3 & 1 & 0 & 3 \\ 3 & 3 & 3 & 1 & 3 \\ 1 & 2 & 0 & 3 & 2 \\ 0 & 0 & 0 & 2 & 1 \\ 2 & 3 & 3 & 2 & 0 \end{bmatrix}$$

필터는 다음과 같다.

$$\begin{bmatrix} 0 & 1 & 0 \\ 1 & 1 & 2 \\ 0 & 2 & 0 \end{bmatrix}$$

이 필터를 이용해 교차상관 연산을 이용해 활성 지도를 구성할 수 있다.

$$\begin{bmatrix} 0 & 3 & 1 & 0 & 3 \\ 3 & 3 & 3 & 1 & 3 \\ 1 & 2 & 0 & 3 & 2 \\ 0 & 0 & 0 & 2 & 1 \\ 2 & 3 & 3 & 2 & 0 \end{bmatrix} \star \begin{bmatrix} 0 & 1 & 0 \\ 1 & 1 & 2 \\ 0 & 2 & 0 \end{bmatrix} = \begin{bmatrix} 19 & 9 & 16 \\ 6 & 11 & 12 \\ 8 & 10 & 11 \end{bmatrix}$$

여기서 활성 지도의 첫 번째 값은

$$image = \begin{bmatrix} 0 & 3 & 1 \\ 3 & 3 & 3 \\ 1 & 2 & 0 \end{bmatrix}, filter = \begin{bmatrix} 0 & 1 & 0 \\ 1 & 1 & 2 \\ 0 & 2 & 0 \end{bmatrix}$$

이므로 각 요소별로 곱하고 합해, $0^*0 + 3^*1 + 1^*0 + \cdots + 0^*0 = 19$가 된다.

두 번째 값은

$$image = \begin{bmatrix} 3 & 1 & 0 \\ 3 & 3 & 1 \\ 2 & 0 & 3 \end{bmatrix}, filter = \begin{bmatrix} 0 & 1 & 0 \\ 1 & 1 & 2 \\ 0 & 2 & 0 \end{bmatrix}$$

이므로 $3^*0 + 1^*1 + 0^*0 + \cdots + 3^*0 = 9$가 된다.

합성곱 연산으로 계산해보자.

합성곱 연산에서는 필터가 행과 열로 각각 90도씩 회전한 필터 즉, 180도 회전한 필터를 사용해 연산하게 되면 교차상관 연산과 같아지게 된다.

$$image = \begin{bmatrix} 0 & 1 & 0 \\ 1 & 1 & 1 \\ 0 & 2 & 0 \end{bmatrix}, row90°(filter) = \begin{bmatrix} 0 & 2 & 0 \\ 1 & 1 & 2 \\ 0 & 1 & 0 \end{bmatrix},$$

$$\text{col90°}(\text{row90°}(\text{filter})) = \begin{bmatrix} 0 & 2 & 0 \\ 2 & 1 & 1 \\ 0 & 1 & 0 \end{bmatrix}$$

이므로

$$\text{합성곱 filter} = \begin{bmatrix} 0 & 2 & 0 \\ 2 & 1 & 1 \\ 0 & 1 & 0 \end{bmatrix}$$

이 되면, 이를 다시 180도 회전하게 되면 원래 필터와 같아지게 된다. 즉 교차상관 연산은 필터를 180도 회전한 합성곱 연산과 동일하다. 반대로 합성곱 연산에 사용하는 필터를 180도 회전한 후 교차상관 연산을 하게 되면 그 결과도 동일하다.

식에서 만약 깊이 또는 채널이 있는 경우는 다음과 같이 교차상관관계를 표현할 수 있다.

$$(K \star I)_{i,j} = \sum_{m=0}^{k_1-1} \sum_{n=0}^{k_2-1} \sum_{d=0}^{k_3-1} K_{m,n,d} \cdot I_{i+m,\, j+n,\, d}$$

따라서 활성 지도의 하나의 노드의 값은

$$\sigma((K \star I)_{i,j} + b_K)$$

가 된다. 여기서 σ는 활성함수이며, b_K는 K 커널의 편향bias이다.

합성곱을 지속적으로 하게 되면, 점점 이미지의 높이와 폭이 점점 작아지게 된다. 이를 방지하고 모서리 부분의 이미지 값의 중요도를 주기 위해 모서리 채우기인 패딩padding을 한다.

0	0	0	0	0	0	0	0	0
0								0
0								0
0								0
0								0
0								0
0								0
0								0
0	0	0	0	0	0	0	0	0

그림 20.6 패딩의 예시

패딩 값은 일반적으로 0을 사용하지만 다른 값도 가능하며, 패딩은 왼쪽, 오른쪽, 위, 아래 비대칭적으로 설정할 수도 있다. 즉, 왼쪽에만 패딩 2개를 넣을 수도 있다.

만약 입력 이미지가 $32 \times 32 \times 3$, 필터가 $5 \times 5 \times 3$, 보폭^{stride}이 1이고 패딩이 대칭적으로 2이면 $\frac{32 + 2 \times 2 - 5}{1} + 1 = 32$가 돼 활성 지도의 크기는 32×32가 된다. 이러한 필터가 10개이면 $32 \times 32 \times 10$이 된다.

일반적으로 입력 이미지가 $i \times i$, 커널이 $k \times k$, 패딩이 p 그리고 보폭이 s라고 하면 출력 활성 지도의 크기는

$$o = \left\lfloor \frac{i + 2p - k}{s} \right\rfloor + 1$$

이다. 여기서 $\lfloor \cdot \rfloor$는 바닥함수$^{\text{floor function}}$이다.

이때 추정해야 할 모수를 계산해보면 하나의 필터에는 $5 \times 5 \times 3 + 1 \,(\text{bias}) = 76$개이며 10장의 필터이므로 $76 \times 10 = 760$개의 모수가 필요하다.

20.3 결합층

결합층$^{\text{pooling layer}}$은 노이즈 제거 및 추가적인 추상화를 위한 층이다. 결과적으로 결합 연산을 통해 활성 지도 또는 특징 지도의 크기를 줄여준다. 결합층도 합성곱층과 마찬가지로 하나의 필터가 입력 층을 읽어내려 간다. 이때 결합 함수를 이용해 하나의 결과로 요약해준다. 이때 사용하는 결합 함수는 최댓값 또는 평균값을 출력하는 함수다.

따라서 합성곱층과 같이 필터의 크기와 보폭이 정의돼 있어야 한다.

최댓값 결합$^{\text{max pooling}}$ 과정을 살펴보자. 예시를 위해 채널 크기는 1로 정의하며, 보폭은 2로 정의한다.

$$\begin{bmatrix} 5 & 0 & 3 & 3 \\ 7 & 3 & 5 & 2 \\ 4 & 7 & 6 & 8 \\ 8 & 1 & 6 & 7 \end{bmatrix} \xrightarrow[\text{최댓값 결합}]{} \begin{bmatrix} 7 & 5 \\ 8 & 8 \end{bmatrix}$$

만약에 채널이 3개인 경우는 3개의 결합이 존재한다. 즉, 채널별로 결과가 존재한다. 그러나 만약 전역 최댓값 결합$^{\text{global max pooling}}$인 경우는 채널마다 결합 결과는 1개만 나타난다.

일반적으로 입력층이 $i \times i$, 커널이 $k \times k$, 보폭이 s라고 하면 출력 활성 지도의 크기는

$$o = \left\lfloor \frac{i-k}{s} \right\rfloor + 1$$

이다. 여기서 $\lfloor \cdot \rfloor$는 바닥함수$^{\text{floor function}}$이다.

20.4 완전 연결층

합성곱 신경망은 합성곱층과 결합층을 반복적으로 적용한 후 마지막 단계에서는 완전 연결층으로 마무리하게 된다.

완전 연결층$^{\text{fully-connected layer}}$을 적용하기 위해서는 마지막 결합층의 모든 노드를 평평하게 하는^{flattening} 작업 즉, 일차원으로 만드는 작업이 필요하다.

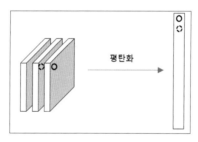

그림 20.7 평탄화 예시

평탄화는 그림과 같이 모든 노드의 값을 일렬로 세우는 작업이다.

평탄화 작업 후에는 일반적인 다층 신경망과 똑같은 형태로 평탄화된 결과를 입력층으로 해 완전 연결층을 구성한다.

20.5 합성곱 신경망 아키텍처의 예시

합성곱 신경망은 일련의 합성곱층, 결합층이 반복적으로 진행되며 최종적으로 완전 연결층이 연결돼 분류 또는 회귀 문제에 대한 예측값을 제공해준다.

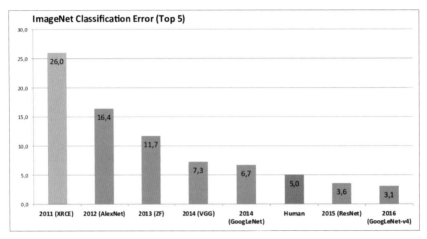

그림 20.8 이미지넷 분류 결과 가장 좋은 상위 5개 알고리즘(출처: INCRES)

그림은 이미지넷ImageNet에 올린 데이터를 기반으로 해 가장 좋은 분류를 한 상위 5개 알고리즘이다. 이 가운데 VGGNet 신경망의 아키텍처를 살펴보도록 하자.

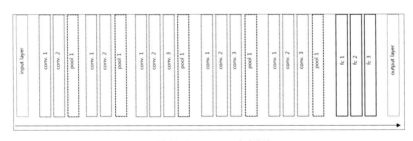

그림 20.9 VGGNet 아키텍처

VGGNet의 입력층의 이미지는 $224 \times 224 \times 3$이다. 모든 합성곱층에는 3×3 필터에 보폭 1, 패드 1를 사용했고, 결합층에서는 2×2 필터에 보폭 2, 최댓값 결합을 사용했다.

그림에서 보면 하나의 그룹이 일련의 합성곱층과 결합층으로 구성돼 있음을 알수 있다. 최종적으로는 평탄화 후 완전 연결층으로 구성돼 있다.

VGGNet의 아키텍처에서 추정해야 할 모수는 21개의 은닉층에 대해 대략 1억 3천 8백만 개 정도이며 대부분은 완전 연결층에서 발생했다.

20.6 모수의 추정

20.6.1 전진 패스

합성곱 신경망에서 전진 패스가 어떻게 진행되는지 알아보자.

주어진 이미지 데이터($x_{ij} = a_{i,j}^{(1)}$)에 대해 하나의 커널($w_{m',n'}^{(2)}$), 활성함수(σ)가 있으면,

$$a_{i,j}^{(1)} = \sigma(\text{rot}180\{w_{m',n'}^{(2)}\} * a_{i,j}^{(1)} + b_{i,j}^{(1)}$$

에 의해 전진 패스 값을 만들어낸다.

예를 들어 이미지 데이터는

$$\begin{bmatrix} 0 & 3 & 1 & 0 & 3 \\ 3 & 3 & 3 & 1 & 3 \\ 1 & 2 & 0 & 3 & 2 \\ 0 & 0 & 0 & 2 & 1 \\ 2 & 3 & 3 & 2 & 0 \end{bmatrix}$$

이고, 커널은

$$\begin{bmatrix} 0 & 1 & 0 \\ 1 & 1 & 2 \\ 0 & 2 & 0 \end{bmatrix}$$

이라고 하면, 이미지 데이터와 같은 모양의 출력 특징맵을 구성하고자 한다면, 원래 이미지 데이터에 0 패딩을 행과 열에 각각 1개씩 해야 한다. 그런 경우 출력 특징맵의 크기는

$$o = \left\lfloor \frac{i + 2p - k}{s} \right\rfloor + 1 = \left\lfloor \frac{5 + 2 \cdot 1 - 3}{s} \right\rfloor + 1 = 5$$

이다.

합성곱 연산은 원래 커널 행렬을 180도 회전해야 하므로, 회전된 커널은 다음과 같다.

$$\begin{bmatrix} 0 & 2 & 0 \\ 2 & 1 & 1 \\ 0 & 1 & 0 \end{bmatrix}$$

따라서,

$$\text{이미지 데이터} * \text{rot180\{커널\}} = \begin{bmatrix} 0 & 3 & 1 & 0 & 3 \\ 3 & 3 & 3 & 1 & 3 \\ 1 & 2 & 0 & 3 & 2 \\ 0 & 0 & 0 & 2 & 1 \\ 2 & 3 & 3 & 2 & 0 \end{bmatrix} * \begin{bmatrix} 0 & 2 & 0 \\ 2 & 1 & 1 \\ 0 & 1 & 0 \end{bmatrix}$$

$$= \begin{bmatrix} 12 & 11 & 10 & 9 & 9 \\ 11 & 19 & 9 & 16 & 11 \\ 8 & 6 & 11 & 12 & 10 \\ 5 & 8 & 10 & 11 & 5 \\ 8 & 11 & 10 & 7 & 3 \end{bmatrix}$$

이 값에 편향을 더하고 활성함수를 통과하면 출력 특징맵이 되는 것이다.

20.6.2 후진 패스

완전 연결층에 사용되는 모수는 일반적인 다층 신경망에서 후진 패스 과정에 생성되는 오차인 $dz_j^{(l)}$를 통해 계산되는 예를 보았다. 따라서 합성곱층과 결합층에서 어떻게 모수를 추정하는지 살펴보기로 하자.

합성곱층도 마찬가지로 실제는 완전 연결과 같이 평탄화된 형태로 생각할 수 있다.

즉, 만약에 출력 특징맵이 다음과 같다고 한다면,

$$\begin{bmatrix} 0 & 1 & 0 \\ 2 & 2 & 0 \\ 2 & 1 & 1 \end{bmatrix}$$

이를 평탄화 작업을 하게 되면,

$$\begin{bmatrix} 0 \\ 1 \\ 0 \\ 2 \\ 2 \\ 0 \\ 2 \\ 1 \\ 1 \end{bmatrix}$$

이 된다. 따라서 이미지 데이터를 이용해 완전 연결로 표현하면 다음과 같이 된다.

$$\begin{bmatrix} 0 \\ 1 \\ 0 \\ 2 \\ 2 \\ 0 \\ 2 \\ 1 \\ 1 \end{bmatrix} \xrightarrow[\text{패딩없음, 편향=0.1, 활성함수=relu, 커널=} \begin{bmatrix} 0 & 1 \\ 0 & 1 \end{bmatrix}, 180°\text{커널=} \begin{bmatrix} 1 & 0 \\ 1 & 0 \end{bmatrix}]{} \begin{bmatrix} 5 & 0 \\ 7 & 3 \\ 4 & 7 \\ 8 & 1 \end{bmatrix}$$

이를 합성곱층으로 표시하면 다음과 같이 되는 것이다.

$$\begin{bmatrix} 0 & 1 & 0 \\ 2 & 2 & 0 \\ 2 & 1 & 1 \end{bmatrix} \xrightarrow[\text{패딩없음, 편향=0.1, 활성함수=relu, 커널=} \begin{bmatrix} 0 & 1 \\ 0 & 1 \end{bmatrix}, 180°\text{커널=} \begin{bmatrix} 1 & 0 \\ 1 & 0 \end{bmatrix}]{} \begin{bmatrix} 3.1 & 0.1 \\ 3.1 & 1.1 \end{bmatrix}$$

완전 연결과의 차이점은 가중치가 서로 공유되며, 완전 연결이 안 된다는 것이다. 이 점을 염두에 두고 후진 패스를 살펴보도록 하자.

$$dz_{i,j}^{(l)} = \frac{\partial C}{\partial z_{i,j}^{(l)}}$$

라고 정의하자. 따라서 구하고자 하는 값은 $\frac{\partial C}{\partial w_{m',n'}^{(l)}}$ 이다. 여기서 $w_{m',n'}^{(l)}$ 는 주어진 커널의 요소 값이다. 커널의 하나의 요소는 즉, 하나의 가중치는 완전 연결과 마찬가지로 해당 층의 모든 값에 영향을 준다고 가정한다.

$$\frac{\partial C}{\partial w_{m',n'}^{(l)}} = \sum_{i=0}\sum_{j=0} \frac{\partial z_{i,j}^{(l)}}{\partial w_{m',n'}^{(l)}} \frac{\partial C}{\partial z_{i,j}^{(l)}} = \sum_{i=0}\sum_{j=0} \frac{\partial z_{i,j}^{(l)}}{\partial w_{m',n'}^{(l)}} dz_{i,j}^{(l)}$$

여기서 i, j 첨자는 커널에 의해 생성된 출력 특징 지도의 노드의 위치를 표현한다.

$$\frac{\partial z_{i,j}^{(l)}}{\partial w_{m',n'}^{(l)}} = \frac{\partial}{\partial w_{m',n'}^{(l)}}\left(\sum_{m}\sum_{n} w_{m,n}^{(l)} a_{i+m,j+n}^{(l-1)} + b_{i,j}^{(l)} \right)$$

$$= \frac{\partial}{\partial w_{m',n'}^{(l)}}\left(w_{m',n'}^{(l)} a_{i+m',j+n'}^{(l-1)} \right) = a_{i+m',j+n'}^{(l-1)}$$

여기서, 하나의 가중치가 $w_{m',n'}^{(l)}$ 해당 층의 하나의 노드의 입력값인 $z_{i,j}^{(l)}$에 영향을 주는 경우는 한 가지다. 즉, 첨자 인덱스가 같을 때만 영향을 준다.

따라서

$$\frac{\partial C}{\partial w_{m',n'}^{(l)}} = \sum_{i=0}\sum_{j=0} a_{i+m',j+n'}^{(l-1)} dz_{i,j}^{(l)} = \text{rot}_{180°}\{dz_{i,j}^{(l)}\} * a_{m',n'}^{(l-1)}$$

이다. 즉, 하나의 커널의 가중치는 출력 특징 지도에서의 각 노드가 갖는 오차를 하나의 커널로 해 직전 출력 특징 지도와 교차상관 연산 또는 180도 회전한 오차 커널과의 합성곱 연산한 것과 같은 의미다.

오차 커널이 다음과 같다고 하자.

$$dz = \begin{bmatrix} 1.76 & 0.4 \\ 0.98 & 2.24 \end{bmatrix}, \text{rot}_{180°}(dz) = \begin{bmatrix} 2.24 & 0.98 \\ 0.4 & 1.76 \end{bmatrix}$$

따라서,

$$직전\ 출력\ 지도\ 행렬 * 180° \ 오차\ 커널 = \begin{bmatrix} 0 & 1 & 0 \\ 2 & 2 & 0 \\ 2 & 1 & 1 \end{bmatrix} * \begin{bmatrix} 2.24 & 0.98 \\ 0.4 & 1.76 \end{bmatrix}$$

$$= \begin{bmatrix} 6.84 & 3.72 \\ 8.53 & 6.75 \end{bmatrix} = 커널\ 편미분\ 값$$

즉, 하나의 커널의 가중값에 대한 편미분 값은 입력 특징 지도와 오차값의 합성곱이라고 할 수 있다.

이와 같은 방식으로 해 커널 가중치 값을 갱신하게 된다.

결합층에서는 단지 직전 층이 데이터만 요약하므로 최댓값 결합인 경우는 최댓값을 주는 직전 노드를 승자 노드^{winning unit}로 명명하며 해당 노드에 직전 오차를 모두 전파해주며, 평균값 결합인 경우는 결합 윈도우 또는 블럭 크기가 P×P라면 $\frac{1}{P \times P}$의 비율로 전파된 오차를 나누어준다.

20.7 예제: [DIGITS] 데이터 적용(다층 신경망)

20.7.1 데이터 구성, 전처리 및 분할

```
# 데이터 구성
bunch = load_digits()
dir(bunch)
# ['DESCR', 'data', 'images', 'target', 'target_names']

# 이미지 파일로 데이터 구성 형식 이해하기
plt.figure(figsize=(5,5))
plt.imshow(bunch['images'][0], cmap='gray')
plt.savefig(png_path + '/convnet_data_digits_image.png')
plt.show()
```

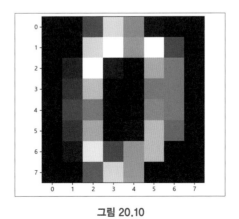

그림 20.10

```
# 입력 특징 구성
X = bunch['data']
X.shape
# (1797, 64)

# 목표변수
y = bunch['target']
y.shape
# (1797,)

# 데이터 전처리 및 분할
max_value = np.max(X)
X_scaled = X/max_value
y_onehot = to_categorical(y)
y_onehot.shape
# (1797, 10)

X_train, X_test, y_train, y_test = train_test_split(X_scaled, y_onehot, test_size=0.3)
```

여기서 목표변숫값이 0에서 9이므로 이를 가변수화하는 과정이 필요하다. 이를 지원하는 메소드가 to_categorical이다. 결과는 10개의 독립적인 변수가 생성된다.

20.7.2 모델 적합 및 평가

```
# 입력 차원 정의
input_dims = X_train.shape[1]

# 아키텍처 정의
model=Sequential()
model.add(InputLayer(input_shape=(input_dims,)))
model.add(Dense(64, activation='relu'))
model.add(Dense(10, activation='softmax'))
model.summary()

# 모델 정의를 위한 추가 변수 정의
model.compile(optimizer=Adam(lr=0.01), loss='categorical_crossentropy',
```

```
                         metrics=['accuracy'])

                         # 모델 적합
                         hist = model.fit(X_train, y_train, validation_split=0.1, batch_size=10,
                         epochs=100)

                         # 모델 평가
                         scores = model.evaluate(X_test, y_test, batch_size=10)
                         print('손실함수값=', scores[0], '\n정확도=', scores[1])
                         # 손실함수값= 0.12081231161361058
                         # 정확도= 0.9833333315672698
```

　　구성한 아키텍처는 은닉층을 1개 뒀으며, 64개의 노드로 구성돼 있고, 출력층은 10개의 노드에 소프트맥스 활성함수를 사용했다.

　　여기서도 마찬가지로 학습률이나, 배치 크기 등의 초모수 값을 결정하기 위한 그리드 교차 검증을 사용할 수 있다. 결과는 손실함수값이 0.12가 나왔다.

20.8 예제: [DIGITS] 데이터 적용(합성곱 신경망)

20.8.1 필요한 패키지

```
                         # 필요한 패키지
                         import numpy as np
                         import pandas as pd
                         import matplotlib.pyplot as plt
                         import requests, zipfile, io

                         from sklearn.model_selection import train_test_split
                         from sklearn import metrics

                         from sklearn.model_selection import GridSearchCV, KFold

                         from sklearn.datasets import load_digits
                         from sklearn.preprocessing import StandardScaler
```

```python
from keras.models import Sequential
from keras.layers import Dense, Activation, InputLayer, Dropout, Conv2D,
MaxPooling2D, Flatten, BatchNormalization
from keras.optimizers import Adam, Optimizer
from keras import backend as K
from keras.utils import to_categorical
from keras.regularizers import l2
from keras.wrappers.scikit_learn import KerasClassifier

# 3차원 그래프
from mpl_toolkits.mplot3d import Axes3D

# 초기 설정
from settings import *

# 한글 출력
plt.rcParams['font.family'] = 'Malgun Gothic'
plt.rcParams['axes.unicode_minus'] = False
```

20.8.2 데이터 구성, 전처리 및 분할

```python
# 데이터 구성
bunch = load_digits()

# 입력 특징
X = bunch['data']
X.shape
# (1797, 64)

# 목표변수
y = bunch['target']
y.shape
# (1797,)

# 데이터 전처리 및 분할
max_value = np.max(X)
X_scaled = X/max_value
```

```
y_onehot = to_categorical(y)

# 입력 차원 정의: 이미지 형식으로 적용(높이, 폭, 깊이(채널))
X_conv = X_scaled.reshape(-1, 8, 8, 1)
y_conv = y_onehot

# 데이터 분할
X_conv_train, X_conv_test, y_conv_train, y_conv_test = train_test_split(X_conv,
y_conv, test_size=0.3)
```

다층 신경망에서는 하나의 이미지가 평탄화돼 하나의 행을 구성하지만, 합성곱 신경망에서는 이미지 크기의 차원으로 재정의될 필요가 있다. 즉, 원래 데이터의 하나의 이미지가 64개의 노드로 구성돼 있는 부분을 (높이, 폭, 깊이(채널))으로 재정의해야 한다. 즉, (8, 8, 1)로 재정의한다. 이때 채널은 원래 이미지에서 회색 계열로 정의한 것이므로 1개다. 색이 다양하게 첨가된 경우에는 각 채널별로 이미지 값이 정의된다.

20.8.3 모델 적합 및 평가

```
# 입력 차원 지정
input_shape = X_conv_train.shape[1:]

# 아키텍처 정의
model=Sequential()
model.add(InputLayer(input_shape=input_shape))
model.add(Conv2D(64, kernel_size=3, padding='same', activation='relu'))
model.add(MaxPooling2D())
model.add(Flatten())
model.add(Dense(10, activation='softmax'))
model.summary()

# 모델 정의를 위한 추가 변수 정의
model.compile(optimizer=Adam(lr=0.01), loss='categorical_crossentropy',
metrics=['accuracy'])
```

```
# 모델 적합
hist = model.fit(X_conv_train, y_conv_train, validation_split=0.1, batch_size=10,
epochs=100)
hist.history.keys()
plt.plot(hist.history['val_loss'])

scores = model.evaluate(X_conv_test, y_conv_test, batch_size=10)
print('손실함수값=', scores[0], '\n정확도=', scores[1])
# 손실함수값= 0.04426065459343465
# 정확도= 0.9870370339464258
```

아키텍처는 합성곱층 1개, 결합층 1개 그리고 평탄화 후 완전 연결층을 1개 두었다. 합성곱층에서는 커널은 3*3 크기로 64개를 두었으며, 합성곱을 한 후의 출력 특징 지도의 크기는 입력 특징 지도의 크기와 같도록 설계했다.

그리고 합성곱층의 추정해야 할 모수는 3*3*64 + 64 = 640개(커널당 1개의 편향 추가)가 된다. 출력 특징 지도와 입력 특징 지도의 크기를 같게 하기 위해서 행과 열에 각각 1개씩 패딩이 들어간다.

손실함수값이 0.04가 나왔으며, 다층 신경망인 0.12보다는 더 좋은 결과를 보였다.

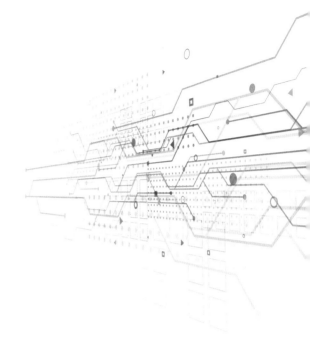

21

재귀 신경망

21.1 개요

순환^{recurrent} 신경망은 노드들이 하나의 열^{sequence}에 따라 유향 그래프로 연결된 신경
망이다.

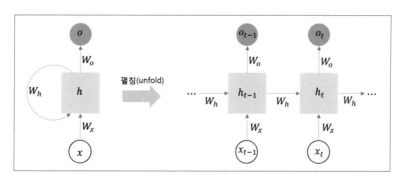

그림 21.1 기본 재귀 신경망 구조

그림과 같이 기본 재귀 신경망$^{vanilla\ RNN}$은 하나의 노드가 다음 층의 모든 노드에

완전 연결되므로 일종의 완전^{fully} 재귀 신경망이다.

기본 재귀 신경망과 재귀 신경망 중의 대표적인 LSTM^{long short-term memory}에 대해 살펴보기로 하자.

21.2 기본 재귀 신경망

기본 재귀 신경망의 대표적인 구조는 개요에서 설명했다. 기본 재귀 신경망도 다음과 같이 다양한 구조를 가질 수 있다.

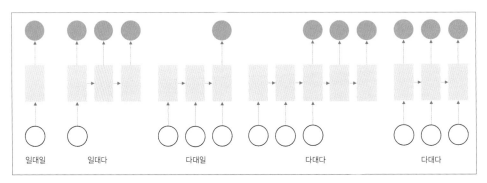

그림 21.2 기본 재귀 신경망의 다양한 구조

그림은 재귀 신경망을 펼친 경우에 하나의 시간 t에 대한 구조다. 가령 일대다 구조^{one to many}인 경우는 이미지 자막에 활용되는 구조다. 즉, 하나의 이미지가 입력으로 들어온 경우에 그 이미지에 대한 자막을 출력하는 구조다. 다대다 구조 중의 첫 번째는 기계 번역에 사용되는 구조다. 기본 재귀 신경망의 다양한 구조를 살펴보면, 입력과 출력에 대한 많은 유연성을 갖고 있음을 알 수 있다. 즉, 하나의 입력을 받은 후 바로 출력하거나, 하나의 입력 후 다수의 출력을 하거나, 다수의 입력 후 하나의 출력을 하는 등의 구조를 갖고 있다.

재귀 신경망에 대한 이해를 돕기 위해 하나의 예를 통해 이해해보기로 하자. 이 예제는 [CS231NR]을 참조했다.

이 예제는 문자 수준의 언어 모델이다. 즉, 하나의 문자를 입력 받은 후에 가장 적합한 다음 문자를 출력하는 모델이다. 이는 하나의 시각 t에 대해 정의한 것이므로 이를 반복적으로 진행하는 모델이다.

"hello"라는 일련의 문자열을 학습시키는 과정을 살펴보자.

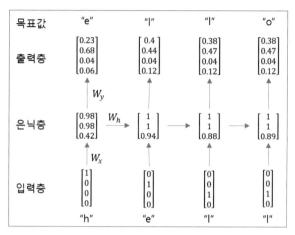

그림 21.3 재귀 신경망에 의한 문자열 학습 예시

여기서 은닉층 값을 계산하기 위한 모수 값과 초깃값은

$$W_x = \begin{bmatrix} 1.76 & 0.4 & 0.98 & 2.24 \\ 1.87 & -0.98 & 0.95 & -0.15 \\ -0.1 & 0.41 & 0.14 & 1.45 \end{bmatrix}, W_h = \begin{bmatrix} 1.76 & 0.4 & 0.98 \\ 2.24 & 1.87 & -0.98 \\ 0.95 & -0.15 & -0.1 \end{bmatrix},$$

$$h_0 = \begin{bmatrix} 0 \\ 0 \\ 0 \end{bmatrix}, b_h = \begin{bmatrix} 0.55 \\ 0.55 \\ 0.55 \end{bmatrix},$$

와 같이 설정했고, 출력층 값을 계산하기 위해 모수 값은

$$W_y = \begin{bmatrix} 1.76 & 0.4 & 0.98 \\ 2.24 & 1.87 & -0.98 \\ 0.95 & -0.15 & -0.1 \\ 0.41 & 0.14 & 1.45 \end{bmatrix}, b_y = \begin{bmatrix} 0.42 \\ 0.42 \\ 0.42 \\ 0.42 \end{bmatrix},$$

와 같이 정했다.

그림에서 은닉층의 값은 $h_t = \sigma_h(W_h h_{t-1} + W_x x_t + b_n)$ 출력층의 값은 $o_t = \sigma_y(W_y h_t + b_y)$이며 활성함수는 각각 쌍곡탄젠트, 소프트맥스를 사용했다. 비용함수는 소프트맥스 교차 엔트로피 $\sum_i(-y_{t,i} \log o_{t,i})$를 사용했다.

그림에서 입력 데이터는 one-hot 인코딩 방식(가변수 생성 방식)으로 정의했다. 즉, "hello"의 서로 다른 문자는 4개이므로 "h" 문자는 [1 0 0 0]으로 인코딩했다.

열의 크기^{sequence length}는 4이다.

그림에서 첫 번째 훈련 후 출력층의 예측한 값은 "0.68"이므로 "e"로 예측됐고, 두 번째는 "e", 세 번째는 "e" 그리고 네 번째는 "e"로 예측됐다.

재귀 신경망의 재귀층의 노드들 즉, 재귀 노드들은 앞 시간의 상태라고 할 수 있는 h_{t-1}의 값을 받는다. 이때 시간의 변화에 관계없이 가중값인 W_h를 공유한다. 이 점이 재귀 신경망이 갖는 가장 큰 특징이라고 할 수 있다.

21.3 모수의 추정

모수의 추정은 기울기 하강법에 의해 추정을 하므로,

$$W := W - \alpha \frac{\partial C}{\partial W}$$

의 식에서 $\frac{\partial C}{\partial W}$를 구해야 한다. 여기서 W_x, W_y는 완전 연결 신경망의 편미분 값을 구하는 것과 동일하므로 여기서는 $\frac{\partial C}{\partial W_h}$를 구하는 것만 다루기로 한다.

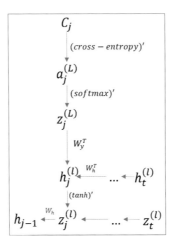

그림 21.4 후진 패스에 의한 오차의 전달 흐름도

$\frac{\partial C_j}{\partial W_h}$를 구하기 위해서는 그림과 같이 열^{sequence} 길이에 위치한 특정 시간 j에 오차의 흐름을 이해해야 한다.

$$\frac{\partial C_j}{\partial W_h} = \frac{dz_j^{(l)}}{\partial W_h}\frac{\partial C_j}{dz_j^{(l)}} = dz_j^{(l)}(h_{j-1})^T$$

이므로 은닉층의 시간 j가 받는 오차가 얼마인지를 계산하는 것이 중요하다.

오차는 출력층에서 내려오는 오차와 다음 시간의 은닉층에서 오는 오차들이 있다.

출력층에서 오는 오차는 $W_y^T dz_j^{(L)}$이며, 직접 연결된 은닉층에서 오는 오차는 $W_h^T dz_{j+1}^{(l)}$이다. 따라서

$$dz_j^{(l)} = \tanh'(z_j^{(l)}) \odot (W_y^T dz_j^{(L)} + W_h^T dz_{j+1}^{(l)})$$

여기서 만약 $j = t$이면 마지막 시퀀스 열의 오차를 계산할 수 있으며, $j < t$이면, 식과 같이 재귀적으로 정의된다.

따라서 만약 t가 크다면, W_h^T가 $t-j+1$번 곱해지므로 즉, $(W_h^T)^{t-j+1}$이 된다.

만약에 상태 행렬이 고윳값 분해가 가능한 행렬이라면,

$$W_h = Q^{-1}\Lambda Q \rightarrow W_h^{t-j+1} = Q^{-1}\Lambda^{t-j+1}Q$$

가 된다. 여기서 Q는 고윳값 벡터로 구성된 행렬이며, Λ는 고윳값 행렬이다.

만약 $t \gg j$일 때, 1보다 작은 고윳값이 계속 곱해지는 경우는 기울기 값이 사라지고^{vanishing}, 1보다 크게 되면 기울기 값이 폭발^{exploding}하게 된다.

이러한 문제를 해결하기 위한 방법은 초깃값과 활성함수를 조절하는 방법과 LSTM과 같은 상수 오류 회전기$^{constant\ error\ carousel}$ 방법을 이용한다.

21.4 후진 패스 예제

문자를 받아 문자를 출력하는 예제, 곧 일종의 작문을 위한 재귀 신경망의 후진 패스 과정을 알아보자.

21.4.1 데이터 구성

```python
data = "hello"
chars = ['h', 'e', 'l', 'o']
data_size, vocab_size = len(data), len(chars)

# 문자를 숫자로
char_to_idx = {ch: i for i, ch in enumerate(chars)}

# 마지막 문자 데이터 생략하기 위해
x_str = data[:-1]

# 처음 문자 데이터를 생략하기 위해
y_str = data[1:]

# 숫자형 데이터 구성
x_train = [char_to_idx[c] for c in x_str]
y_train = [char_to_idx[c] for c in y_str]

# 문자마다 가변수 만들기(one-hot)
x_train = to_categorical(x_train, num_classes=vocab_size)
y_train = to_categorical(y_train, num_classes=vocab_size)

# 입력 모양 만들기(batch, seq_length, features)
x_train = x_train.reshape(-1, len(x_train), vocab_size)
y_train = y_train.reshape(-1, len(y_train), vocab_size)

print(x_train)
# [[[1. 0. 0. 0.]
#   [0. 1. 0. 0.]
#   [0. 0. 1. 0.]
#   [0. 0. 1. 0.]]]
```

최종적으로 정의된 데이터는 각 행이 하나의 문자를 표현하는 벡터다. 이는 케라스에 입력을 하기 위한 구성이다. 앞에서 정의된 식들은 입력 데이터가 하나의 열벡터로 구성돼 있다.

21.4.2 전진 패스

```
# 아키텍처 초모수 정의
hidden_units = 3
input_units = 4
seq_length = 4

# 하나의 입력도 열벡터, 출력도 열벡터로 전환
y_true = y_train[0].T
input = x_train[0].T

# 모수 초깃값 정의
Wx = RandomState(0).randn(3,4)
Wh = RandomState(0).randn(3,3)
Wy = RandomState(0).randn(4,3)
bh = np.full(shape=(3,1), fill_value=RandomState(0).rand())
by = np.full(shape=(4,1), fill_value=RandomState(1).rand())

# 출력층 값 계산을 위한 소프트맥스 함수 정의
def softmax(x):
    exps = np.exp(x)
    return exps / np.sum(exps)

# 은닉층의 상태값 초기화
h = np.zeros(shape=(hidden_units,seq_length+1))

# 출력층의 출력값 초기화
y_pred_prob = np.zeros(shape=(input_units,seq_length))

# 전진 패스
for j in np.arange(seq_length):
    h[:, [j]] = np.tanh(Wx @ input[:, [j]] + Wh @ h[:, [j-1]] + bh)
    y_pred_prob[:, [j]] = softmax(Wy @ h[:, [j]] + by)

# 출력층 값을 이용한 예측
x_index = np.argmax(x_train[0], axis=1)
x_str = [chars[i] for i in x_index]
y_index = np.argmax(y_pred_prob, axis=0)
y_str = [chars[i] for i in y_index]
```

```
# 입력값과 예측값 출력
print(x_index, ''.join(x_str), "---> ",
      y_index, ''.join(y_str))
# [0 1 2 2] hell ---> [1 1 1 1] eeee
```

21.4.3 후진 패스

```
# 각 가중치(편향 포함)의 편미분 값을 받는 행렬 초기화
dWx, dWh, dWy = np.zeros_like(Wx), np.zeros_like(Wh), np.zeros_like(Wy)
dbh, dby = np.zeros_like(bh), np.zeros_like(by)

# 은닉층의 오차를 역으로 전파하기 위한 변수
dh_next = np.zeros((hidden_units, 1))

# 후진 패스
# 시퀀스의 역으로 진행
for j in reversed(np.arange(seq_length)):
    # 출력층 미분(교차 엔트로피)
    dy = - y_true[:, [j]] / y_pred_prob[:, [j]]

    # 출력층 입력값 미분(소프트맥스)
    dsm = np.diag(y_pred_prob[:, [j]].ravel())- (y_pred_prob[:, [j]]@y_pred_
prob[:, [j]].T)

    # 출력층의 오차
    dz = dsm @ dy
    # dz = y_pred_prob[:, [j]] - y_true[:, [j]]

    # 출력층의 그래디언트
    dWy += dz @ h[:, [j]].T
    dby += dz

    # 은닉층의 오차: 출력층과 시퀀스의 다음 시간의 오차의 합
    dh_act = Wy.T @ dz + dh_next
    dh = (1 - h[:, [j]] ** 2) * dh_act  # tanh 미분 값

    # 은닉층의 그래디언트
```

```
        dWx += dh @ input[:, [j]].T
        dWh += dh @ h[:, [j - 1]].T
        dbh += dh
        dh_next = Wh.T @ dh


# 각 그래디언트의 평균
dWx /= seq_length
dWh /= seq_length
dbh /= seq_length
dWy /= seq_length
dby /= seq_length


# 후진 패스 결과
print('\n##### gradients #####')
print('--- dWx ---\n', dWx)
print('--- dWh ---\n', dWh)
print('--- dbh ---\n', dbh)
print('--- dWy ---\n', dWy)
print('--- dby ---\n', dby)
# --- dWx ---
# [[-0.0020301   0.00082249  0.00021054  0.        ]
#  [-0.00389519  0.00189845  0.00017362  0.        ]
#  [ 0.12560695  0.0072327  -0.06291784  0.        ]]
# --- dWh ---
# [[ 0.00101693  0.00101981  0.00053308]
#  [ 0.00203502  0.0020417   0.00095297]
#  [-0.05583219 -0.0558249  -0.05200547]]
# --- dbh ---
# [[-0.00099707]
#  [-0.00182312]
#  [ 0.06992181]]
# --- dWy ---
# [[ 0.34395243  0.34402328  0.28400027]
#  [ 0.26577406  0.26533651  0.27711726]
#  [-0.46244094 -0.46206665 -0.42580961]
#  [-0.14728554 -0.14729315 -0.13530792]]
# --- dby ---
# [[ 0.34528129]
#  [ 0.26447028]
#  [-0.46275877]
#  [-0.1469928 ]]
```

비용함수는 교차 엔트로피이므로 이에 대한 편미분값은 $\dfrac{y_j}{a_j^{(L)}}$이며, 소프트맥스 함수값의 미분은 일종의 자코비안 행렬이며 값은

$$a_j^{(L)} - a_i^{(L)} a_j^{(L)} \quad \text{if } i = j$$
$$-a_i^{(L)} a_j^{(L)} \quad \text{if } i \neq j$$

이다. 이 두 가지를 결합해 행렬 곱을 하면, 간단히 $-(y_j - a_j^{(L)})$이지만 코드에서는 정상적으로 각각의 미분을 곱해서 계산했다.

21.5 장단기 기억 신경망

장단기 기억 신경망^{LSTM, long short-term memory}은 기본 재귀 신경망에 대비해 입력과 출력 구조가 아닌 상태를 나타내는 기억 세포^{memory cell}인 c_t를 갖고 있다. 즉, 은닉층의 모든 노드에 대한 상태를 관리하는 관리자 역할을 하는 세포다.

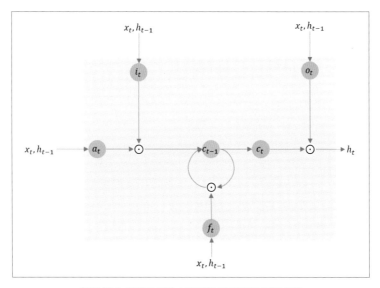

그림 21.5 장단기 기억 신경망의 구조(출처: LSTMFB)

그림에서 각각의 값은 다음과 같이 정의된다.

$$a_t = \tanh\left(W_a\left[\begin{smallmatrix} x_t \\ h_{t-1} \end{smallmatrix}\right] + b_a\right) = \tanh(az_t)$$

$$i_t = \sigma\left(W_t\left[\begin{smallmatrix} x_t \\ h_{t-1} \end{smallmatrix}\right] + b_i\right) = \sigma(iz_t)$$

$$f_t = \sigma\left(W_f\left[\begin{smallmatrix} x_t \\ h_{t-1} \end{smallmatrix}\right] + b_f\right) = \sigma(fz_t)$$

$$o_t = \sigma\left(W_o\left[\begin{smallmatrix} x_t \\ h_{t-1} \end{smallmatrix}\right] + b_o\right) = \sigma(oz_t)$$

여기서, 입력 벡터의 크기가 p, 은닉 노드의 수가 d라고 하면, W_a, W_t, W_f, W_o는 크기가 $d \times (p+d)$이다. σ는 로지스틱 활성함수다. 이후 후진 패스를 위해서 $\left[\begin{smallmatrix} x_t \\ h_{t-1} \end{smallmatrix}\right]$ 벡터의 각각의 가중치를 분리해 $W_a = [W_{ax}, U_a]$, $W_i = [W_{ix}, U_i]$, $W_f = [W_{fx}, U_f]$, $W_o = [W_{ox}, U_o]$로 분리하여 표현한다.

그리고 추정해야 할 모수는 $4d \times (p+d) + 4d$이다.

그림에서 a_t는 셀 활성 정보, i_t는 입력 정보, f_t는 망각해야 할 정보, a_t는 출력 정보를 담당하는 역할을 한다.

4가지 입력값을 받고 나면 핵심적인 역할을 하는 셀 상태 즉, 노드의 상태를 관리하는 관리자는 다음과 같이 정의한다.

그림과 같이,

$$c_t = i_t \odot a_t + c_{t-1} \odot f_t$$

로 갱신된다. 여기서 $\odot$는 요소^element 단위로 곱하는 아다마르^Hadamard 연산자다.

각 노드의 상태는 입력값에서 추가해야 할 요소를 정의하고 이전 상태에서 잊어야 할 요소를 정의한 후 합한 것이다.

최종적으로 은닉층에 의해 출력되는 값은 다음과 같이 정의된다.

$$h_t = o_t \odot \tanh(c_t)$$

출력값은 출력해야 할 값에 현재의 상태를 곱해서 출력된다.

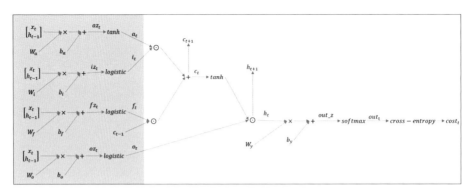

그림 21.6 LSTM의 전진 패스

그림은 정의된 LSTM의 구조하에 전진 패스를 통해 비용까지 계산되는 과정이다. LSTM의 펼쳐진 구조를 보면,

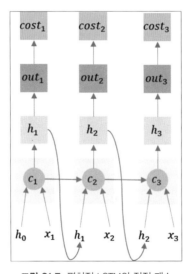

그림 21.7 펼쳐진 LSTM의 전진 패스

그림과 같은 모습이며 전진 패스 과정을 통해 비용이 계산된다. 모수를 갱신하기 위한 후진 패스 과정을 살펴보자.

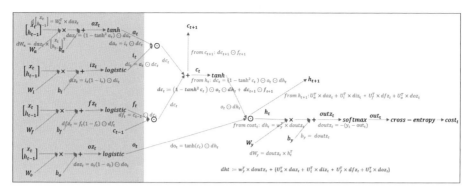

그림 21.8 LSTM 후진 패스

전진 패스의 반대가 후진 패스이므로 즉, 오차가 전달되는 방향이므로 다음과 같이 표시할 수 있다.

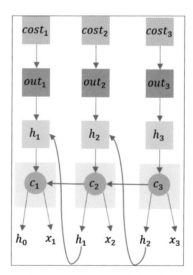

그림 21.9 펼쳐진 LSTM의 후진 패스

여기서 c_t는 c_{t+1}, h_t의 오차를 받고 있음을 알 수 있다.

h_t에서 오는 오차를 계산하기 위하여

$$h_t = o_t \odot \tanh(c_t)$$

이므로 $dh_t = \dfrac{\partial C}{\partial h_t}$이라고 정의하면

$$\frac{\partial C}{\partial o_{t,i}} = \frac{\partial C}{\partial h_{t,i}} \cdot \frac{\partial h_{t,i}}{\partial o_{t,i}} = dh_{t,i} \cdot \tanh(c_{t,i})$$

$$\therefore do_t = dh_t \odot \tanh(c_t)$$

이고,

$$\frac{\partial C}{\partial c_{t,i}} = \frac{\partial C}{\partial h_{t,i}} \cdot \frac{\partial h_{t,i}}{\partial c_{t,i}} = dh_{t,i} \cdot o_{t,i} \cdot (1 - \tanh^2(c_{t,i}))$$

$$\therefore dc_t = dh_t \odot o_t \odot (1 - \tanh^2(c_t))$$

이다.

c_{t+1}에서 오는 오차를 계산하기 위하여

$$c_{t+1} = i_{t+1} \odot a_{t+1} + c_t \odot f_{t+1}$$

이므로

$$dc_t = \frac{\partial C}{\partial c_{t+1}} \cdot \frac{\partial c_{t+1}}{\partial c_t} = dc_{t+1} + f_{t+1}$$

이다.

따라서 양쪽의 오차를 합하면

$$dc_t = dc_{t+1} \odot f_{t+1} + dh_t \odot o_t \odot (1 - \tanh^2(c_t))$$

이다.

dc_t는 계산식에서 보듯이 앞의 결과가 계속 누적돼 합해지고 있음을 알 수 있다.

h_t도 마찬가지로 이후의 h_{t+1}과 해당 시퀀스에서 직접 받는 오차가 있다. 해당 시퀀스에서 받는 오차는 $w_y^T \times doutz_t = w_y^T \times (-(y_t - out_t))$이며, h_{t+1}에서 받는 경우는 그림의 회색 부분의 h_{t-1}이 받는 오차와 동일하다. 즉, 다음 단계로부터 받는 오차이기 때문이다.

따라서 h_{t+1}에서 받는 오차는

$$U_a^T \times daz_{t+1} + U_i^T \times diz_{t+1} + U_f^T \times dfz_{t+1} + U_o^T \times doz_{t+1}$$

이며,

$$daz_t = (1 - \tanh^2(a_t)) \odot da_t$$
$$diz_t = i_t(1 - i_t) \odot di_t$$
$$dfz_t = f_t(1 - f_t) \odot df_t$$
$$doz_t = o_t(1 - o_t) \odot do_t$$

이다. 따라서

$$dh_t = w_y^T \times (-(y_t - out_t)) + \{U_a^T \times daz_{t+1} + U_i^T \times diz_{t+1} + U_f^T \times dfz_{t+1} + U_o^T \times doz_{t+1}\}$$

이다.

결국 상태를 나타내는 c_t와 은닉층의 h_t의 노드들이 갱신되는 과정에서 가중치 행렬의 곱보다는 합으로 구성돼 있어서 기본 재귀 신경망보다는 가중값이 사라짐이나 폭발하는 현상이 상대적으로 적다고 할 수 있다.

21.6 LSTM 예시

다음과 같은 문자열이 있다고 하자.

[('48+84', '132'), ('39+54', '93 '), ('77+25', '102'), ('16+50', '66 '), ('24+27', '51 ')]

하나의 문자열 시퀀스를 ('48+84', '132')라고 정의하면, 이 데이터로부터 학습하고 나면 두 자릿수의 2개 값이 입력되면 자동으로 합하는 값을 돌려주는 것이다.

일종의 시퀀스 대 시퀀스 학습의 예이며, 가장 초보적인 번역의 예라고 할 수 있다.

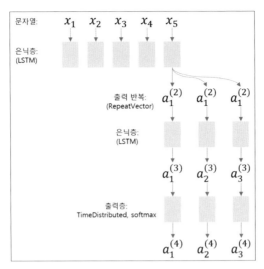

그림 21.10 시퀀스 대 시퀀스 아키텍처

그림에서와 같이 5개의 문자를 받아 하나의 시퀀스를 구성한다. 시퀀스의 결과는 마지막 노드의 값만을 받은 후 출력 노드의 길이와 같게 3개로 복사한 후 다시 LSTM층을 적용한 후 결과를 출력하는 구조다. 예로 구성하는 데이터는 시퀀스의 끝을 확인할 필요 없이 잘 정의됐지만, 실제는 시퀀스의 끝을 확인할 수 있는 노드가 필요하다.

21.6.1 필요한 패키지

```python
from keras.layers import LSTM, RepeatVector, TimeDistributed, Dense
from keras.models import Sequential
import numpy as np
from keras.utils import np_utils
from sklearn.model_selection import train_test_split
```

21.6.2 데이터 구성 및 분할

학습을 시키기 위한 데이터는 ('48+84', '132')를 하나의 예로 생각하여 생성한다. 여기서 '48+84'는 입력으로, '132'는 출력으로 구분해 사용돼야 한다. 또한 '48+84'는 4, 8, +와 같은 문자로 구성돼 있으므로 어휘 사전이 필요하며, 각 문자는 실제 입력을 위해 가변수화 즉, one-hot 인코딩이 필요하다.

```python
DIGITS = 2
N_SAMPLES = 5000
np.random.seed(1234)

#
# 데이터 생성
#
# 예 [('64+78', '142'), ('78+58', '136'), ('84+29', '113'), ('26+13', '39 '),
('12+16', '28 ')]
def make_addition_dataset():
    x_dict = dict()
    while len(x_dict) < N_SAMPLES:
        a = np.random.randint(1, np.power(10, DIGITS))
        b = np.random.randint(1, np.power(10, DIGITS))
        key = ("%d+%d" % (a, b)).rjust(DIGITS + 1 + DIGITS)  # 오른쪽 정렬
        value = str(a + b).ljust(1 + DIGITS)  # 왼쪽 정렬
        x_dict[key] = value
    return list(x_dict.items())

rawdata = make_addition_dataset()
# 데이터 확인
print(rawdata[:5])
# [('48+84', '132'), ('39+54', '93 '), ('77+25', '102'), ('16+50', '66 '),
('24+27', '51 ')]

# 입력값과 출력값으로 분리: 결과는 tuple
x_rawdata, y_rawdata = zip(*rawdata)

# 문자별 인덱스 생성
chars = list('0123456789+ ')
char_to_idx = {ch: i for i, ch in enumerate(chars)}
```

```python
vocab_size = len(chars)
data_size = len(x_rawdata)
print('data_size =', data_size)
print('vocab_size =', vocab_size)
# data_size = 5000
# vocab_size = 12

# 문자열을 인덱스 벡터로 변환
def conv_vector(rawdata):
    # 48 + 84 -> [4, 8, 10, 8, 4]
    list = []
    for data in rawdata:
        list.append([char_to_idx[c] for c in data])
    return list

x_data_index = conv_vector(x_rawdata)
y_data_index = conv_vector(y_rawdata)
print(x_rawdata[0], '->', x_data_index[0])
print(y_rawdata[0], '->', y_data_index[0])
# 48+84 -> [4, 8, 10, 8, 4]
# 132 -> [1, 3, 2]

# one-hot 인코딩
x_data = np_utils.to_categorical(x_data_index, num_classes=vocab_size)
y_data = np_utils.to_categorical(y_data_index, num_classes=vocab_size)
print(x_data[0])
# [[0. 0. 0. 0. 1. 0. 0. 0. 0. 0. 0. 0.]
#  [0. 0. 0. 0. 0. 0. 0. 0. 1. 0. 0. 0.]
#  [0. 0. 0. 0. 0. 0. 0. 0. 0. 0. 1. 0.]
#  [0. 0. 0. 0. 0. 0. 0. 0. 1. 0. 0. 0.]
#  [0. 0. 0. 0. 1. 0. 0. 0. 0. 0. 0. 0.]]
print(y_data[0])
# [[0. 1. 0. 0. 0. 0. 0. 0. 0. 0. 0. 0.]
#  [0. 0. 0. 1. 0. 0. 0. 0. 0. 0. 0. 0.]
#  [0. 0. 1. 0. 0. 0. 0. 0. 0. 0. 0. 0.]]
print(x_data.shape)
# (5000, 5, 12)

# 데이터 분할
X_train, X_test, y_train, y_test = train_test_split(x_data, y_data, test_size=0.3)
```

21.6.3 모델 구성 및 적합

```python
# 초모수 정의
batch_size = 50
seq_length = X_train.shape[1]
cell_units = 100  # 은닉층 노드의 개수
out_length = y_train.shape[1]

# 모델 생성
model = Sequential()
model.add(LSTM(cell_units, input_shape=(seq_length, vocab_size)))
model.add(RepeatVector(out_length))
model.add(LSTM(cell_units, return_sequences=True))
model.add(TimeDistributed(Dense(vocab_size, activation='softmax')))
model.compile(loss='categorical_crossentropy',
              optimizer='adam',
              metrics=['accuracy'])
model.summary()
# _____
# Layer (type)                    Output Shape              Param #
# =================================================================
# lstm_16 (LSTM)                  (None, 100)               45200
# _____
# repeat_vector_3 (RepeatVecto    (None, 3, 100)            0
# _____
# lstm_17 (LSTM)                  (None, 3, 100)            80400
# _____
# time_distributed_12 (TimeDis    (None, 3, 12)             1212
# =================================================================
# Total params: 126,812
# Trainable params: 126,812

# 훈련
hist = model.fit(X_train, y_train, batch_size=batch_size, epochs=100, validation_
split=0.1)

# 평가
model.evaluate(X_test, y_test, batch_size=batch_size)
# [0.13061178972323736, 0.9733333388964335]
```

```
# 예측
y_pred = model.predict_classes(X_test[:5])
x_test = np.argmax(X_test[:5], axis=-1)

# 예측된 결과를 문자로 전환 또는 숫자를 문자로 전환
def conv_string(rawdata):
    list = []
    for data in rawdata:
        list.append(''.join([chars[c] for c in data]))
    return list

# 예측된 결과를 확인
for i in range(5):
    x = np.argmax(X_test[[i]], axis=-1)
    print(conv_string(x), '->', conv_string(y_pred[[i]]))
# ['94+21'] -> ['115']
# [' 93+8'] -> ['101']
# ['55+47'] -> ['102']
# ['42+76'] -> ['118']
# [' 6+73'] -> ['79 ']
```

여기서 첫 번째 LSTM의 추정해야 할 모수의 개수를 계산해보면, 은닉층 노드의 수 즉, d = 100, 입력층의 노드의 차원 즉, p = 12이므로 $4^*d^*(p+d) + 4^*d = 45200$이 된다.

평가 데이터를 적용해본 결과 97%의 정확도가 나옴을 알 수 있다.

22

특이값 분해

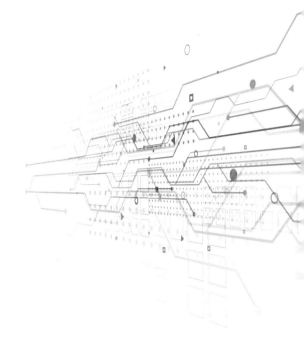

22.1 개요

특이값 분해^{SVD, Singular Value Decomposition}는 아무 행렬이나 3개의 행렬로 분해하는 것을 의미한다. 즉, 하나의 행렬($n \times p$)은 다음과 같이 3개의 행렬의 곱으로 표시된다.

$$X_{n \times p} = U_{n \times r} D_{r \times r} (V_{p \times r})^T$$

특이값 분해의 결과는 다양하게 표현이 되지만, 여기에서는 간결한 SVD^{compact SVD}를 사용한다.

특이값 분해에서 분해된 3개의 행렬을 이용해 추천 시스템, 잠재 의미 분석, 차원 축소 등에 널리 사용된다.

22장에서는 구체적인 예를 통해 특이값 분해의 의미를 살펴보기로 하자.

22.2 정의

하나의 행렬은 즉, 행렬이기만 하면 다음과 같이 분해된다. 분해된 결과는 다양하지만 다음과 같이 분해되는 것을 간결 SVD라고 한다.

$$X_{n \times p} = U_{n \times r} D_{r \times r} (V_{p \times r})^T$$

여기서 U, V 행렬은 정규직교^{orthonormal} 행렬이고 D는 대각^{diagonal} 행렬이다. 정규직교 행렬은 각 열벡터의 크기가 1이고 서로 다른 열벡터 간의 내적은 0이다. 즉, $U^TU = I$, $V^TV = I$이다. 여기서 I는 항등 행렬$^{identity\ matrix}$이다. D 행렬은 대각 행렬이며 대각 원소 값은 $d_1 \geq d_2 \geq \cdots \geq 0$이며, 각 값을 특이값이라 부른다.

22.3 분해 행렬의 계산

분해 행렬인 U, D, V를 구해보자.

$$X^TX = (UDV^T)^TUDV^T = VDU^TUDV^T = VD^2V^T$$

이므로 $(X^TX)v_1 = d_1^2v_1$이며 따라서 v_1은 X^TX의 고유 벡터^{eigenvector}가 된다. 또한 d_1^2은 고윳값^{eigenvalue}이 된다. 따라서 특이값은 X^TX 고윳값의 제곱근이 되는 것이다.

$$XX^T = UDV^T(UDV^T)^T = UDV^TVDU^T = UD^2U^T$$

이므로 $(XX^T)u_1 = d_1^2u_1$이며 따라서 u_1은 XX^T의 고유 벡터가 된다. 또한 d_1^2은 고윳값이 된다.

22.4 특이값 분해 계산

하나의 행렬에 대한 특이값 분해를 해보자.

$$X = \begin{bmatrix} 5 & 0 & 3 \\ 3 & 7 & 3 \\ 5 & 2 & 4 \\ 7 & 6 & 8 \end{bmatrix}$$

주어진 행렬에 대해 특이값 분해를 하면,

$$U = \begin{bmatrix} -0.298 & -0.605 & -0.53 \\ -0.443 & 0.73 & -0.516 \\ -0.398 & -0.319 & -0.22 \\ -0.746 & -0.021 & 0.636 \end{bmatrix}, D = \begin{bmatrix} 16.323 & 0 & 0 \\ 0 & 5.162 & 0 \\ 0 & 0 & 1.384 \end{bmatrix},$$

$$V^T = \begin{bmatrix} -0.615 & -0.513 & -0.599 \\ -0.499 & 0.841 & -0.208 \\ -0.611 & -0.172 & 0.773 \end{bmatrix},$$

이다. 여기서 만약에 차원을 축소하기 위해 즉, 저차원으로 원래 행렬을 근사해보자.

$$X_2 = U_2 \times D_2 \times V_2^T$$

$$= \begin{bmatrix} -0.298 & -0.605 \\ -0.443 & 0.73 \\ -0.398 & -0.319 \\ -0.746 & -0.021 \end{bmatrix} \begin{bmatrix} 16.323 & 0 \\ 0 & 5.162 \end{bmatrix} \begin{bmatrix} -0.615 & -0.513 & -0.599 \\ -0.499 & 0.841 & -0.208 \end{bmatrix}$$

$$= \begin{bmatrix} 4.552 & -0.126 & 3.567 \\ 2.564 & 6.877 & 3.553 \\ 4.814 & 1.948 & 4.235 \\ 7.537 & 6.151 & 7.319 \end{bmatrix}$$

이 된다. 원래 행렬인 X와 저차원으로 축소된 후 복원된 X_2와의 요소별 차이에 대한 프로베니어스 노름$^{Frobenious\ norm}$을 구해보면 1.384이다.

프로베니어스 노름은 요소별 차이 행렬을 A라고 하면,

$$\|A\|_F = \sqrt{\sum_i \sum_j a_{i,j}^2} = \sqrt{\mathrm{trace}(A^T A)}$$

이다. 요소별 오차 제곱합의 제곱근이다.

따라서 원래 데이터 행렬의 차원이 많아서 축소하고자 하는 경우에는 프로베니어스 노름의 변화를 살펴봐야 한다.

22.5 특이값 분해 예제: 추천 시스템

여기에서 사용된 영화 행렬은 [MMD]를 참조했다.

22.5.1 필요한 패키지

```
# 필요한 패키지
import numpy as np
import pandas as pd
import matplotlib.pyplot as plt

from numpy.random import RandomState
from numpy.linalg import svd, matrix_rank
from sklearn.metrics.pairwise import cosine_similarity
```

22.5.2 데이터 구성

가령 다음과 같은 이용자 대 영화 행렬$^{user\ to\ movie\ matrix}$이 있다고 하자.

$$\begin{bmatrix} 1 & 1 & 1 & 0 & 0 \\ 3 & 3 & 3 & 0 & 0 \\ 4 & 4 & 4 & 0 & 0 \\ 5 & 5 & 5 & 0 & 0 \\ 0 & 2 & 0 & 4 & 4 \\ 0 & 0 & 0 & 5 & 5 \\ 0 & 1 & 0 & 2 & 2 \end{bmatrix}$$

여기서 행 벡터는 이용자를 의미하며, 열 벡터는 (Matrix, Alien, Serenity, Casablanca, Amelie)를 의미하는 영화다. 행렬의 값은 이용자가 특정 영화를 보고 나서 평가한 값이다. 클수록 높은 평가를 한 것을 의미한다. 0의 의미는 0점이 아니라 해당 영화를 보지 않은 것을 의미한다.

실제 넷플릭스^{Netflix}는 1억 명 이상의 이용자에 수십만 개의 영화를 서비스하고 있으므로 실제 이용자 대 영화 행렬은 엄청난 크기임에 틀림이 없을 것이다.

```
# (Matrix, Alien, Serenity, Casablanca, Amelie)
X = np.array([[1,1,1,0,0],
              [3,3,3,0,0],
              [4,4,4,0,0],
              [5,5,5,0,0],
              [0,2,0,4,4],
              [0,0,0,5,5],
              [0,1,0,2,2]])
```

22.5.3 SVD 계산

이 행렬은 특이값 분해에 의해 다음과 같이 3개의 행렬로 분해된다.

U, D, V^T

$$
= \begin{bmatrix}
-0.14 & 0.02 & 0.01 & 0.99 & 0 \\
-0.41 & 0.07 & 0.03 & -0.06 & -0.89 \\
-0.55 & 0.09 & 0.04 & -0.08 & 0.42 \\
-0.69 & 0.12 & 0.05 & -0.1 & 0.19 \\
-0.15 & -0.59 & -0.65 & 0 & 0 \\
-0.07 & -0.73 & 0.68 & 0 & 0 \\
-0.08 & -0.3 & -0.33 & 0 & 0
\end{bmatrix},
\begin{bmatrix}
12.48 & 0 & 0 & 0 & 0 \\
0 & 9.51 & 0 & 0 & 0 \\
0 & 0 & 1.35 & 0 & 0 \\
0 & 0 & 0 & 0 & 0 \\
0 & 0 & 0 & 0 & 0
\end{bmatrix},
$$

$$
\begin{bmatrix}
-0.56 & -0.59 & -0.56 & -0.09 & -0.09 \\
0.13 & -0.03 & 0.13 & -0.7 & -0.7 \\
0.41 & -0.8 & 0.41 & 0.09 & 0.09 \\
-0.71 & 0 & 0.71 & 0 & 0 \\
0 & 0 & 0 & 0.71 & -0.71
\end{bmatrix}
$$

여기서 D 행렬이 대각 요소 값이 0인 경우가 2개가 있는데 이는 원래 행렬의 계수^{rank}가 3이기 때문이다. 계수는 하나의 행렬의 서로 독립인 행 또는 열의 개수를 의미한다.

계수에 맞게 재조정을 하면 다음과 같이 표현된다.

U, D, V^T

$$= \begin{bmatrix} -0.14 & 0.02 & 0.01 \\ -0.41 & 0.07 & 0.03 \\ -0.55 & 0.09 & 0.04 \\ -0.69 & 0.12 & 0.05 \\ -0.15 & -0.59 & -0.65 \\ -0.07 & -0.73 & 0.68 \\ -0.08 & -0.3 & -0.33 \end{bmatrix}, \begin{bmatrix} 12.48 & 0 & 0 \\ 0 & 9.51 & 0 \\ 0 & 0 & 1.35 \end{bmatrix},$$

$$\begin{bmatrix} -0.56 & -0.59 & -0.56 & -0.09 & -0.09 \\ 0.13 & -0.03 & 0.13 & -0.7 & -0.7 \\ 0.41 & -0.8 & 0.41 & 0.09 & 0.09 \end{bmatrix}$$

```
# 특이값 분해
u, d, v = svd(X, full_matrices=False)

# 계수 재조정(rank=3)
rank = matrix_rank(X)
u = u[:, :rank]
d = d[:rank]
v = v[:rank, :]
```

여기서 U 행렬의 의미를 살펴보자. 원래 행렬의 행은 각 이용자를 표현하는데, U 행렬은 각 이용자의 행렬과 유사하다. 다만 원래 이용자 행렬은 영화 공간 즉, 5차원이 하나의 점인데, 여기서는 3차원의 하나의 점으로 표현됐다. 이 축소된 차원을 개념축이라고 이름하면 특이값 분해는 개념축으로 분해한다고 볼 수 있다.

마찬가지로 V 행렬의 의미를 살펴보자. 원래 행렬의 열은 영화이며, 사용자 공간 즉, 7차원의 하나의 점이다. 그런데 특이값 분해를 하고 나서는 3차원의 하나의 점으로 표현됐다. 즉, V 행렬의 열벡터가 마찬가지로 개념축이라고 정의할 수가 있는 것이다.

요약하면 원래 행렬의 행은 U 행렬의 행, 원래 행렬의 열은 V의 전치 행렬의 열에 의해 표현이 가능하며 각각 뭔지 모를 개념축에 의해 설명이 되고 있다.

22.5.4 개념축에 대한 이해

개념축이 어떤 의미인지 알아보자. V의 전치 행렬에 대해

$$DV^T = \begin{bmatrix} -7.02 & -7.4 & -7.02 & -1.12 & -1.12 \\ 1.2 & -0.27 & 1.2 & -6.61 & -6.61 \\ 0.55 & -1.08 & 0.55 & 0.12 & 0.12 \end{bmatrix}$$

이다. 대각 행렬을 곱한 이유는 각 개념축이 갖고 있는 크기이기 때문이다. 이 행렬의 각 열에 대한 즉 각 영화에 대해 코사인 유사도$^{cosine\ similarity}$를 구해보면,

$$\begin{bmatrix} 1 & 0.95 & 1 & 0 & 0 \\ 0.95 & 1 & 0.95 & 0.2 & 0.2 \\ 1 & 0.95 & 1 & 0 & 0 \\ 0 & 0.2 & & 1 & 1 \\ 0 & 0.2 & & 1 & 1 \end{bmatrix}$$

이다. 코사인 유사도는 두 개의 벡터 a, b에 대해 다음과 같이 정의된다.

$$\cos(\theta) = \frac{a \cdot b}{||a||_2\,||b||_2} = \frac{\sum_i a_i b_i}{\sqrt{\sum_i a_i^2}\sqrt{\sum_i b_i^2}}$$

영화 1과 영화 2의 유사도는 0.95, 영화 1과 영화 3과의 유사도는 1, 영화 4와의 유사도는 0, 영화 5와의 유사도는 0이다.

따라서 영화 1, 2, 3은 서로 유사하며, 영화 4, 5도 서로 유사하다. 이를 실제로 파악해보면 영화 1, 2, 3은 SF 영화이며, 4,5는 로맨스 영화라고 볼 수 있으므로 개념축 1은 SF, 개념축 2는 로맨스라고 정의한다.

```
np.around(np.diag(d)@v, 2)
cosine_similarity((np.diag(d)@v).T)
```

대각 행렬은 각 개념축이 갖고 있는 크기라고 생각할 수 있다. 그런데 3번째 대각 행렬 값이 상대적으로 작다고 볼 수 있으므로 해당 값을 없애고, 이와 관련된 U행렬의 열과 행렬의 행을 제거하면 최종적으로 다음과 같은 근사 행렬을 만들어낼 수 있

다.

U, D, V^T

$$= \begin{bmatrix} -0.14 & 0.02 \\ -0.41 & 0.07 \\ -0.55 & 0.09 \\ -0.69 & 0.12 \\ -0.15 & -0.59 \\ -0.07 & -0.73 \\ -0.08 & -0.3 \end{bmatrix}, \begin{bmatrix} 12.48 & 0 \\ 0 & 9.51 \end{bmatrix}, \begin{bmatrix} -0.56 & -0.59 & -0.56 & -0.09 & -0.09 \\ 0.13 & -0.03 & 0.13 & -0.7 & -0.7 \end{bmatrix}$$

이렇게 분해된 3개의 행렬의 곱을 구하면 다음과 같다.

$$\begin{bmatrix} 0.99 & 1.01 & 0.99 & 0 & 0 \\ 2.98 & 3.04 & 2.98 & 0 & 0 \\ 3.98 & 4.05 & 3.98 & -0.01 & -0.01 \\ 4.97 & 5.06 & 4.97 & -0.01 & -0.01 \\ 0.36 & 1.29 & 0.36 & 4.08 & 4.08 \\ -0.37 & 0.73 & -0.37 & 4.92 & 4.92 \\ 0.18 & 0.65 & 0.18 & 2.04 & 2.04 \end{bmatrix}$$

이 결괏값과 실제 행렬 값과의 요소별 차이를 보면,

$$\begin{bmatrix} 0.01 & -0.01 & 0.01 & 0 & 0 \\ 0.02 & -0.04 & 0.02 & 0 & 0 \\ 0.02 & -0.05 & 0.02 & 0.01 & 0.01 \\ 0.03 & -0.06 & 0.03 & 0.01 & 0.01 \\ -0.36 & 0.71 & -0.36 & -0.08 & -0.08 \\ 0.37 & -0.73 & 0.37 & 0.08 & 0.08 \\ 0.18 & 0.35 & -0.18 & -0.04 & -0.04 \end{bmatrix}$$

와 같이 되고 어느 정도 근사가 돼 있음을 알 수 있다.

좀 더 상세하게 살펴보면,

$$X = UDV^T \approx U_{n \times k} D_{k \times k} V^T_{k \times p} = \sum_{i=1}^{k} d_i u_i v_i^T$$

이다. 즉, 원래 $D_{r \times r}$를 $D_{k \times k}$, $r > k$로 적절히 k를 선택하게 되면 저차원으로 원래 행렬을 근사할 수 있게 되기 때문에 일종의 차원 축소도 되는 것이다.

주요한 개념축을 선정한 후 이후의 추천 과정을 간략히 살펴보자.

가령 다음과 같은 이용자 벡터가 있다고 하자. 이러한 이용자에게는 어떠한 영화를 추천할 수 있을까?

$$q = \begin{bmatrix} 5 \\ 0 \\ 0 \\ 0 \\ 0 \end{bmatrix}$$

이용자는 영화 〈매트릭스[Matrix]〉에 대해 최고점인 5점을 주고 나머지 영화는 보지 않았다.

이 이용자를 영화 개념축에서의 위치를 살펴보자.

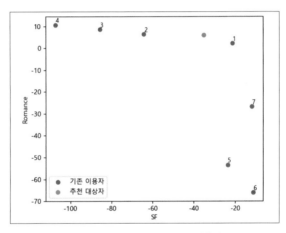

그림 22.1 개념축에 정사영된 이용자

그림은 신규 이용자와 기존 이용자를 영화 개념축에 정사영한 결과다. 즉, 신규 이용자의 정사영은 $DV^T q$이며, 기존 이용자들은 $DV^T X^T$한 결과다.

그림에서 보면, 5, 6, 7 이용자는 로맨스 축에 정사영하면 각 이용자 간에 큰 변동을 보이고 있고, 1, 2, 3, 4 이용자는 SF축에 더욱 큰 변동을 보이고 있음을 알 수 있다. 추천 대상자는 그림상으로는 1, 2, 3, 4번 이용자와 유사한 모습을 갖고 있음을 알 수가 있고 실제 코사인 유사도를 구해보면,

$$[0.998 \ 0.998 \ 0.998 \ 0.998 \ 0.246 \ -0.001 \ 0.246]$$

이다.

한 번도 영화 〈매트릭스〉를 보지 않은 다음과 같은 이용자와의 코사인 유사도는 어떻게 될까?

$$q = \begin{bmatrix} 0 \\ 4 \\ 5 \\ 0 \\ 0 \end{bmatrix}$$

이 이용자의 영화 개념축에 정사영한 값은 $DV^T q_2 = \begin{bmatrix} -64.69 \\ 4.93 \end{bmatrix}$이며, q 이용자의 정사영 값은 $\begin{bmatrix} -35.09 \\ 6.02 \end{bmatrix}$이다. 따라서 코사인 유사도는 0.996이다. 둘 다 SF 영화를 공유하기 때문이다.

이와 같이 특정 이용자와 가장 유사한 이용자들을 알 수가 있고, 유사한 이용자들이 가장 많이 본 영화를 정렬해 특정 이용자에게 추천할 수 있다.

```
# 추천 알고리즘 예시
q1 = np.array([5, 0, 0, 0, 0]).reshape(-1,1)
q2 = np.array([0, 4, 5, 0, 0]).reshape(-1,1)
q1_proj = v_reduced @ q1
q2_proj = v_reduced @ q2
X_proj = v_reduced @ X.T

cosine_similarity(np.c_[q1_proj, q2_proj].T)
np.around(cosine_similarity(np.c_[q1_proj, X_proj].T), 2)

q1_proj_scaled = np.diag(d_reduced) @ v_reduced @ q1
q2_proj_scaled = np.diag(d_reduced) @ v_reduced @ q2
X_proj_scaled = np.diag(d_reduced) @v_reduced @ X.T
cosine_similarity(np.c_[q1_proj_scaled, q2_proj_scaled].T)

# q 이용자와 기존 이용자 간의 코사인 유사도
q_X_cosine = cosine_similarity(np.c_[q1_proj_scaled, X_proj_scaled].T)[0]
np.around(q_X_cosine, 3)
```

```python
user_to_movie_proj = X_proj_scaled.T
user_to_movie = X_proj.T

# 개념축에 정사영된 이용자 그래프
plt.figure(figsize=(6,5))
plt.scatter(user_to_movie_proj[:, 0], user_to_movie_proj[:, 1], label='기존 이용자')
for j in np.arange(X.shape[0]):
    plt.text(user_to_movie_proj[j, 0]+0.2, user_to_movie_proj[j, 1]+0.3, j+1,
             horizontalalignment='left', verticalalignment='bottom', fontsize=9)
plt.xlabel('SF')
plt.ylabel('Romance')
plt.scatter(q1_proj_scaled[0], q1_proj_scaled[1], label='추천 대상자')
# plt.scatter(q2_proj_scaled[0], q2_proj_scaled[1], label='비슷한 대상자')
plt.legend(loc='lower left')
plt.savefig(png_path + '/svd_concept_projection.png')
plt.show()
```

23

주성분 분석

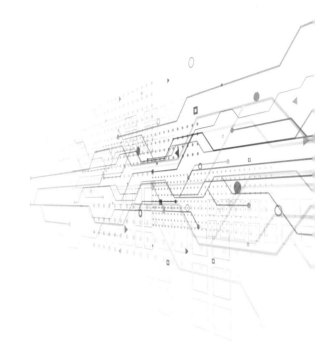

23.1 개요

주성분 분석^{PCA, Principal Component Analysis}은 상관관계가 있는 입력변수들로 구성된 데이터를 서로 독립인 주성분으로 구성된 데이터로 변화하는 절차를 의미한다. 한마디로 데이터가 갖고 있는 특성 중에 변수와 변수 간의 분산에 대한 정보를 가급적 손실이 없이 서로 직교하는 주성분으로 옮기는 것을 의미한다. 주성분 분석은 대표적인 차원 축소 기법 중 하나이며 목표변수가 없는 비지도 학습 방법 중의 하나다.

23.2 정의

다음과 같이 하나의 변수를 가정해보자. 즉, 데이터를 구성하는 입력변수들의 선형 결합으로 구성된 변수를 가정해보자.

$$z_i = c_1 x_{i1} + \cdots + c_p x_{ip}, \quad \sum_{j=1}^{p} c_j^2 = 1$$

또한 모든 입력변수들의 값은 각각의 평균을 빼 주는 변환을 사전에 했다고 가정한다. 즉, $\bar{x}_j = 0, j = 1, \ldots, p$

이때 이 변수에게 최대의 분산을 주고자 한다면 표본 분산은 $\frac{1}{n-1}\sum_{i=1}^{n}(z_i - \bar{z})^2$인데, $\bar{z} = 0$이기 때문에 다음과 같이 문제를 정의할 수 있다.

$$\underset{c_1, \ldots, c_p}{\text{maximize}} \left\{ \frac{1}{n-1} \sum_{i=1}^{n} \left(\sum_{j=1}^{p} c_j x_{ij} \right)^2 \right\} \text{ subject to } \sum_{j=1}^{p} c_j^2 = 1$$

$\sum_{j=1}^{p} c_j x_{ij}$은 $x_i^T c$이므로 절대값을 취하면 정사영^{orthogonal projection} 벡터의 길이가 된다.

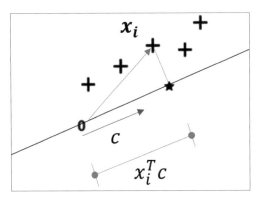

그림 23.1 데이터와 정사영 벡터

따라서 입력변수들의 선형 결합으로 구성된 벡터 중에 정사영 벡터의 길이의 제곱이 가장 크게 되는 벡터를 찾는 것이다. 그러한 벡터들을 주성분이라 하며 가장 큰 분산을 갖는 벡터를 제1주성분이라 한다.

23.3 주성분의 계산

주성분 계산을 위한 식을 행렬로 표현하면 다음과 같이 표현할 수 있다.

$$Xc = \begin{bmatrix} x_1^T c \\ \cdots \\ x_n^T c \end{bmatrix}, \ (Xc)^T = [x_1^T c, \ ..., \ x_n^T c]$$

이므로 특이값 분해에서 V 행렬의 열벡터는 $X^T X$ 행렬의 고유 벡터이고, 이에 대응하는 고윳값은 $\lambda_1 \geq \lambda_2 \geq \cdots \geq \lambda_p \geq 0$이며, 길이가 1인 p차원의 벡터는 $c = \Sigma_i w_i v_i$, $\Sigma_i w_i^2 = 1$와 같이 표현할 수 있다. 이렇게 정의하면 $v_j^T c = w_i, j = 1, \ ..., \ p$가 된다.

$$c^T X^T X c = c^T \left(\sum_{j=1}^{p} \lambda_j v_j v_j^T \right) c = \sum_{i}^{p} \lambda_i w_i^2 \geq \lambda_1 \sum_{j}^{p} w_i^2 = \lambda_1$$

따라서 식에서 등호가 성립하는 조건은 $c = v_1$ 즉, $w = (1, \ 0, \ ..., \ 0)^T$이다. 즉, 제1주성분은 $X^T X$의 고윳값 λ_1에 대응하는 고유 벡터인 v_i이 된다. 또한 이때 주성분의 분산은 $\dfrac{\text{고윳값}}{\text{데이터 개수}-1}$이 된다.

여기서 주성분 점수는 각 데이터를 주성분에 정사영한 값인 $\{x_i^T c | i = 1, \ ..., \ n\}$로 정의한다. 따라서 전체 모든 주성분에 대한 주성분 점수는 XV가 된다.

주성분 점수가 XV이므로 특이값 분해의 결과를 이용해 $X = UDV^T \rightarrow XV = UD$, 즉 UD의 열벡터가 각각 주성분의 점수가 된다. 예를 들어 $x_i^T v_1 = u_{i1} d_1$이다.

23.4 주성분을 이용한 차원 축소

입력변수가 p개 있으면 주성분도 또한 p개가 만들어질 수 있다. 따라서

$$x_i = \sum_{j=1}^{p} (x_i^T v_j) v_j$$

이다. 그런데 만약에 제1주성분으로만 근사하는 경우는 $x_i \approx (x_i^T v_1) v_1 = v_1(v_1^T x_i)$, 제1, 2주성분만으로 데이터 근사하는 경우는 $x_i \approx v_1(v_1^T x_i) = v_2(v_2^T x_i)$이 된다.

따라서 전체 p개의 주성분 중에 q개 만을 사용하는 경우에는

$$x_i \approx V_q V_q^T x_i, q \leq p$$

와 같이 표현할 수 있다. 즉, 원래 데이터를 q개의 저차원인 고유 벡터, 즉, 주성분으로 표현할 수 있다.

이때 어느 만큼 근사의 정확도를 높인 것인지는 다음과 같이 일반적인 머신 러닝 관점에서 찾아볼 수 있다. $x_i^T \approx x_i^T V_q V_q^T$이므로 $X \approx X V_q V_q^T$이다. 따라서

$$\operatorname*{minimize}_{V} \| X - XVV^T \|_F^2 = \operatorname*{minimize}_{W,\,V} \| X - WV^T \|_F^2 = \operatorname*{minimize}_{W,\,V} \sum_i \sum_j \left(X_{ij} - \sum_k W_{ik} V_{jk} \right)^2$$

와 같은 형태로 W, V를 찾을 수 있다.

23.5 주성분의 기하학적 의미

데이터를 서로 직교하는 주성분으로 변환하는 것을 주성분 분석이라고 하며, 특히 데이터 변동성, 일종의 원점으로부터의 거리를 최대한 표현해주는 주성분으로 표현하는 것이다. 기하학적으로 보면 그림과 같이 타원체ellipsoid를 찾는 것이다. 주성분은 이 타원체의 축이 되는 것이다.

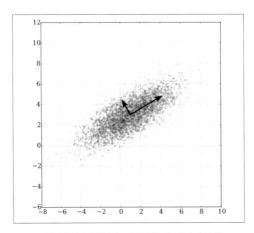

그림 23.2 주성분과 타원체(출처: 위키피디아)

그림의 타원체에서 가장 큰 변동을 주는 즉, 가장 길게 분포돼 있는 곳의 축이 제1주성분이다.

23.6 주성분의 계산 예제

23.6.1 필요한 패키지

```
import numpy as np
import pandas as pd
import matplotlib.pyplot as plt
import os

from sklearn.datasets import fetch_mldata
from sklearn.decomposition import PCA
from sklearn.preprocessing import StandardScaler

from numpy.random import RandomState
from numpy.linalg import svd, matrix_rank
```

23.6.2 데이터 구성

```
X = RandomState(0).randint(0, 9, 5*4).reshape((5,4))
print(X)
# [[5 0 3 3]
#  [7 3 5 2]
#  [4 7 6 8]
#  [8 1 6 7]
#  [7 8 1 5]]
```

23.6.3 모델 적합

```
# 데이터 표준화
ss = StandardScaler()
ss.fit(X.astype(float))
```

```
X_scaled = ss.transform(X.astype(float))
print(np.around(X_scaled, 2))
# [[-0.82 -1.19 -0.62 -0.88]
#  [ 0.54 -0.25  0.41 -1.32]
#  [-1.5   1.    0.93  1.32]
#  [ 1.22 -0.88  0.93  0.88]
#  [ 0.54  1.32 -1.65  0.  ]]
```

주성분 분석 모델 적합을 위해 원 데이터를 표준화한다.

```
# 주성분 적합
pca = PCA()
pca.fit(X_scaled)

# 주성분(V 행렬의 열벡터): 여기서는 V의 전치 행렬이 출력되므로 행 벡터가 된다.
print(np.around(pca.components_, 2))
# [[-0.44  0.47  0.33  0.69]
#  [-0.13  0.63 -0.76 -0.14]
#  [-0.89 -0.27 -0.   -0.37]
#  [ 0.08  0.56  0.57 -0.6 ]]

# 1st 주성분
pca.components_[0, :]

# 고윳값: X행렬의 특이값의 제곱 또는 X^T*X 행렬의 고윳값
pca.singular_values_**2

# 주성분의 설명력: 주성분의 분산
pca.singular_values_**2 / (X_scaled.shape[0]-1)
print(np.around(pca.explained_variance_, 2))
# [1.96 1.62 1.08 0.34]

# 주성분의 전체 분산에 대한 설명률
pca.explained_variance_ / np.sum(pca.explained_variance_)
print(np.around(pca.explained_variance_ratio_, 2))
# [0.39 0.32 0.22 0.07]

# 누적 설명률 그래프
plt.figure(figsize=(6,5))
```

```
plt.plot(pca.explained_variance_ratio_, label='설명률')
plt.plot(np.cumsum(pca.explained_variance_ratio_), label='누적설명률')
plt.xlabel('주성분')
plt.legend()
plt.show()
plt.savefig(png_path+'pca_variance_ration.png')
```

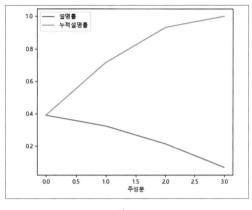

그림 23.3

사이킷런에서는 직접적으로 주성분에 대한 고윳값을 주지 않고 특이값을 준다. 따라서 고윳값을 구하고자 한다면, 해당 특이값의 제곱을 해서 사용한다. 주성분의 설명력은 해당 주성분 고윳값이 분산 역할을 하므로 이 값을 데이터 개수 −1로 나누어준 값이며, 주성분의 설명 비율은 전체 분산에 대한 해당 주성분의 비율을 의미한다. 즉, $\frac{\lambda_i}{\Sigma_k \lambda_k}$이다.

23.6.4 차원 축소

주성분의 전체 분산에 대한 설명력이 각각 [1.96 1.62 1.08 0.34]이므로 마지막 주성분을 생략해보자.

```
V = pca.components_[:3].T
X_reduced = (V@V.T@X_scaled.T).T
```

```
diff = X_scaled - X_reduced
# 프로베니어스 노름
np.sqrt(np.trace(diff.T@diff))
# 1.1738148567357103
```

3개의 주성분만을 사용했을 때의 원래 행렬과 차원 축소된 행렬은

$$
X_{scaled} = \begin{bmatrix} -0.82 & -1.19 & -0.62 & -0.88 \\ 0.54 & -0.25 & 0.41 & -1.32 \\ -1.5 & 1 & 0.93 & 1.32 \\ 1.22 & -0.88 & 0.93 & 0.88 \\ 0.54 & 1.32 & -1.65 & 0 \end{bmatrix},
$$

$$
X_{reduced} = \begin{bmatrix} -0.77 & -0.88 & -0.3 & -1.21 \\ 0.47 & -0.77 & -0.11 & -0.76 \\ -1.51 & 0.9 & 0.82 & 1.43 \\ 1.26 & -0.65 & 1.15 & 0.64 \\ 0.56 & 1.4 & -1.56 & -0.09 \end{bmatrix}
$$

이다.

두 개의 행렬의 차에 대한 프로베니어스 노름은 1.17이다.

23.7 주성분을 이용한 분석(예: MNIST 손글씨 숫자 데이터)

주성분은 데이터의 변동 즉, 열벡터 간의 변동을 잘 설명해주는 축이다. 이 주성분이 갖는 의미는 무엇일까? 정확히 해당 주성분의 의미가 무엇이라고 판단할 수는 없지만 각 데이터 즉, 하나의 행 벡터가 받는 주성분 점수를 보고 간접적으로 판단할 수 있다.

이런 과정을 MNIST^{Modified National Institute of Standards and Technology} 데이터베이스의 손글씨 숫자 데이터를 이용해 확인해보자.

하나의 손글씨 숫자 데이터는 28*28픽셀 이미지로 0 − 255값을 갖는 데이터다. 60,000개는 훈련용으로, 10,000개는 평가용으로 사용된다.

23.7.1 데이터 구성

```
mnist = fetch_mldata("MNIST original")

# 표준화
max = np.max(mnist.data)
X = mnist.data / max
y = mnist.target
X.shape
# (70000, 784)

# 데이터 이해
rndperm = np.random.permutation(X.shape[0])

fig = plt.figure( figsize=(16,7) )
for i in np.arange(0,30):
    ax = fig.add_subplot(3, 10, i + 1)
    ax.matshow(X[rndperm[i]].reshape((28, 28)), cmap='binary')
    if i != 0:
        plt.xticks([], [])
        plt.yticks([], [])
plt.tight_layout()
plt.show()
plt.savefig(png_path + '/pca_mnist_image_plot.png')
```

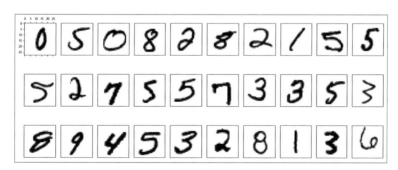

그림 23.4 MNIST 데이터 이미지

변수는 28*28 = 784개, 즉 열벡터의 개수가 784개이므로 다소 많다고 할 수 있다. 물론 손글씨 숫자 데이터 분석의 목적은 새로운 손글씨 숫자 데이터를 입력하는 경우에 정확히 인식하는 데 달려 있다. 따라서 앞에서 정의한 분류 기법을 적용해 판별하는 것이지만, 여기서는 784개의 차원을 갖는 데이터를 어떻게 차원 축소할 것인지 그리고 각 주성분의 의미가 무엇인지 파악하고자 한다. 물론 차원 축소 후 축소된 주성분 점수를 이용해 이후의 분류 기법의 입력변수로 사용하기도 한다. 일종의 입력 특징을 재구성하는 과정으로 사용될 수도 있다.

23.7.2 모델 적합

```
pca = PCA()
pca.fit(X)

# 고윳값, 고윳값 벡터
pca.singular_values_**2
pca.components_ # 고유 벡터(주성분)

# 주성분 점수
pca_scores = pca.transform(X)
pca_scores[:, 0] # 1st 주성분 점수
pca_scores[:, 1] # 2nd 주성분 점수
pca_scores.shape
# (70000, 784)

# 10,000개의 무작위 데이터에 대한 주성분 점수들에 대한 산점도
subset_index = RandomState(0).randint(0, X.shape[0], 10000)
plt.scatter(pca_scores[subset_index, 0], pca_scores[subset_index, 1],
c=y[subset_index].astype(object), s=5)
plt.colorbar()
plt.xlabel('주성분 1')
plt.ylabel('주성분 2')
plt.show()
plt.savefig(png_path + '/pca_mnist_principal_components_plot.png')
```

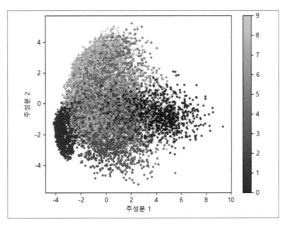

그림 23.5 제1, 2주성분 그래프

23.7.3 차원 축소

차원 축소를 위해 전체 분산의 90% 정도를 설명할 수 있는 주성분의 개수를 구한다. 이때 90%는 임의로 설정한 값이며, 업무 내용에 따라서 이보다 훨씬 작은 절단 값을 가질 수 가 있다.

```python
# 차원 축소: 설명률이 주어진 경우 몇 개의 주성분이 필요한지 파악
cutoff_explained_cumulative_ratio = 0.9
num_pcomp = np.argmin(np.cumsum(pca.explained_variance_ratio_) <= cutoff_
explained_cumulative_ratio)
print(num_pcomp)
# 86
np.max(np.cumsum(pca.explained_variance_ratio_[:num_pcomp]))
# 0.8992309994465242

# 차원 축소 결과
V = pca.components_[:num_pcomp].T
X_reduced = (V@V.T@X.T).T
diff = X - X_reduced
# 프로베니어스 노름
np.sqrt(np.trace(diff.T@diff))
# 612.7129791631348
```

86개의 주성분이면 충분히 90% 전체 분산을 설명해주고 있음을 알 수 있다. 전체 변수가 784개이므로 약 11%의 변수만 갖고 설명하므로 효율성이 좋다고 밀할 수 있다.

23.7.4 주성분 의미 해석

주성분의 의미를 해석하기 위해 8이라는 손글씨 데이터의 주성분 점수를 계산하고, 이 점수를 관심 있는 주성분, 가령 제1주성분에 대해 오름차순으로 정렬한 후 백분위수에 해당하는 원래 데이터 이미지의 모습을 살펴본다.

```python
# 8 숫자 데이터만 추출
digit_8_index = y==8.0
X_8 = X[digit_8_index]
X_8.shape
# (6825, 784)

# 주성분 점수
X_8_scores = pca.transform(X_8)

# 전체 데이터 중에 10%씩에 해당하는 인덱스를 가져옴
percentile_index = (X_8.shape[0]*np.arange(0, 1, 0.1)).astype(int)
# 주성분 점수를 오름차순으로 정렬한 후 각 10%씩에 해당하는 인덱스를 가져옴
raw_index = np.argsort(X_8_scores[:, 0])[percentile_index]
# 원 데이터에서 해당 데이터를 가져옴
X_8[raw_index]

# 10% 분위수에 해당하는 데이터에 대한 그래프
size = len(raw_index)
fig = plt.figure( figsize=(16,2) )
for i, j in enumerate(raw_index):
    ax = fig.add_subplot(1, size, i + 1)
    ax.imshow(X_8[j].reshape((28, 28)), cmap='binary')
    if i != 0:
        plt.xticks([], [])
        plt.yticks([], [])
plt.tight_layout()
```

```
plt.show()
plt.savefig(png_path + '/pca_mnist_scores_image_plot.png')
```

그림 23.6 제1주성분 분위수 값의 증가에 따른 이미지

그림은 오른쪽으로 갈수록 주성분 점수가 높은 것을 의미한다.

그림에서 보면 제1주성분 점수가 높을수록 숫자가 차지하는 공간 특히 아래 부분이 점점 커짐을 알 수 있다. 물론 다양한 해석을 할 수가 있지만 가령 이런 식으로 간접적으로 주성분의 의미를 파악한다. 또 하나의 방법은 주성분이 각 변수에 대한 가중치라고 할 수 있는 부하 값^{loading}을 보고 일부 판단하기도 한다. 부하 값은 주성분 벡터의 값으로 정의한다. 즉, $x_i^T v_1 = \sum_j x_{ij} v_{j1}$에서 v_{j1}들을 의미한다.

24
연관 분석

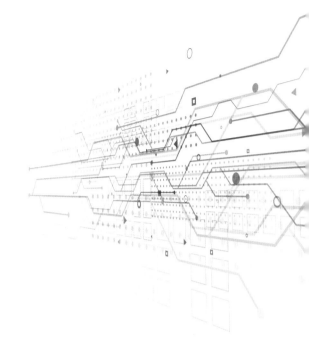

24.1 개요

연관 분석association analysis은 데이터 마이닝의 대표적인 기법 가운데 하나다. 데이터 마이닝은 빅데이터로부터 알려져 있지 않은 유형pattern을 찾는 기법이다.

위키피디아에서는 연관 규칙 학습이라고 정의하며 흥미 있는 기준(지지도, 신뢰도, 향상도 등)을 이용해 데이터베이스로부터 강한 규칙을 찾는 규칙 기반 머신 러닝이라고 정의하고 있다.

연관 분석 또는 연관 규칙 학습은 장바구니 분석market basket analysis이라고도 하며 대표적인 선험 알고리즘에 대해 간략히 살펴보자.

24.2 표기법

연관 분석에 사용하는 표기법을 정의하자.

$I = \{i_1, ..., i_p\}$는 p개의 품목을 갖는 품목집합이다.

$T = \{t_i | t_i \subset I, i = 1, ..., n\}$는 n개의 거래^{transaction}를 갖는 데이터베이스다. 각각의 거래는 유일한 거래 식별자^{ID}를 갖는다.

하나의 규칙은 다음과 같이 표기한다.

$$X \rightarrow Y$$

여기서 X, Y는 I의 부분집합이며 $X \cap Y = \emptyset$이다. X를 선행^{antecedent} 품목집합, Y를 후행^{consequent} 품목집합이라 한다. 또는 X를 좌변$^{left\text{-}hand\ side}$, Y를 우변$^{right\text{-}hand\ side}$이라고도 한다.

24.3 지지도, 신뢰도, 향상도

선험 알고리즘은 [FAMAR] 문헌에서 처음으로 제안됐다. 이를 이해하기 위해 연관 분석에 필요한 몇 가지 개념을 추가로 이해하도록 하자.

지지도^{support}는 하나의 품목집합^{itemset}이 데이터베이스에 얼마나 자주 등장하는지 나타내는 지표다. 예를 들어 다음과 같은 데이터베이스를 살펴보면,

표 24.1 연관 분석을 위한 데이터베이스 예

거래 ID	milk	bread	butter	beer	diapers
1	1	1	0	0	0
2	0	0	1	0	0
3	0	0	0	1	1
4	1	1	1	0	0
5	0	1	0	0	0

데이터베이스의 크기는 5이며, 5개의 품목을 갖고 있다.

이때 {milk} 품목집합의 지지도는 $\frac{2}{5} = 0.4$이다.

$$\text{supp}(X) = \frac{|\{t \in T; X \in t\}|}{|T|}$$

여기서 | · |는 크기(건수)를 의미하며, t는 하나의 거래, X는 하나의 품목집합을 의미한다. 지지도의 의미는 특정 사건이 일어날 확률과 동일하다고 볼 수 있다.

신뢰도^{confidence}는 하나의 규칙이 얼마나 자주 사실인지 나타내는 지표다.

$$\text{conf}(X \rightarrow Y) = \frac{\text{supp}(X \cup Y)}{\text{supp}(X)}$$

예를 들어, {butter, bread} → {milk}인 규칙인 경우에 신뢰도는 $\frac{\frac{1}{5}}{\frac{1}{5}} = 1$이다.

신뢰도의 의미는 X라는 사건이 주어질 때 Y라는 사건이 일어날 조건부 확률과 일치한다.

향상도^{lift}는 X와 Y가 독립이라고 가정한 경우의 기대 확률과 관측된 지지도의 비 ^{ratio}로 다음과 같이 정의한다.

$$\text{lift}(X \rightarrow Y) = \frac{\text{supp}(X \cup Y)}{\text{supp}(X) \times \text{supp}(Y)}$$

예를 들어, {butter, bread} → {milk}의 향상도는 $\frac{\frac{1}{5}}{\frac{1}{5} \times \frac{2}{5}} = 2.5$이다.

만약 향상도가 1이면, 선행집합과 후행집합이 서로 독립이라는 것을 의미한다. 1보다 큰 값이라면 결합 확률 값이 독립적인 확률의 곱보다 더 크다는 것을 의미한다. 즉, 두 사건 간의 연관성이 매우 크다고 할 수 있는 것이다.

기대 신뢰도는 하나의 규칙의 후행집합이 선행집합과 관련 없이 발생하는 지지도로 다음과 같이 정의된다.

$$\text{EConf}(X \rightarrow Y) = \text{supp}(Y)$$

기대 신뢰도의 의미는 하나의 신뢰도가 의미가 있다면 반드시 기대 신뢰도보다 커야 한다는 것이다. 예를 들어, {butter, bread} → {milk}인 경우에 기대 신뢰도는 $\frac{2}{5} = 0.4$이고 신뢰도는 1이다.

이외에도 레버리지^{leverage}, 확신도^{conviction} 등이 있다.

$$leverage(X \rightarrow Y) = supp(X \rightarrow Y) - supp(X) \times supp(Y)$$

$$conviction(X \rightarrow Y) = \frac{1 - supp(Y)}{1 - conf(X \rightarrow Y)}$$

24.4 선험 알고리즘

알고리즘은 2가지 단계로 분리 진행할 수 있다.

첫 번째 단계는 사전 정의된 최소 지지도 임계값^{threshold}을 이용해 고빈도 품목집합$^{frequent\ itemset}$을 찾는다.

두 번째 단계는 사전 정의된 최소 신뢰도 임계값을 이용해 고빈도 품목집합에서의 규칙을 찾는다.

고빈도 품목집합을 찾는 방법은 만약 품목이 10개이면 가능한 조합의 수, 즉, 가능한 품목집합은 $2^{10} - 1 = 1023$가지가 될 것이다. 만약 품목이 많아지게 되면 조합의 수는 $2^p - 1$이 돼 기하급수적으로 늘어나게 될 것이다. 이런 문제를 해결하기 위해 하향-폐쇄 속성$^{downward\text{-}closure\ property}$을 이용해 고빈도 품목집합을 구하게 된다.

하향-폐쇄 속성에 대해 좀 더 살펴보자.

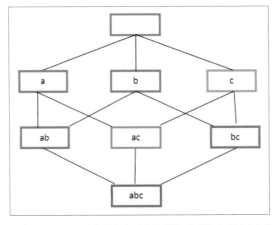

그림 24.1 하향-폐쇄 속성의 이해를 위한 예시(출처: 위키피디아)

그림에서 문자는 품목집합을 의미한다. 즉, ab = {a, b}를 의미한다. 노란색은 지지도 임계값을 의미하며 빨간색은 임계값보다 작은 것을 의미한다.

품목이 3개인 경우에 2개의 품목을 가질 수 있는 조합은 {a, b}, {a, c}, {b, c}이다. 이때 데이터베이스를 스캔하여 해당 품목집합이 존재하는 경우에 지지도를 색깔로 표현한 것이다.

그림을 보면, 고빈도 품목집합의 부분집합은 전부 고빈도 품목집합이 됨을 알 수 있다. 즉, {a, b}가 고빈도이므로 {a}, {b}도 고빈도가 된다. 또한 {b, c}는 고빈도 품목집합이 아니므로 이 집합을 포함하는 {a, b, c}는 고빈도가 될 수가 없다. 따라서 그림의 각 노드에서 하나라도 고빈도가 아닌 경우에는 그와 연결된 하향의 모든 선은 폐쇄할 수 있다. 즉, 더 이상 고빈도 후보 집합을 구성하지 않아도 된다. 이러한 원리를 선험Apriori 원리라고 한다.

24.5 선험 알고리즘 예시

다음과 같은 거래 데이터베이스가 있다고 가정하고, 최소 지지도 임계값은 3으로 정의하자.

표 24.2 거래 데이터베이스

거래 ID	품목집합
1	{1,2,3,4}
2	{1,2,4}
3	{1,2}
4	{2,3,4}
5	{2,3}
6	{3,4}
7	{2,4}

표의 거래 데이터베이스를 이용해 1개의 품목만을 갖는 집합을 구성한다.

표 24.3 1-품목 지지도 테이블

품목집합	지지도
{1}	3
{2}	6
{3}	4
{4}	5

1-품목 지지도 테이블에서 최소 지지도 임계값보다 큰 경우만을 선택한다. 최소 지지도 임계값이 3이므로 모든 1-품목은 선택된다.

1-품목집합에서 2-품목집합 후보를 생성한다.

표 24.4 1-품목집합에서 2-품목집합 후보 생성

1-품목집합	2-품목집합 후보
{1}	{1,2}
{2}	{1,3}
{3}	{1,4}
{4}	{2,3}
	{2,4}
	{3,4}

생성된 2-품목집합 후보의 지지도를 데이터베이스를 탐색해 값을 찾는다.

표 24.5 2–품목집합 및 지지도

품목집합	지지도
{1,2}	3
{1,3}	1
{1,4}	2
{2,3}	3
{2,4}	4
{3,4}	3

이 가운데 최소 지지도 조건을 충족시키지 못하는 품목집합을 제거한다. 표에서 {1, 3}, {1, 4}이다.

2-품목집합 후보에서 해당 품목집합을 제거하고 난 후 3-품목집합 후보를 생성한다.

표 24.6 2–품목집합과 3–품목집합 후보 생성

2–품목집합	3–품목집합 후보
{1,2}	{1,2,3}
{2,3}	{1,2,4}
{2,4}	{1,3,4}
{3,4}	{2,3,4}

3-품목집합 후보에서 앞의 2-품목집합 중 탈락한 집합을 부분집합으로 갖는지 확인한다.

{1, 2, 3}, {1, 2, 4}, {1, 3, 4}는 {1, 3}, {1, 4}를 부분집합으로 갖기 때문에 고빈도 3-품목이 될 수 없다. 일종의 가지치기[pruning]를 하는 것과 유사하다.

3-품목집합의 지지도를 계산한다.

표 24.7 3-품목집합과 지지도

3-품목집합	지지도
{2,3,4}	2

지지도 값이 최솟값보다 작으므로 3-품목집합에서는 고빈도 품목집합이 없다.

이와 같은 방식으로 최대 품목집합^{maximal itemset}을 구성한다. 최종적으로 구성된 최대 품목집합은 다음과 같다.

표 24.8 최대 품목집합

품목집합	지지도
{1,2}	3
{2,3}	3
{2,4}	4
{3,4}	3

최대 품목집합에서 규칙을 구성하는 방법에 대해 알아보자.

최대 품목집합의 {a, b, c}인 경우의 가능한 규칙을 알아보면, {a, b} ⇒ {c}, {a, c} ⇒ {b}, {b, c} ⇒ {a}, {a} ⇒ {b, c}, {b} ⇒ {a, c}, {c} ⇒ {a, b}이다.

이때 후행 집합의 원소의 개수가 1개인 경우만을 생각하도록 하자.

만약 최소 신뢰도 임계값이 0.7인 경우에 {1,2}인 경우를 살펴보자.

표 24.9 최대 빈도집합과 규칙

{1, 2}의 규칙	신뢰도
{1} ⇒ {2}	1
{2} ⇒ {1}	0.5

표에서 보면, 규칙에 대한 최소 신뢰도 값이 0.7이므로 최종적으로 {1} ⇒ {2} 규칙이 {1, 2} 최대 빈도집합에서 유의미한 규칙이라고 할 수 있다.

규칙을 구성할 때도 마찬가지로 Apriori 원리가 적용된다. 예를 들어 {a, b, c}가 최대 빈도집합인 경우에 {a, b} ⇒ {c}가 유의하지 않다면, 즉, 최소 신뢰도 임계값보다 작으면, {a} ⇒ {b, c}, {b} ⇒ {a, c}도 유의하지 않다. 왜냐하면, $supp(\{a, b\}) \leq supp(\{a\})$ 그리고 $supp(\{a, b\}) \leq supp(\{b\})$이기 때문이다.

24.6 선험 알고리즘의 문제

선험 알고리즘의 핵심은 $(k - 1)$-품목집합에서 k-품목집합 후보군을 생성하는 것이다. 후보군 생성 후 데이터베이스를 탐색하여 지지도가 임계값보다 낮은 값을 갖는 경우는 제거하는 것이다. 문제는 후보군을 생성하는 경우의 수가 워낙 크므로 대부분의 병목현상은 여기서 발생한다. 이런 문제를 해결하기 위해 FP^Frequent Pattern-growth 알고리즘 등이 하나의 대안으로 제시된다. 자세한 알고리즘은 [MFP] 문헌을 참조한다.

24.7 예제

데이터는 UCI 머신 러닝 레퍼지토리에 있는 'Online Retail Data Set'이다. 유럽에서 한 온라인 도매업자가 각 소매업자들에게 판 상품에 관한 거래 내역 데이터다.

이 데이터를 바탕으로 연관 분석을 해보자.

24.7.1 필요한 패키지

```python
import numpy as np
import pandas as pd
import matplotlib.pyplot as plt
import os

from matplotlib import cm
from numpy.random import RandomState

from mlxtend.preprocessing import TransactionEncoder
from mlxtend.frequent_patterns import apriori, association_rules
```

24.7.2 데이터 구성

```python
# 데이터 불러오기
retail = pd.read_excel('https://archive.ics.uci.edu/ml/machine-learning-
databases/00352/Online%20Retail.xlsx')
# retail.to_csv(data_path+'/retail.csv')
retail.columns
# Index(['InvoiceNo', 'StockCode', 'Description', 'Quantity', 'InvoiceDate',
#        'UnitPrice', 'CustomerID', 'Country'],
#       dtype='object')

# 소문자로 변수명를 사용하기 위해
new_columns = retail.columns.str.lower()
retail.columns = new_columns
```

24.7.3 데이터 전처리

```python
# 데이터 탐색
retail['stockcode'].value_counts()
# Name: stockcode, Length: 4070, dtype: int64
```

```
retail['country'].value_counts()[:5]
# United Kingdom    495478
# Germany             9495
# France              8557
# EIRE                8196
# Spain               2533
# Name: country, dtype: int64

#
# 일부 데이터만 구성: Germany에서만 팔린 데이터로 구성
#
df = retail[retail.country=='Germany']
df.stockcode.value_counts()
# Name: stockcode, Length: 1671, dtype: int64
```

데이터 전처리를 하기 위해 데이터를 간단히 탐색해보면, 판매한 상품의 종류 stockcode가 4,070개가 되고 각 나라별로 분포를 보면 주로 영국에 많이 팔렸다. 예제이므로 데이터 전체보다는 일부인 독일에 팔린 데이터만을 대상으로 한다. 이때 독일에 팔린 모든 품목은 1,671개가 된다.

```
# 결측값 확인
df.isna().sum()

# 거래 데이터 구성
trxs = df.groupby(['invoiceno', 'description'])['quantity'].sum().unstack(fill_
value=0).reset_index().set_index('invoiceno')
trxs_df = pd.DataFrame(np.where(trxs > 1, 1, 0), columns=trxs.columns,
index=trxs.index)
```

결측값을 확인해본 결과 결측값은 없었다. 거래 데이터는 거래 ID별로 팔린 상품들이 있어야 한다. 따라서 구매원장번호invoiceno에 따라서 상품description이 열 위치에 있어야 한다. 이를 위한 작업이 unstack()이다. 이때 unstack()을 하면, 발생하는 결측값은 전부 0으로 채운다.

마지막으로 팔린 각 상품의 개수는 의미가 없으므로 1보다 큰 모든 상품은 1로 처리한다.

24.7.4 연관 분석 모델 적합

먼저 고빈도 집합을 찾는다.

```
# 고빈도 집합 찾기
supp_cutoff = 0.05 # 5%
pd.set_option('display.max_columns', 15)
pd.set_option('display.width', 500)

freq_items = apriori(trxs_df, min_support=supp_cutoff, use_colnames=True)
freq_items.sort_values(by='support', ascending=False).head()
#        support                                            itemsets
# 12    0.442786                                          (POSTAGE)
# 18    0.185738              (ROUND SNACK BOXES SET OF4 WOODLAND )
# 34    0.139303    (ROUND SNACK BOXES SET OF4 WOODLAND , POSTAGE)
# 17    0.119403              (ROUND SNACK BOXES SET OF 4 FRUITS )
# 11    0.104478              (PLASTERS IN TIN WOODLAND ANIMALS)
```

찾은 고빈도 집합을 기반으로 하여 규칙을 찾는다.

```
# 고빈도 집합 기반의 규칙 찾기
rules = association_rules(freq_items, metric='lift', min_threshold=1)
rules.sort_values(by='lift', ascending=False, inplace=True)

# 후행 품목집합이 있는 경우
rules[rules.consequents != ''][['antecedents', 'consequents', 'support',
'confidence', 'lift']].head()
```

#	antecedents	consequents	support	confidence	lift
# 4	(PLASTERS IN TIN WOODLAND ANIMALS)	(PLASTERS IN TIN CIRCUS PARADE)	0.051410	0.492063	5.598383
# 5	(PLASTERS IN TIN CIRCUS PARADE)	(PLASTERS IN TIN WOODLAND ANIMALS)	0.051410	0.584906	5.598383
# 34	(ROUND SNACK BOXES SET OF 4 FRUITS)	(ROUND SNACK BOXES SET OF4 WOODLAND , POSTAGE)	0.079602	0.666667	4.785714
# 31	(ROUND SNACK BOXES SET OF4 WOODLAND , POSTAGE)	(ROUND SNACK BOXES SET OF 4 FRUITS)	0.079602	0.571429	4.785714
# 26	(ROUND SNACK BOXES SET OF4 WOODLAND)	(ROUND SNACK BOXES SET OF 4 FRUITS)	0.099502	0.535714	4.486607

25

군집 분석

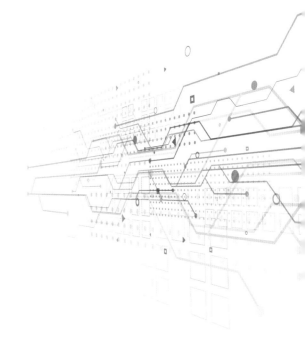

25.1 개요

군집 분석^{cluster analysis}은 데이터 객체들을 적절한 유사도 기준에 의해 동질적인 집단으로 나누는 것이다. 즉, 하나의 군집^{cluster}은 유사한 데이터 객체들의 그룹을 의미한다.

군집 분석은 하나의 알고리즘만을 사용하지 않는다. 단지 이름만 군집 분석이지 실제 아주 많은 알고리즘이 군집 분석이라는 이름하에 적용되고 있다.

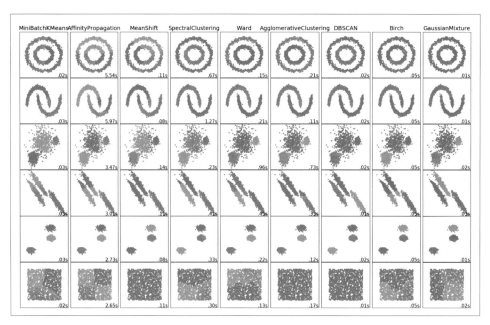

그림 25.1 다양한 군집 분석 알고리즘 예

그림은 [CLSEX]에서 인용한 것으로 데이터와 하고자 하는 목적에 따라 서로 다른 알고리즘이 어떻게 군집화하는지 보여주고 있다.

제일 왼쪽이 k평균 군집화 알고리즘이다.

25.2 표기법

n: 데이터 객체의 개수

p: 데이터 객체의 속성의 개수

x_i: p개의 속성을 갖는 또는 p차원의 데이터 객체

$$\|x_i - x_j\|^2 = \sum_{k=1}^{p} (x_{ik} - x_{jk})^2$$

$C_1, ..., C_k$: k개의 군집

25.3 k-평균 군집화

k-평균 군집화^{k-means clustering}는 군집 분석에서 가장 많이 사용되는 알고리즘 가운데 하나다. 군집 분석 알고리즘의 분류에서는 중심점 기반 모델^{centroid-based model}로 자리하고 있다.

k-평균 군집화는 사전 정의된 k값에 의해 k개의 군집으로 데이터를 분할하는 것을 의미한다. 단, 분할 시 각 군집에 속한 객체는 자기 군집의 평균점에 가장 가깝게 할당되도록 한다.

이를 수식으로 표현하면,

$$\arg \min_{C_1, \ldots, C_k} \sum_{l=1}^{k} \frac{1}{2} \sum_{x_i \in C_l} \sum_{x_j \in C_l} \|x_i - x_j\|^2$$

이다.

$$\sum_{l=1}^{k} \frac{1}{2} \sum_{x_i \in C_l} \sum_{x_j \in C_l} \|x_i - x_j\|^2 = \sum_{l=1}^{k} n_l \sum_{x_i \in C_l} \|x_i - m_l\|^2 = \sum_{l=1}^{k} WCSS_l$$

여기서, m_l은 군집에 속한 데이터 객체의 평균이며, $n_l = \sum_k 1(x_k \in C_l)$은 l 군집에 속한 데이터 객체의 개수다.

즉, 주어진 식은 군집 내 제곱합^{within-cluster sum of squares}들의 합이며, 따라서 군집 내 제곱합이 최소가 되도록 데이터를 분할하는 것을 의미한다.

또한

$$\frac{1}{2} \sum_{i}^{n} \sum_{j}^{n} \|x_i - x_j\|^2 = \frac{1}{2} \sum_{l=1}^{k} \sum_{x_i \in C_l} \left(\sum_{x_j \in C_l} \|x_i - x_j\|^2 + \sum_{x_j \notin C_l} \|x_i - x_j\|^2 \right)$$

이고, 식에서 좌변은 늘 일정하므로 군집 내 제곱합을 최소화한다는 것은 군집 내 점과 군집 외 점 사이의 거리를 최대화하는 것과 같은 문제다.

25.4 k-평균 군집화 알고리즘

알고리즘은 다음과 같다.

순서	내용	비고
1	주어진 k에 대해 m_1, ..., m_k의 초깃값을 생성한다.	무작위로 k개의 데이터를 선택하는 것도 하나의 선택 사항이다.
2	다음의 과정을 반복한다. 단, 어떤 데이터도 군집의 변동이 발생하지 않을 때까지 반복한다. 　1) 할당 단계(assignment step): 모든 데이터에 대해 각 군집의 평균점과의 거리를 계산하여 가장 작은 거리를 주는 군집에 데이터를 할당한다. 단, 반드시 하나의 군집에만 할당한다. 　2) 갱신 단계(update step): 새로 형성된 각 군집에 대해 새로운 중심점(centroid)인 값을 구한다.	
3	각 데이터에 대해 할당된 군집값을 반환한다.	

　이 알고리즘에서 초깃값을 주는 방식은 여러 가지가 있는데, 무작위로 k개의 데이터를 선택해 사용하는 방법과 무작위로 k개로 훈련 데이터를 나누고 나서 평균을 구한 후 초깃값으로 사용하는 방법 등 다양한 선택지가 있다. 어느 방법이든 초깃값에 따른 영향이 크므로 반복 실행해보는 것이 좋다.

25.5 k-평균 군집화 알고리즘 예시

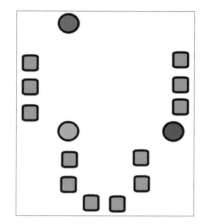

그림 25.2 데이터 및 초기화 값 표시(출처: 위키피디아)

데이터는 그림과 같이 분포돼 있고, 데이터에서 k = 3개의 점을 무작위로 선택해 표시했다.

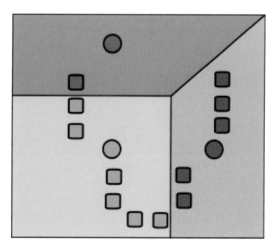

그림 25.3 할당 및 보로노이 다이어그램(출처: 위키피디아)

그림은 할당의 첫 번째 단계로써 초기 중심값에 대해 할당된 결과다. 결과의 그림을 보로노이^{Voronoi} 다이어그램이라고 한다.

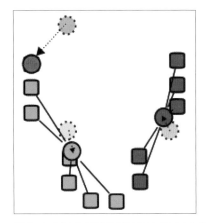

그림 25.4 할당 후 중심점 갱신(출처: 위키피디아)

그림은 갱신 단계로써 할당 후 새로운 중심점을 계산하는 것을 의미한다.

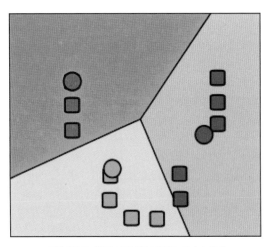

그림 25.5 할당 과정 반복(출처: 위키피디아)

그림은 갱신된 중심점에 대해 다시 할당 과정을 진행해 데이터 공간을 분할한 결과다. 마찬가지로 결과는 보로노이 다이어그램으로 표시했다.

이러한 과정을 반복하며 더 이상 새로운 할당이 없으면 군집화 과정이 완성된다.

25.6 격차 통계량을 이용한 k의 선택

k-평균 군집화는 사전에 정의된 k에 의해 군집화가 정의된다. 그런데 일반적으로 k는 업무 관점에서 정의되기도 하지만 탐색적 데이터 분석에서 임의로 설정하기는 어렵다. 즉, 데이터의 군집 정도에 따라 자연스럽게 k가 결정돼야 한다. 이러한 k를 선택하는 방법 중의 하나가 격차 통계량^{gap statistics}을 이용해 설정하는 방법이 있다.

$$W_k = \sum_{l=1}^{k} WCSS_l = \sum_{l=1}^{k} n_l \sum_{x_i \in C_l} \|x_i - m_l\|^2$$

주어진 식은 k개의 군집으로 구성된 경우의 군집 내 제곱합의 합계이다. 이 값은 k가 증가할수록 즉, 군집이 많을수록 감소하게 된다. 만약에 최적의 군집의 개수가 k^*라면, $k<k^*$일 때는 최적의 군집의 개수에 다다르지 않았으므로 k^*에 도달할 때까지 일정하게 W_k는 일정하게 감소하게 된다. 그러나 $k>k^*$가 되면, W_k는 최적의 군집을 더 나누었기 때문에 상대적으로 W_{k^*}에 비해 감소폭이라고 할 수 있는 격차가 상대적으로 작을 것이다. 즉, 최적의 k^*를 기준으로 해 그 전과 그 이후의 $W_k - W_{k+1}$ 값의 차이가 많이 날 것이다. 따라서 [GAPS] 문헌에 따르면 그림과 같이 휘어진 부분^{kink}이 존재하게 된다.

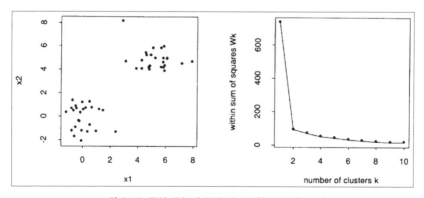

그림 25.6 군집 개수 대 군집 내 제곱합의 변화(GAPS)

그림에서 왼쪽은 가공된 데이터에 대해 입력변수 간의 산점도이며, 오른쪽은 군집의 개수의 변화에 따른 군집 내 제곱합의 합이다. 그림의 왼쪽처럼 일종의 팔꿈치에 해당하는 군집의 개수가 2인 경우에 kink가 발생하는 것을 알 수가 있고 따라서 최적의 군집의 개수는 2라고 할 수 있다.

격차 통계량은 이러한 부분을 알고리즘화하여 하나의 값으로 판단하고자 한 것이다.

격차 통계량 기법은 $\log(W_k)$값과 데이터에 의한 생성되는 귀무 참조 분포[null reference distribution]에 의한 $\log(W_k)$의 기대값 간의 차이를 비교하는 것이다. 격차 통계량은 다음과 같이 정의한다.

$$\text{Gap}(k) = E^*\{\log W_k\} - \log W_k$$

여기서 E^*는 데이터의 참조 분포에 의한 기대값이다. 단순하게는 격차 통계량의 값이 최대가 될 때 그 때의 k값의 최적의 군집 개수가 된다.

격차 통계량을 구하는 알고리즘은 다음과 같다.

순서	내용	비고
1	주어진 $l=1, \ldots, k$에 대해 데이터를 군집화하고, $W_1, \ldots, W_k$를 구한다.	
2	아래의 각 값을 계산한다. 1) 각 입력변수의 값의 범위에 따른 유계 상자[bounded box]를 구성하고 여기에서 다변량 균등 분포를 정의하고 이 분포로부터 B개의 부트스트랩 샘플을 구성한다. 2) 갭 통계량 값을 구한다. $$Gap(l) = \frac{1}{B}\sum_{b=1}^{B} \log W_{lb}^* - \log W_l$$ 3) $\log W_{lb}^*$에 대한 표준편차를 계산한다. $$sd(l) = \sqrt{\frac{1}{B}\sum_b \left\{\log(W_{lb}^*) - \frac{1}{B}\sum_b \log W_{lb}^*\right\}^2}$$ 4) $Gap(l)$에 대한 표준편차를 계산한다. $$s_l = \sqrt{1+1/B} \cdot sd(l)$$	W_{lb}^*: b번째 부트스트랩 샘플에 의해 계산된 군집내 제곱합의 합 군집 내 제곱합이 참조 분포에 의한 평균값 대비하여 차이가 크면 그 때가 최적의 군집 개수라고 판단. 대략 최대의 격차 통계량 값을 줄 때의 군집의 개수를 최적으로 판단
3	다음의 값을 만족하는 l을 선택한다. $l = smallest\ l\ such\ that\ Gap(l) \geq Gap(l+1) - s_{l+1}$	격차가 다음 격차 값의 표준오차를 뺀 값보다 큰 경우

알고리즘에서는 참조 분포만 구성이 된다면 계산 시 큰 문제가 없어 보인다. 참조 분포 구성을 포함해 간단한 예제를 통해 이를 확인해보자.

25.7 격차 통계량 계산 예제

25.7.1 필요한 패키지

```python
import numpy as np
import pandas as pd
import matplotlib.pyplot as plt
import os

from numpy.random import RandomState

from sklearn.cluster import KMeans
from sklearn.datasets.samples_generator import make_blobs
```

25.7.2 데이터 구성

```python
# 데이터 구성
X, y = make_blobs(n_samples=1000, n_features=2, centers=10, random_state=7)
X.shape
# (1000, 2)

# 데이터 이해
plt.figure(figsize=(7,6))
plt.scatter(X[:, 0], X[:,1], c=y,  s=9)
plt.xlabel(r"$x_1$")
plt.ylabel(r"$x_2$")
plt.colorbar()
plt.show()
plt.savefig(png_path+'/cluster_blob_scatter.png')
```

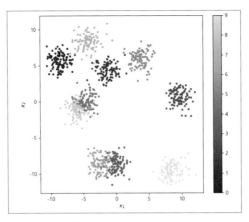

그림 25.7 산점도와 군집 분포

실제 데이터는 10개의 군집을 갖도록 했으나, 그래프로 보면 8개 정도의 군집으로 파악된다.

25.7.3 격차 통계량 계산

```
# 계산을 위한 초모수 정의

# 최대 군집의 개수
max_clusters = 20

# 참조 분포의 개수
num_ref_dists = 10

# 참조 분포의 차원: (샘플 개수, 특징 개수)
num_features = 2
B = 100
num_ref_data_shape = (B, num_features)

# 격차 통계량 자리 지킴이(placeholder)
gap_stat = np.zeros(shape=(max_clusters,))

# 각 군집의 개수에 대해
```

```python
for index, clusters in enumerate(np.arange(1, max_clusters+1)):
    # 참조 분포의 wcss 자리 확보
    ref_wcss = np.zeros(num_ref_dists)
    # 각 참조 분포에 대해
    for j in np.arange(num_ref_dists):
        # 참조 분포의 생성 (b-a)*uniform() + a: 유계 상자
        random_dist = (np.max(X, axis=0) - np.min(X, axis=0)) * \
                      RandomState(j).random_sample(num_ref_data_shape) + \
                      np.min(X, axis=0).reshape(1, 2)
        # 적합
        km = KMeans(clusters)
        km.fit(random_dist)
        # WCSS
        ref_wcss[j] = km.inertia_
    # 원 데이터 적합
    km = KMeans(clusters)
    km.fit(X)
    # 원 데이터 WCSS
    wcss = km.inertia_
    # 격차 통계량 계산
    gap_stat[index] = np.mean(np.log(ref_wcss)) - np.log(wcss)
print(gap_stat)
# [-2.19660846 -1.9590175  -1.90628713 -1.95859784 -1.72469402 -1.33368902
#  -1.16974462 -0.94765692 -0.94574371 -0.9539331  -1.036548   -1.10812855
#  -1.18153949 -1.21712557 -1.27528754 -1.33497447 -1.34521287 -1.36448381
#  -1.42248713 -1.41095365]

# 격차 통계량 그래프
plt.figure(figsize=(7,7))
plt.plot(np.arange(max_clusters), gap_stat)
plt.xticks(np.arange(max_clusters),np.arange(1, max_clusters+1) )
plt.grid()
plt.xlabel('군집 개수')
plt.ylabel('격차 통계량 값')
plt.show()
plt.savefig(png_path+'/cluster_blob_gap.png')
```

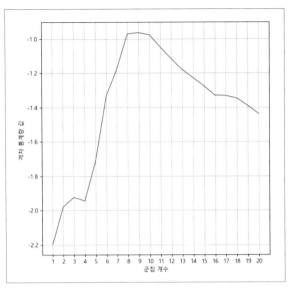

그림 25.8 군집 개수에 따른 격차 통계량의 값 변화

그림에서 격차 통계량 그래프를 보면, 최댓값을 주는 군집의 개수는 9이지만 8, 9, 10에서 별 차이가 없다. 이는 앞에서 보았던 원 데이터 자체가 비록 10개의 군집으로 데이터를 생성했지만 8개의 군집 개수로 보였던 것과 무관하지 않다.

참조 분포와 원래 데이터와의 그래프를 보면 다음과 같다.

```
# 원 데이터와 참조 분포 그래프
random_dist = (np.max(X, axis=0) - np.min(X, axis=0)) * \
                    RandomState(0).random_sample(num_ref_data_shape) + \
                    np.min(X, axis=0).reshape(1, 2)
plt.figure(figsize=(7,6))
plt.scatter(X[:, 0], X[:,1],  s=9, label='데이터')
plt.scatter(random_dist[:, 0], random_dist[:,1], c='orange', s=7, label='무작위분포')
plt.xlabel(r"$x_1$")
plt.ylabel(r"$x_2$")
plt.legend()
plt.show()
plt.savefig(png_path+'/cluster_blob_with_random_scatter.png')
```

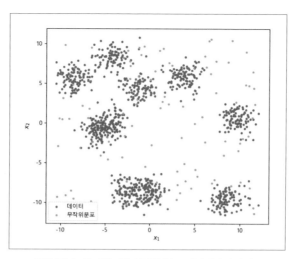

그림 25.9 원 데이터와 무작위 분포 데이터와의 산점도

참조 분포는 원 데이터가 갖고 있는 각 차원에서의 최솟값, 최댓값을 기준으로 해 유계 상자를 만들고 여기에서 표본 추출하는 방식으로 구성한다.

25.8 실루엣 값을 이용한 군집의 평가

k-평균 군집화에서 군집화의 정도를 평가하는 기준 중의 하나는 실루엣 값이다.

실루엣 값^{silhouette value}에서 사용하는 거리 기준은 유클리디안^{Euclidean} 거리나 맨해튼^{Manhattan} 거리 등을 사용한다. 하나의 관측값 대한 실루엣 값 또는 실루엣 점수는 다음과 같이 정의된다.

$$s(i) = \frac{b(i) - a(i)}{\max\{a(i),\, b(i)\}}$$

여기서, $a(i)$는 i 데이터가 속한 군집 내의 모든 데이터와의 거리 평균, $b(i)$는 i 데이터가 속하지 않은 모든 군집 내의 데이터와의 평균값 중 최솟값, 즉, 가장 가까운 이웃하는 군집 내 모든 데이터와의 평균 거리를 의미한다.

$$s(i) = \begin{cases} 1 - \dfrac{a(i)}{b(i)}, & \text{if } a(i) < b(i) \\ 0, & \text{if } a(i) = b(i) \\ \dfrac{b(i)}{a(i)} - 1, & \text{if } a(i) < b(i) \end{cases}$$

이므로 실루엣 값은 $-1 \le s(i) \le 1$이다. 따라서 실루엣 값이 1에 가까울수록 해당 데이터는 군집화가 잘됐다고 볼 수 있다.

이때 모든 객체의 실루엣 평균값으로 k의 적절성을 파악할 수 있다.

25.9 실루엣 값 계산 예제

앞의 데이터를 이용해 계산하기로 하자.

```python
# 추가 필요한 패키지
from sklearn.metrics import silhouette_score

# 실루엣 결과 자리 지킴이
sil_avg = np.zeros(shape=(max_clusters-1,))

# 각 군집에 대해
for index, clusters in enumerate(np.arange(2, max_clusters+1)):
    km = KMeans(clusters)
    km.fit(X)
    cluster_label = km.predict(X=X)
    sil_avg[index] = silhouette_score(X, cluster_label)

print(sil_avg)
# [0.50187747 0.53630729 0.56448052 0.57390226 0.64018763 0.64664969
#  0.68289145 0.6187224  0.56237004 0.52021199 0.51151902 0.50893581
#  0.41552878 0.4317837  0.41651814 0.37374767 0.3740731  0.35672327
#  0.34760964]

# 군집 개수에 따른 실루엣 평균값 그래프
plt.figure(figsize=(7, 7))
```

```
plt.plot(np.arange(max_clusters-1), sil_avg)
plt.xticks(np.arange(max_clusters-1), np.arange(2, max_clusters+1) )
plt.grid()
plt.xlabel('군집 개수')
plt.ylabel('실루엣 평균값')
plt.show()
plt.savefig(png_path+'/cluster_blob_silhouette.png')
```

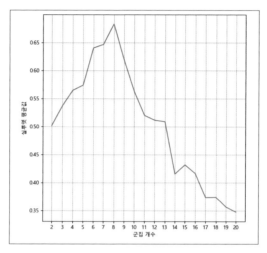

그림 25.10 군집 개수에 따른 실루엣 통계량 값(평균값)의 변화

모든 군집의 실루엣 값을 구한 후 평균값이다. 그림에서 보듯이 8개의 군집의 개수를 최적으로 추천하고 있다.

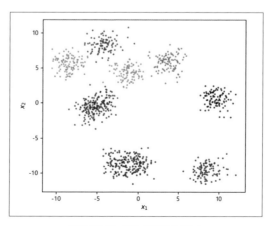

그림 25.11 최종 선택된 군집 수

참고 문헌

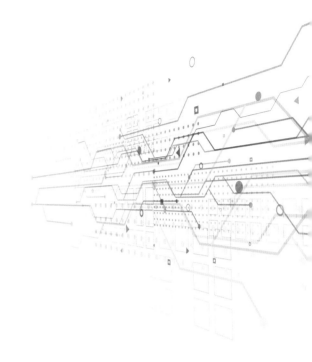

참고 문헌 중 본문에서 특별히 언급된 문헌은 다음 표의 인용어 표시로 인용했다.

순번	인용어	참고 문헌
1	ESL	Hastie, T., Tibshirani, R., & Friedman, J. H. (2009). The elements of statistical learning: data mining, inference, and prediction. 2nd ed. New York: Springer.
2	ISL	James, G., Witten, D., Hastie, T., and Tibshirani, R. (2013) An Introduction to Statistical Learning with applications in R, www.StatLearning.com, Springer-Verlag, New York
3		CS 229: Machine Learning (Course handouts)
4	SVN	Cortes, Corinna; Vapnik, Vladimir N. (1995). "Support-vector networks". Machine Learning. 20 (3): 273 – 297.
5		VAPNIK, V., and A. CHERVONENKIS, 1964. A note on one class of perceptrons. Automation and Remote Control, 25.

6	SMO	Platt, John. Fast Training of Support Vector Machines using Sequential Minimal Optimization, in Advances in Kernel Methods-Support Vector Learning, B. Scholkopf, C. Burges, A. Smola, eds., MIT Press (1998).
7		Daffodil Software. (2017) "9 Applications of Machine Learning from Day-to-Day Life". https://medium.com/app-affairs/9-applications-of-machine-learning-from-day-to-day-life-112a47a429d0
8		Eyal Grayevsky. "How Artificial Intelligence is Transforming Recruiting Today and in the Future". https://www.adecco.ca/en-ca/employers/resources/lead-magazine/lead22/how-artificial-intelligence-transforming-recruiting/.
9		Freund, Y. and Schapire, R. (1996a). Experiments with a new boosting algorithm, Machine Learning: Proceedings of the Thirteenth International Conference, Morgan Kauffman, San Francisco, pp. 148 – 156.
10	BOOSTFA	Schapire, R. E. & Freund, Y. (2012). Boosting: Foundations and Algorithms. MIT Press
11		Jure Leskovec, Anand Rajaraman, Jeffrey David Ullman, Mining of Massive Datasets, 2012, CAMBRIDGE UNIVERSITY PRESS
12		Agrawal, R.; Imieliński, T.; Swami, A. (1993). "Mining association rules between sets of items in large databases". Proceedings of the 1993 ACM SIGMOD international conference on Management of data- SIGMOD '93.
13	FAMAR	Agrawal R, Srikant R (1994). "Fast Algorithms for Mining Association Rules." In JB Bocca, M Jarke, C Zaniolo (eds.), Proc. 20th Int. Conf. Very Large Data Bases, VLDB, pp. 487 – 499. Morgan Kaufmann.
14	MFP	Han (2000). "Mining Frequent Patterns Without Candidate Generation". Proceedings of the 2000 ACM SIGMOD International Conference on Management of Data. SIGMOD '00: 1 – 12. doi:10.1145/342009.335372.

15	GAPS	Tibshirani, R., Walther, G. and Hastie, T. (2001b). Estimating the number of clusters in a dataset via the gap statistic, Journal of the Royal Statistical Society, Series B. 32(2): 411-423.
16		Peter J. Rousseeuw (1987). "Silhouettes: a Graphical Aid to the Interpretation and Validation of Cluster Analysis". Computational and Applied Mathematics 20: 53-65.
17	CLSEX	scikit-learn. (2018) "2.3. Clustering". http://scikit-learn.org/stable/modules/clustering.html.
18		scikit-learn. (2018). "Selecting the number of clusters with silhouette analysis on KMeans clustering". http://scikit-learn.org/stable/auto_examples/cluster/plot_kmeans_silhouette_analysis.html.
19	NNR	Jeremy Jordan. (2017). "Neural networks: representation.". https://www.jeremyjordan.me/intro-to-neural-networks/.
20	NNWI	Andre Perunicic. (2017). "UNDERSTANDING NEURAL NETWORK WEIGHT INITIALIZATION". https://intoli.com/blog/neural-network-initialization/.
21		Xavier Glorot; Yoshua Bengio (2010). Understanding the difficulty of training deep feedforward neural networks. 13th International Conference on Artificial Intelligence and Statistics (AISTATS) 2010.
22	RFN	neuroclusterbrain.com (2013). "Neuron model RF-PSTH (which simulates Receptive Field (RF) structure and PSTH output signal of the neuron)". http://neuroclusterbrain.com/neuron_model.html.
23		Andrej Karpathy. Stanford University CS231n: Convolutional Neural Networks for Visual Recognition. http://cs231n.stanford.edu/syllabus.html.
24	INCRES	Gustav von Zitzewitz (2017) "Survey of neural networks in autonomous driving". https://www.researchgate.net/figure/Winner-results-of-the-ImageNet-large-scale-visual-recognition-challenge-LSVRC-of-the_fig7_324476862.

25		Vincent Dumoulin; Francesco Visin (2018). A guide to convolution arithmetic for deep learning. arXiv:1603.07285 [stat.ML].
26		Jefkine (2016). "Backpropagation In Convolutional Neural Networks". https://www.jefkine.com/general/2016/09/05/backpropagation-in-convolutional-neural-networks/.
27		Abhishek Narwekar; Anusri Pampari (2016). "Recurrent Neural Network Architectures". CS 598: Deep Learning and Recognition, Fall 2016.
28	CS231NR	Fei-Fei Li; Andrej Karpathy; Justin Johnson (2016). Stanford University CS231n: Recurrent Neural Networks. http://cs231n.stanford.edu/slides/2016/winter1516_lecture10.pdf.
29		M. Stanley Fujimoto (2016). "Long Short-Term Memory". http://axon.cs.byu.edu/~martinez/classes/778/Papers/lstm.pdf.
30		Christopher Olah (2015). "Understanding LSTM Networks". http://colah.GitHub.io/posts/2015-08-Understanding-LSTMs/.
31	LSTMFB	Arun Mallya. "LSTM Forward and Backward Pass". http://arunmallya.GitHub.io/writeups/nn/lstm/index.html#/.
32		Alexandre Chabot-Leclerc (2018). "SciPy2018 tutorial: Introduction to Numerical Computing with NumPy". https://GitHub.com/enthought/Numpy-Tutorial-SciPyConf-2018.
33		Irv Lustig (2018). "Data Wrangling with pandas Cheat Sheet". https://pandas.pydata.org/Pandas_Cheat_Sheet.pdf.
34		Dillon Niederhut (2018). "Pandas-Tutorial-SciPyConf-2018". https://GitHub.com/deniederhut/Pandas-Tutorial-SciPyConf-2018.
35		DataCamp Inc. (2018). "Python For Data Science Cheat Sheet Matplotlib". https://s3.amazonaws.com/assets.datacamp.com/blog_assets/Python_Matplotlib_Cheat_Sheet.pdf.

36		Andreas Mueller (2018). "SciPy 2018 Scikit-learn Tutorial". https://GitHub.com/amueller/scipy-2018-sklearn.
37		Jake VanderPlas (2016). "In-Depth: Support Vector Machines". https://jakevdp.GitHub.io/PythonDataScience Handbook/05.07-support-vector-machines.html.
38	DROT	Nitish Srivastava; Geoffrey Hinton; Alex Krizhevsky; Ilya Sutskever; Ruslan Salakhutdinov (2014). Dropout: A Simple Way to Prevent Neural Networks from Overfitting. Journal of Machine Learning Research 15 (2014) 1929-1958.
39		Paras Dahal (2017). "Classification and Loss Evaluation-Softmax and Cross Entropy Loss". https://deepnotes.io/softmax-crossentropy.
40		Wojciech Zaremba; Ilya Sutskever (2015). LEARNING TO EXECUTE. https://arxiv.org/pdf/1410.4615.pdf.
41		Ilya Sutskever; Oriol Vinyals; Quoc V. Le (2014). Sequence to Sequence Learning with Neural Networks. NIPS'14 Proceedings of the 27th International Conference on Neural Information Processing Systems-Volume 2 Pages 3104-3112.
42		Sebastian Raschka (2018). "Association Rules Generation from Frequent Itemsets". https://rasbt.GitHub.io/mlxtend/user_guide/frequent_patterns/association_rules/.
43		owygs156 (2018). "How to Create Data Visualization for Association Rules in Data Mining". http://intelligentonlinetools.com/blog/2018/02/10/how-to-create-data-visualization-for-association-rules-in-data-mining/.
44		Chris Moffitt (2017). "Introduction to Market Basket Analysis in Python". http://pbpython.com/market-basket-analysis.html.
45		JetBrains s.r.o.. (2018). "Quick Start Guide". https://www.jetbrains.com/help/pycharm/quick-start-guide.html.
46		Mitchell Feldman (2018). "10 Real-World Examples of Machine Learning and AI [2018]". https://www.redpixie.com/blog/examples-of-machine-learning.

| 47 | IGS | Michael Shilman (2012). "Ignite Seoul: Machine Learning". https://www.slideshare.net/shilman/ignite-seoul-machine-learning. |
| 48 | ABSVI | Zbigniew Wojna; Alex Gorban; Alex Gorban; Dar-Shyang Lee; Kevin Murphy; Qian Yu; Yeqing Li; Julian Ibarz (2017). Attention-based Extraction of Structured Information from Street View Imagery. arXiv:1704.03549v4 [cs.CV] 20 Aug 2017. |

찾아보기

412

에이콘출판의 기틀을 마련하신 故 정완재 선생님 (1935-2004)

파이썬으로 실무에 바로 적용하는 머신 러닝

발 행 | 2019년 1월 30일

지은이 | 강 봉 주

펴낸이 | 권 성 준
편집장 | 황 영 주
편 집 | 조 유 나
디자인 | 박 주 란

에이콘출판주식회사
서울특별시 양천구 국회대로 287 (목동)
전화 02-2653-7600, 팩스 02-2653-0433
www.acornpub.co.kr / editor@acornpub.co.kr

한국어판 ⓒ 에이콘출판주식회사, 2019, Printed in Korea.
ISBN 979-11-6175-257-0
ISBN 978-89-6077-446-9 (세트)
http://www.acornpub.co.kr/book/understanding-ml

이 도서의 국립중앙도서관 출판시도서목록(CIP)은 서지정보유통지원시스템 홈페이지(http://seoji.nl.go.kr)와
국가자료공동목록시스템(http://www.nl.go.kr/kolisnet)에서 이용하실 수 있습니다.(CIP제어번호: CIP201900)